本书由
中央高校建设世界一流大学（学科）
和特色发展引导专项资金
资助

中南财经政法大学“双一流”建设文库

创｜新｜治｜理｜系｜列｜

行政法视野下我国反恐怖主义立法研究

戚建刚　著

长江出版传媒
湖北人民出版社

图书在版编目(CIP)数据

行政法视野下我国反恐怖主义立法研究/戚建刚著.
武汉:湖北人民出版社,2019.12
ISBN 978-7-216-09949-3
Ⅰ.行… Ⅱ.戚… Ⅲ.反恐怖活动—国家安全法—立法—研究—中国
Ⅳ.D922.144
中国版本图书馆CIP数据核字(2020)第018604号

责任编辑:易 简
封面设计:陈宇琰
张 弦
责任校对:范承勇
责任印制:王铁兵

行政法视野下我国反恐怖主义立法研究
XINGZHENGFA SHIYE XIA WOGUO FAN KONGBU ZHUYI
LIFA YANJIU
戚建刚 著

出版发行: 湖北人民出版社	**地址:**武汉市雄楚大道268号
印刷:武汉科源印刷设计有限公司	**邮编:**430070
开本:787毫米×1092毫米 1/16	**印张:**18
字数:301千字	**插页:**2
版次:2019年12月第1版	**印次:**2019年12月第1次印刷
书号:ISBN 978-7-216-09949-3	**定价:**72.00元

本社网址:http://www.hbpp.com.cn
本社旗舰店:http://hbrmcbs.tmall.com
读者服务部电话:027-87679656
投诉举报电话:027-87679757
(图书如出现印装质量问题,由本社负责调换)

总　序

“中南财经政法大学‘双一流’建设文库”是中南财经政法大学组织出版的系列学术图书，是学校“双一流”建设的特色项目和重要学术成果的展现。

中南财经政法大学源起于1948年以邓小平为第一书记的中共中央中原局在挺进中原、解放全中国的革命烽烟中创建的中原大学。1953年，以中原大学财经学院、政法学院为基础，荟萃中南地区多所高等院校的财经、政法系科与学术精英，成立中南财经学院和中南政法学院。之后学校历经湖北大学、湖北财经专科学校、湖北财经学院、复建中南政法学院、中南财经大学的发展时期。2000年5月26日，同根同源的中南财经大学与中南政法学院合并组建“中南财经政法大学”，成为一所财经、政法“强强联合”的人文社科类高校。2005年，学校入选国家“211工程”重点建设高校；2011年，学校入选国家“985工程优势学科创新平台”项目重点建设高校；2017年，学校入选世界一流大学和一流学科（简称“双一流”）建设高校。70年来，中南财经政法大学与新中国同呼吸、共命运，奋勇投身于中华民族从自强独立走向民主富强的复兴征程，参与缔造了新中国高等财经、政法教育从创立到繁荣的学科历史。

“板凳要坐十年冷，文章不写一句空。”作为一所传承红色基因的人文社科大学，中南财经政法大学将范文澜和潘梓年等前贤们坚守的马克思主义革命学风和严谨务实的学术品格内化为学术文化基因。学校继承优良学术传统，深入推进师德师风建设，改革完善人才引育机制，营造风清气正的学术氛围，为人才辈出提供良好的学术环境。入选“双一流”建设高校，是党和国家对学校70年办学历史、办学成就和办学特色的充分认可。“中南大”人不忘初心、牢记使命，以立德树人为根本，以“中国特色、世界一流”为核心，坚持内涵发展，“双一流”建设取得显著进步：学科体系不断健全，人才体系初步成型，师资队伍不断壮大，研究水平和创新能力不断提高，现代大学治理体系不断完善，国际交流合作优化升级，综合实力和核心竞争力显著提升，为在2048年建校百年时，实现主干学科跻身世界一流学科行列的发展愿景打下了坚实根基。

习近平总书记指出：“当代中国正经历着我国历史上最为广泛而深刻的社会变革，也正在进行着人类历史上最为宏大而独特的实践创新。……这是一个需要理论而且一定能够产生理论的时代，这是一个需要思想而且一定能够产生思想的时代。”[①]坚持和发展中国特色社会主义，统筹推进“五位一体”总体布局和协调推进“四个全面”战略布局，实现“两个一百年”奋斗目标、实现中华民族伟大复兴的中国梦，需要构建中国特色哲学社会科学体系。市场经济就是法治经济，法学和经济学是哲学社会科学的重要支撑学科，是新时代构建中国特色哲学社会科学体系的着力点、着重点。法学与经济学交叉融合成为哲学社会科学创新发展的重要动力，也为塑造中国学术自主性提供了重大机遇。学校坚持财经政法融通的办学定位和学科学术发展战略，“双一流”建设以来，以“法与经济学科群”为引领，以构建中国特色法学和经济学学科、学术、话语体系为己任，立足新时代中国特色社会主义伟大实践，发掘中国传统经济思想、法律文化智慧，提炼中国经济发展与法治实践经验，推动马克思主义法学和经济学中国化、现代化、国际化，产出了一批高质量的研究成果，“中南财经政法大学‘双一流’建设文库”即为其中部分学术成果的展现。

文库首批遴选、出版两百余册专著，以区域发展、长江经济带、“一带一路”、创新治理、中国经济发展、贸易冲突、全球治理、数字经济、文化传承、生态文明等十个主题系列呈现，通过问题导向、概念共享，探寻中华文明生生不息的内在复杂性与合理性，阐释新时代中国经济、法治成就与自信，展望人类命运共同体构建过程中所呈现的新生态体系，为解决全球经济、法治问题提供创新性思路和方案，进一步促进财经政法融合发展、范式更新。本文库的著者有德高望重的学科开拓者、奠基人，有风华正茂的学术带头人和领军人物，亦有崭露头角的青年一代，老中青学者秉持家国情怀，述学立论、建言献策，彰显“中南大”经世济民的学术底蕴和薪火相传的人才体系。放眼未来、走向世界，我们正以习近平新时代中国特色社会主义思想为指导，砥砺前行，凝心聚力推进“双一流”加快建设、特色建设、高质量建设，开创“中南学派”，以中国理论、中国实践引领法学和经济学研究的国际前沿，为世界经济发展、法治建设做出卓越贡献。为此，我们将积极回应社会发展出现的新问题、新趋势，不断推出新的主题系列，以增强文库的开放性和丰富性。

“中南财经政法大学‘双一流’建设文库”的出版工作是一个系统工程，它的推进得到相关学院和出版单位的鼎力支持，学者们精益求精、数易其稿，付出极大辛劳。在此，我们向所有作者以及参与编纂出版工作的同志们致以诚挚的谢意！

因时间所囿，不妥之处还恳请广大读者和同行包涵、指正！

中南财经政法大学校长 

---

① 习近平：《在哲学社会科学工作座谈会上的讲话》，2016 年 5 月 17 日。

目　录

导论

一、选题价值

（一）立法实践意义

2014 年我国开始反恐怖立法工作，2016 年颁布实施《中华人民共和国反恐怖主义法》（以下简称《反恐怖主义法》），对我国反恐怖工作进行了以行政法为主体的法律架构。但是，其中许多基础性问题尚没有得到研究。在此列举四例：（1）概念界定模式存在改良空间。《反恐怖主义法》以“恐怖活动”为基石，基于其之上衍生出“恐怖活动组织”、“恐怖活动人员”和“恐怖事件”等概念，以“恐怖活动”架构认定标准的方式值得商榷。一般来说，法律是对行为的规范，标准是对行为要件的判断，而不是对某种活动组成的权衡。由此，《反恐怖主义法》的基础概念界定模式存在改良空间。（2）恐怖活动组织和人员认定模式有合法化证成之必要。对恐怖活动组织和人员的认定，是对适法主体资格和身份关系的法律确认，是防范和应对恐怖活动的基础。鉴于此，世界各国都以适合本国特点的方式对恐怖组织和人员进行认定，并产生了多种模式。迄今为止，我国共认定三批恐怖活动组织和人员，其名单由公安部分别于 2003 年 12 月 15 日、2008 年 10 月 21 日和 2012 年 4 月 6 日公布。学界对究竟应采取行政认定模式，还是司法认定模式有争论。对于此类基本问题，法学研究没有给出恰适的答案，而立法确立的是行政认定为主、司法认定为补充的混合模式①，该模式有待进一步的考察。（3）2013 年，原来的国家反恐怖工作“协调小组”升级为“领导小组”②，从“协调”到“领导”一词之差，体现的是工作方法的变化，“协调”强调的是反恐怖工作相关部门之间的配合与协助，而“领导”则强调的是上下级的命令与服从。目前学界对该反恐机构的变迁并没有给予充分的合法解读。而且，党的十八届三中全会通过的《中共中央关于全面深化改革若干重大问题的决定》提出要“设立国家安全委员会，完善国家安全体制和国家安全战略，确保国家安全”。中央国家安全委员会于 2013 年 11 月 12 日成立，其在反恐中应发挥怎样的功效也应得到相应的行政法（尤其是行政组织法）论证，但是目前对它的研究文献付之阙如。以上内容都需要反恐研究予以正视。（4）《反恐怖主义法》将国家反恐怖主义工作领导机构做出的反恐行政认定行为规定为不可诉行为的

---

① 戚建刚、郭永良：《中国反恐认定法律制度之完善》，《云南社会科学》2016 年第 3 期。

② 国家反恐怖工作领导机构是《全国人大常委会关于加强反恐工作有关问题的决定》中的用语。

做法值得商榷。《反恐怖主义法》第十二条规定，国家反恐怖主义工作领导机构根据本法第三条规定，认定恐怖活动组织和人员。该法第十五条第一款规定，被认定的恐怖活动组织和人员对认定不服的，可以通过国家反恐怖主义工作领导机构的办事机构申请复核。国家反恐怖主义工作领导机构应当及时进行复核。复核决定为最终决定。据此，国家反恐怖主义工作领导机构对恐怖活动组织和人员的认定行为（以下简称反恐行政认定或者反恐行政认定行为）属于终局行政行为，而且属于绝对的终局性行政行为[①]，不具有可诉性，不属于人民法院行政诉讼受案范围。但笔者认为，立法者将反恐行政认定规定为不具有可诉性的行政行为的做法值得商榷。从行政法教义学[②]角度而言，这样规定有违行政诉讼法理，与域外诸多国家的反恐认定行为的立（司）法例相悖，也不符合反恐行政认定法律制度的现实与未来发展之所需。

（二）理论研究价值

对于时下中国，专司研究反恐立法的学者主要集中在刑法学领域。但是，即便是刑法学者对恐怖活动的研究成果也表明，行政法应有更大作为。例如，长期从事恐怖活动研究的刑法学专家赵秉志认为，刑法在反恐怖斗争中的局限体现在：一是刑法难以消除恐怖主义的根源；二是刑法不能涵盖反恐怖工作的各个环节；三是给罪犯打上恐怖主义烙印，不利于犯罪人复归社会；四是难以有效地威慑恐怖活动犯罪分子。[③]进而，他提出，反恐怖法应当以行政法为主要内容[④]。遗憾的是，行政法学研究并未对此作出系统回应。但立法已然前行，《反恐怖主义法》以行政法为主体对我国反恐怖主义的工作机构与职责、恐怖活动组织和人员的认定、安全防范、情报信息、调查、应对处置、国际合作、保障

---

① 根据我国行政法学界的主流观点，终局行政行为有两类：第一类是相对的终局行政行为，即相对人具有选择行政途径救济和司法途径救济的权利，一旦选择了行政途径救济，就无法寻求司法途径救济；第二类是绝对的终局行政行为，即相对人仅可请求行政途径救济，但不能向人民法院起诉。参见姜明安《行政法与行政诉讼法》，北京大学出版社、高等教育出版社 2015 年版，第 424 ～ 425 页。

② 行政法教义学是近年来学界讨论颇为热门的话题，也是存在争议的问题。鉴于笔者的研究趣旨是如何运用行政法教义学原理来分析我国反恐行政认定行为的可诉性，而不是探讨何为行政法教义学，由此，所运用的行政法教义学原理属于学界主流观点。相关研究参见王本存《论行政法教义学——兼及行政法学教科书的编写》，《现代法学》2013 年第 4 期；咸建刚《河长制四题——以行政法教义学为视角》，《中国地质大学学报（社会科学版）》2017 年第 6 期；许德风《法教义学的应用》，《中外法学》2013 年第 5 期。

③ 参见赵秉志、杜邈《论刑法在反恐怖斗争中的功能与局限》，《政治与法律》2009 年第 11 期，第 80 页。

④ 参见赵秉志《略论〈反恐怖法〉的立法定位》，《法制资讯》2014 年第 6 期。

措施和法律责任等进行了架构。实践之先行，倒逼行政法理论对恐怖活动的行政法治理模式进行理论跟进，但目前我国学界尚没有以行政法角度研究恐怖活动的高质量文献出现，行政法视野下反恐研究呈现出整体、系统缺失的局面。

行政法是反恐怖法律手段的重要组成部分，但是，目前的研究只是在其他领域零星涉及行政法内容，多停留在对行政法研究（侧重于反恐立法、行政措施等）的呼吁上。[①] 事实上，近年来，各国纷纷采取一系列特殊反恐措施，如建立反恐怖专门机构；加强反恐怖主义的宣传教育；对恐怖威胁进行分析、评估，划定安全等级，发布相应的警戒级别；实行严格的移民政策，对申请入境者进行详细的身份鉴别；严控公共设施、重要目标以及核电站，在公共场所安装监控设备；加强技术研发，为处置不同类型的恐怖事件提供先进装备与通信保障等。[②] 总体看来，反恐怖工作的中心逐渐倾向于预防和处置环节，情报先导、预防为主、应急为重、安全至上的原则受到普遍重视。而这些大部分都应当是行政法的研究范围，但是行政法研究却未对之积极回应。因此，国家社会科学基金项目 2015 年度课题指南的 6 个涉及恐怖活动研究项目（政治学领域 1 个，法学领域 4 个，国际关系领域 1 个）中，法学领域的涉恐研究不再仅局限于刑法领域，而是有所拓展，如“反恐怖法治研究”、“反恐国际合作研究”等。基于以上分析，从行政法角度研究恐怖活动具有很强的理论价值。

二、文献综述

据不完全统计，截至 2013 年 7 月，国外涉恐研究著作约有 21588 本，文章约有 287736 篇（其中，期刊论文约有 32578 篇）；国内著作约有 193 本，期刊论文约有 10694 篇。[③] 通过梳理，不难发现涉恐研究是交叉研究，需要多学科的通力合作。就内容而论，高科技恐怖主义、核恐怖主义是早期研究重点，研究相对成熟，网络恐怖主义、宗教恐怖主义、海上恐怖主义是前沿研究，该领

---

① 参见郭永良《论中国反恐立法的基本轨迹》,《太平洋学报》2015 年第 8 期；戚建刚、郭永良《中国反恐认定法律制度之完善》,《云南社会科学》2016 年第 3 期。

② 参见赵秉志等编译《外国最新反恐法选编》，中国法制出版社 2008 年版。

③ 王沙骋：《我国面临的恐怖主义及情报反恐研究》,《中国软科学》2014 年第 2 期。

域的研究文献呈上升趋势。就方式而说，法律规制、情报调查和国际合作是反恐的核心治理措施。就学科而言，反恐经济学、心理学、社会学、政治学、法学以及工学是研究恐怖主义的重点学科。

（一）国内研究综述

国内涉恐研究起始于20世纪80年代，集中于政治学、公共行政学和法学领域，其中，法学研究主要集中于刑法学领域，宪法学、国际法学和部门行政法学有零星涉及。因涉恐研究文献过多，本综述主要对公法研究中的观点进行评述。

宪法视野内的紧急状态研究多是着力于阐释紧急状态以及紧急状态法的一般原理，概览其他国家立法情况，以借鉴并运用于我国紧急状态立法实践，其研究的核心和落脚点是权力制衡与人权保障，言及恐怖活动，多是将它作为导致紧急状态的一个诱因，没有将恐怖活动作为一个独立的研究对象，也没有根据其特点有针对性地开展宪法层面研究。但宪法学界在研究紧急状态时涉及许多命题，例如，人权与安全的理性权衡、紧急权力的模式选择、紧急失权的制度架构、紧急权力运行的“执行时刻”向“立法时刻”之历史变迁，以及紧急状态、戒严、动员、战争的关系和宪法障碍的理论成果等，都值得在反恐立法中予以借鉴和参考。①

我国行政法目前对恐怖活动的研究呈现点状碎片模样，并没有系统研究文献出现，但其中对应急行政、风险行政、全球行政和部门行政法的既有成果可资进一步研究借鉴。②

刑法研究取得了可观成果，但仅仅以刑法应对恐怖主义是单薄的。因此，学者提出恐怖活动手段的多元化，使得传统的仅仅依靠刑法手段遏制恐怖主义的方式显得过于单薄。各国越来越倾向于构建立体防御的反恐法律体系，即运用多层次、跨法律部门的法律手段以达到对恐怖主义犯罪的法律规制。采取平面防御的立法体例，其立法内容比较单一，往往涉及刑事法律手段。而采取立体防御的立法体例，其立法内容比较丰富，往往跨越多个法律部门，不仅仅是

---

① 戚建刚：《法治国家架构下的行政紧急权力》，北京大学出版社 2008 年版。

② 戚建刚：《恐怖主义时代的紧急状态宪法——布鲁斯·艾克曼理论的价值及其面临的挑战》，《中外法学》2007 年第 5 期；戚建刚、杨小敏：《行政紧急权力的制约机制研究》，华中科技大学出版社 2010 年版。

刑事法律，还包括金融、电讯、出入境、交通、网络、危险物品管制等多方面。[①]但遗憾的是，行政法学界对这种呼吁未进行回应。

国际公法视域内的反恐研究为国内行政法研究恐怖活动治理问题提供了更为广阔的思考和想象空间，尤其是对恐怖主义的由来、反恐合作机制的构建等论述可直接为国内行政法所移植和运用。鲜有系统的军事法学者研究反恐著作，公开发表的军事法反恐文章也是寥寥。概而言之，军事法学者研究反恐，一是认为目前军事反恐没有立法保障，二是认为军队遂行反恐行动表现了一定程度的克制，三是认为军事手段不适合用于反恐。[②]

（二）国外研究综述

国外研究反恐的文献可谓汗牛充栋，整体而言，西方国家学术界对反恐法治的研究较为深入。这与其较为成熟的法治理论学术氛围以及社会各界对国家权力的高度警惕具有密切关联。笔者就所阅读范围内的有代表性的文献综述如下。一是关于恐怖主义及相关概念的法学讨论。西方各国对于恐怖主义、恐怖活动以及恐怖组织的界定千差万别，没有通说，有学者断言，“一个被普遍接受的全面的恐怖主义概念现在不存在，而且将来也不会存在”[③]，导致有学者提出恐怖主义概念根本无法界定，只能靠要素的厘定或特征的描述来对其进行表征。[④]二是关于恐怖主义对宪法构造可能造成影响的法学分析。西方法学研究者尤其是美国学者习惯于将反恐与战争或紧急权的架构相勾连，进而从整体上阐释反恐时代的宪法构造或行政权与立法权、司法权的关联，在保障人权的同时恪守安全之要义。例如:《危机时期的法律:紧急权力的理论与实践》[⑤]、《暴乱与规则:是否必须在宪法框架下应对严重危机？》[⑥]、《和平时期的紧急权力》[⑦]等。三是对

---

① 聂立泽：《防止国际恐怖主义犯罪的前景展望》，载赵秉志主编《惩治恐怖主义犯罪理论与立法》，中国人民公安大学出版社 2005 年版，第 76 页。

② 郭永良：《论中国反恐立法的基本轨迹》，《太平洋学报》2015 年第 8 期。

③ Walter Laqueur，The Age of Terrorism，Boston：Little，Brown and Company，1987，p.149.

④ Susan Tiefenbrun，A Semiotic Approach to a Legal Definition of Terrorism，ILSA J，9. Int’l & Comp. L. 2002-2003.

⑤ Irving Younger，Law in Times of Crisis：Emergency Powers in Theory and Practice，Cambridge University Press，2006.

⑥ Oren Gross，“Chaos and Rules：Should Responses to Violent Crises Always Be Constitutional”，112 Yale L. J. 1011（2003）.

⑦ David Bonner，Emergency Powers in Peacetime，Sweet & Maxwell，1985

恐怖主义的法律实证研究。例如，专门对欧盟的研究，欧盟各国长久以来将恐怖活动视为犯罪或国内治安问题，但是近期，其逐渐改变视角，认为“反恐行动所涉及层面广泛，欧盟反恐立法也逐步‘外溢’到移民与庇护等领域，再基于安全理由与其他政策领域产生联结，将其他政策‘安全事务化’”[①]等。四是国内对外国反恐著作的翻译。例如，重要的反恐研究工具参考书，《全球恐怖主义——完全参考指南》[②]。该书是研究恐怖主义的工具书，它不仅介绍了当代恐怖主义的历史发展脉络，还介绍了各地区的恐怖主义及其组织、有关反恐法律和案件、恐怖主义大事记、恐怖分子头目小传、恐怖主义相关术语，还介绍了有关恐怖主义的网站、注释书目、组织和机构等内容。其他翻译，如：美国伊恩·莱塞等著的《反新恐怖主义》（程克雄译，新华出版社 2002 年版）、英国彼得·哈克莱罗德著的《反恐时代》（王振西等译，新华出版社 2002 年版）等。

（三）国内外研究简评

国内外研究对中国反恐立法的选择具有多方面的启示。一是反恐立法应该注意遵循我国宪法的基本原则，特别是关于人权保护的基本原则；注意研究我国参与的相关国际条约的相关规定，避免国内立法与国际条约的冲突；等等。二是国外研究中的先进成果也可以适用于我国的反恐立法。如恐怖主义的全球防范、多元主体共建反恐体系、跨国合作与区域协作反恐等等。三是对行政法视野下我国反恐立法完善问题，目前研究依然处于薄弱状态，对于一些关键问题，比如，反恐行政认定、反恐公众参与等需要详细研究。

三、主要内容

第一章论述我国反恐立法的意义、内容及问题。我国《反恐怖主义法》于 2016 年 1 月 1 日起实施。它是继 2011 年《全国人大常委会关于加强反恐工作有关问题的决定》（以下简称《反恐决定》）之后，我国就反恐怖工作进行的再

---

① Monica Den Boer, 9/11 and the Europeanisation of Anti-terrorism Policy : a Critical Assessment, Policy Papers, Notre Europe, No.6, 2003, p.11.

② ［美］哈里·亨德森：《全球恐怖主义——完全参考指南》，贾伟等译，中国社会科学出版社 2003 年版。

次立法。该法为我国反恐怖斗争之开展提供了充分的制度供给和法律保障，对维护国家安全、公共安全和人民生命财产安全具有重要意义。未来在法律实施时，需沿循立法意图，就人权保障与安全维护的权衡和政府主导与公众参与的统筹作进一步的细化，以确保立法目的得以实现。

第二章论述反恐立法的历史沿革。在全球范围内，针对恐怖活动的法律规制主要始于 2001 年的“9·11”事件，我国于 2001 年后通过了一系列法律文件，十年后的 2011 年又通过了《反恐决定》，2016 年通过了《反恐怖主义法》，将我国的反恐立法工作推向了一个新高度。因此，本章以 2001 年和 2010 年作为分水岭，将我国的反恐立法脉络划分为 1949 年至 2001 年的萌芽时期、2001 年至 2011 年的产生时期和 2011 年至今的发展时期，并对各时期的特点进行了分析。

第三章论述我国反恐法的基本原则。所谓反恐法基本原则，是指效力贯穿于全部反恐法规范之中，指导和规范防范和打击恐怖主义的基础性法则和观念性准则。这一定义反映出三个特征：一是法律性，即作为“法”的原则，反恐法基本原则必须是一种蕴含权利义务关系的法律准则；二是本源性，即反恐法基本原则是反恐领域中其他行为准则的基础性或者本源性依据，是反恐法的“元”规则；三是独特性，即反恐法基本原则体现在防范和打击恐怖主义的反恐法律规范之中，而不是其他法律规范的基本准则。笔者认为，反恐法的基本原则包括风险预防原则、情报主导原则、全民反恐原则和统一指挥原则。

第四章是反恐立法之认定行为研究。该章主要研究认定行为的基本问题，共分三节。第一节阐述认定的基本含义和实践，分析了各国的认定模式、我国的认定经验、认定的基本内涵、《反恐怖主义法》对行政认定模式的确认，以及对《反恐怖主义法》的改进建议。第二节论述对反恐行政认定行为的不可诉性之商榷，论证了反恐行政认定的行为性质决定了其具有可诉性，反恐行政认定不可诉性与诸多域外国家的立（司）法例相背，反恐行政认定的现实与未来发展需要将其作为可诉性行为。第三节探讨美国反恐法外国恐怖活动组织认定制度及其批判性借鉴，分析了美国反恐法外国恐怖活动组织认定制度的基本框架，美国反恐法外国恐怖活动组织认定制度中存在的主要争议，以及对我国的启示。

第五章主要研究处置行为。该章内容相对简单，主要分析了我国反恐处置的指挥体系、反恐处置的执行机制和反恐处置人员后续保障等三大问题。

第六章主要研究反恐立法中的公众参与问题。政府单维度反恐已不能充分满足反恐的现实需要，亟须结构性地嵌入社会公众的力量。根据政府与公众关系的不同，可将全民反恐模式分为参与模式和合作模式。合作模式适合公民社会较为成熟的国家，相较而言，参与模式在我国更具现实性。未来构建我国反恐模式时，应以社会公众的反恐参与权为逻辑起点。反恐参与权由知悉反恐信息权、防范恐怖风险参与权、处置恐怖事件参与权和制裁恐怖行为参与权等四项权能构成。在现阶段，激励社会公众积极运用上述四项权能，是促成我国反恐模式转型的可行路径。

本书最后部分是代结语：对优化《反恐怖主义法》的建议。根据前文的理论探讨，结合已经出台的《反恐怖主义法》，主要对反恐参与权的制度化作些许建言，以使理论研究和立法实践充分结合，裨益反恐法制之完善。鉴于《反恐怖主义法》主要是对精英反恐模式的固化和强化，对公众参与的制度化架构不足，建议将其重新调整，改为四个部分，即：第一章总则；第二章政府主导反恐；第三章公众参与反恐；第四章附则。其中，第二章基本沿循现行《反恐怖主义法》的内容，将其总则部分移至第一章，无须再对“政府主导反恐”的内容做大的调整，只需对涉及的条款做更改。

四、主要新意

（一）对我国《反恐怖主义法》的立法意义和存在的问题作了具有新意的论述

本书认为《反恐怖主义法》的立法意义是：顺应了国际安全形势的新要求，顺应了国际安全形势的新要求，反映了加强和创新社会治理的新常态，从而从学理角度确立了《反恐怖主义法》的正当性。本书还分析了该法存在的主要问题，诸如：在立法理念以及制度设计上，过于偏向于安全，赋予负责反恐的国家行政机关大量的、宽泛的自由裁量权，从而有可能侵害公民、法人和其他组织的合法权利。比如，该法第十五条规定，反恐认定中行政复核为终局裁决，排除了司法审查的可能性；该法主要以政府为主导来设计反恐法律制度，忽视了社会公众在反恐中的地位。比如，该法仅仅规定，公众只是在举报涉恐线索（第九条）、保守秘密（第四十八条）、行政征用（第七十八条）、提供材料（第五十一条）等环节中有参与的表述，但却没有明确公众在其他反恐活动中的功能和作用。不难发现，专群结合只是被技术性地运用，允许社会公众介入反恐的某一阶段或者某一环节，并没有在实质上成为反恐法的制度构成。

（二）对我国反恐立法的历史阶段作了界分，概括了反恐立法的特点，提出了反恐立法的完善途径

本书以总体法学观的角度来对我国反恐立法主要历程进行界分和描述，并对其演变过程中呈现的特点加以评析，认为，我国的反恐立法可以2001年和2011年为分水岭，划分为“萌芽”（1949年至2001年）、“产生”（2001年至2011年）和“发展”（2011年至今）三个时期。本书指出，和我国其他领域的制度建设一样，反恐立法亦遵循着摸石头过河的“经验渐进主义”，其经验色彩浓厚；由于我国以法律途径进行反恐的时间并不长，为解决燃眉之急，立法内容强调应急处置；在传统上，我国习惯于行政主导国家治理，在反恐立法中亦是将反恐职责主要赋予了国家机关，不甚重视社会和公民的参与，反恐主体单一的特点明显。完善我国反恐立法的途径则是：在总体国家安全观指引下适当超前立法；明确反恐法的“综合法”之法律属性；实现“维稳”向“维安”的转变。

（三）科学地建构了我国反恐法的基本原则

本书认为，反恐法基本原则是基于反对恐怖主义的功能定位，对调整国家反恐权与其他权力、反恐权与公民权之间的关系以及反恐权的运作过程需遵循程序具有高屋建瓴作用的基本行为准则。它上承宪法关于安全与人权的总体规范，下系反恐具体领域的法律制度。因此，反恐法基本原则的地位是其他任何规范或者理论所无法替代的。但我国反恐立法工作有两方面不足：一是将反恐法基本原则混同于反恐怖工作原则，不利于反恐执法；二是即便是反恐怖工作原则也有十余条之多，其中诸多原则并不是反恐法的“灵魂”，起不到高屋建瓴的作用，可以考虑压缩、合并或者删除。在借鉴外国反恐法基本原则基础之上，本书建构了我国反恐法基本原则，即以恐怖主义为逻辑起点，以对恐怖主义的防范和打击为实现路径，我国的反恐法基本原则可以构建为风险预防原则、情报主导原则、合作原则、统一指挥原则、比例原则和罪责刑相适应原则。

（四）对如何完善我国反恐立法中的认定行为问题提出了建设性意见

本书以行政自我控制机制为视角，以绩效合法和程序合法为切入点，结合

《反恐怖主义法》的认定框架，就恐怖活动组织和人员的认定之改进路径作了分析。具体而言，一是应在《反恐怖主义法》第十二条的宽泛规范下，在国家反恐怖主义工作领导机构下设立专门的认定部门。该部门直接对国家反恐怖主义工作领导机构的最高领导人负责，并将它与国家反恐怖主义工作领导机构下的情报信息调查部门、应对处置部门、协调管理部门、国际合作部门、法制部门以及保障和监督部门予以区分，强调层级责任制和部门责任制，避免对恐怖活动组织和人员认定流水线式的作业，以减少合法权益被侵害情形的发生。二是《反恐怖主义法》可改变以“恐怖活动”为认定标准的基础概念的模式，基于“恐怖行为”的概念对认定标准中行为的构成要件进行细腻规定。三是未来在《反恐怖主义法》的完善及其实施细则的制定中，应明确认定程序的申请、受理、审查、决定、公告、复核等环节，以避免公权力对私权利的过分不当侵损，补强行政认定的可接受性之程度。

（五）客观地揭示了现行反恐法规定的政府单维反恐的不足

本书认为现行反恐法律将政府在反恐中的职能定位概括为“精英反恐模式”，即政府自行制定反恐规则，并主要借助自身的人、财、物力资源去执行反恐规则，虽然有公众参与的因素（例如，将其作为反恐宣传的对象的参与等），但是它没有充分重视，也没有在反恐斗争中规模化地嵌入社会公众的力量。目前这种模式既面临来自外来的挑战，也无法摆脱自身的缺陷。诸如，政府单维力量不足的缺陷、科层架构反应迟缓的缺陷、隐蔽执法的封闭性缺陷。

（六）创造性地建构了公众参与反恐的法律制度

基于“精英反恐模式”的缺陷，本书建构了公众参与反恐的法律制度。就必要性而言，从公众参与反恐的功能来看，社会公众可以弥补政府的内在缺陷；从政府反恐资源的配置来看，公众参与反恐能实现资源的更优配置；从风险社会责任的分配来看，整体主义社会责任观要求全民反恐。就可行性而言，现行精英反恐中已有零星的公众参与实践，并取得了一定绩效；现行法律体系中有公众参与反恐的规范表达，其为全民反恐模式提供了法律支撑；世界各国大都推行全民反恐模式。而公众参与反恐模式的具体内容则包括：反恐参与权的内涵、反恐参与权的权能、反恐参与权的保障、促进公众参与反恐的途径等。

（七）对优化《反恐怖主义法》提出了建议

鉴于《反恐怖主义法》主要是对“精英反恐模式”的固化和强化，对公众参与的制度化架构不足，本书建议将其重新调整，改为四个部分，即第一章总则；第二章政府主导反恐；第三章公众参与反恐；第四章附则。其中第二章基本沿循现行《反恐怖主义法》的内容，将其总则部分移至第一章，无须再对“政府主导反恐”的内容做大的调整，只需对涉及的条款做更改。比如，在“总则”一章，结合域外立法经验，重点对我国反恐法的基本原则及其所涉及的相关内容进行了反思和构建，增加了有关公众参与的原则性内容，主要包括“反恐原则、反恐怖主义参与概念、鼓励参与、公众参与权利列举、公众参与义务列举、适用对象、不鼓励的参与方式”等内容。又如，在第三章，主要对公众参与的具体内容进行构建。通过梳理我国现行《反恐怖主义法》，不难发现，其中对公众参与作出直接规定的条文甚少。如《反恐怖主义法》第五条确立“反恐怖主义工作坚持专门工作与群众路线相结合”的法律原则；第九条设定公众有“协助、配合有关部门开展反恐怖主义工作”的法定义务；第十条规定国家对“在反恐怖主义工作中作出其他突出贡献的单位和个人”予以表彰、奖励等。鉴于此种现状，构建公众参与的反恐模式立法，有必要对公众参与的具体内容进行详细的规定。本章主要包括反恐信息的公开、防范恐怖风险的参与、处置恐怖事件的参与、制裁恐怖行为的参与、奖励与保护、经费保障等内容。

第一章
我国反恐立法的意义、内容与问题

恐怖主义已成人类公敌，在全球范围内造成严重威胁，包括我国在内的很多国家和地区发生过后果严重的恐怖袭击事件。例如，2015 年 11 月法国巴黎发生的系列恐怖袭击造成 100 余人死亡、300 余人受伤[①]；我国 2014 年发生的“3 · 1”、“4 · 30”、“5 · 22”等暴力恐怖事件共造成数十人死亡、数百人受伤[②]。恐怖主义的猖獗，给世界各国提出了更加紧迫的反恐任务。为防范和打击恐怖主义，国际社会加强反恐怖主义立法。例如，美国先后制定《防止恐怖主义利用生物武器法》、《爱国者法》等法案[③]，以在国家层面有组织、有计划、合法规范地开展反恐斗争。我国也积极行动，《反恐怖主义法》于 2015 年 12 月被正式发布[④]。

第一节　反恐立法的重要意义

《反恐怖主义法》于 2016 年 1 月 1 日起开始实施，这是继 2011 年《全国人民代表大会常务委员会关于加强反恐怖工作有关问题的决定》（以下简称《反恐决定》）通过之后，我国就反恐怖工作进行的专门立法，意义重大。由于该法初出“襁褓”，学界尚未对其展开探讨，笔者试在整体上研究我国反恐怖专门立法的意义和内容，对其未来实施时应注意之处给予观察和展望，以促进该法更好地实施。

① 参见李永群等《遭遇恐怖袭击，法国进入紧急状态》，《人民日报》2015 年 11 月 15 日。
② 参见谢玮、张璐晶《民众如何反恐》，《中国经济周刊》2014 年第 22 期。
③ 罗刚：《反恐对策：美国经验与中国选择》，《政法论丛》2014 年第 5 期。
④ 该法于 2016 年 1 月 1 日起实施，同时废除 2011 年制定的《全国人民代表大会常务委员会关于加强反恐怖工作有关问题的决定》。

一、反恐怖专门立法顺应了国际安全形势的新要求

恐怖主义是世界性毒瘤。近些年，恐怖主义出现新手段、新特征、新方法，对国际社会的反恐怖斗争提出了更迫切要求。在变异的恐怖主义面前，单靠一国之力对之进行防范和打击，效果甚微。应对恐怖主义在全球范围的流动化、离散化、碎片化，亟须国际社会加强协调与合作，形成标准清晰、方向明确、运作有效的反恐统一战线。但是，由于恐怖主义背后环境复杂，滋生土壤各异，表现形态不同，寄生群体多样，再加上各国出于自身的国家利益考虑，使得双重标准频现，削弱了国际社会的反恐合力。为此，我国致力于在联合国框架下开展反恐怖斗争，呼吁各国按照联合国宪章宗旨和原则以及其他公认的国际关系准则协力反恐，注重标本兼治，不搞双重标准。例如，我国重视联合国安理会第 1373 号等反恐决议和《消除国际恐怖主义措施宣言》的国内落实，积极参加全球核安全峰会，推进上海合作组织等区域性国际组织的反恐怖能力建设，邀请叙利亚政府代表和反对派代表访华和谈，并通过护航、维和、军演等途径，在世界和平与地区稳定中发挥建设性作用。

但上述活动或以重大任务为牵引，或以专项行动为载体，尚未形成常态化、规范化、体系化的制度模式；国际法和国内法的衔接也不到位，没有形成规模化的反恐力量。对此，我国反恐怖专门立法力图以法治化实现反恐怖工作的制度化，以规范化形成反恐怖力量的规模化。《反恐怖主义法》在“总则”部分明确宣示国家反对一切形式的恐怖主义，细致规定反恐怖主义的基本原则，专门设置工作机构协调反恐事宜，不仅以法律的权威来表达我国对恐怖主义旗帜鲜明的反对态度，而且以具有可预测性的规则引导反恐怖工作进入法治化轨道，使得反恐怖工作的开展有法可依，有章可循，以有效避免双重标准。除此之外，《反恐怖主义法》专章规范“国际合作”内容，确定反恐怖国际情报信息交流、执法合作、国际资金监管合作、刑事司法协助等内容，并对国务院公安部门、国家安全部门、中国人民解放军、中国人民武装警察部队派员出境遂行反恐怖任务作出具体规定（第六十八至第七十二条）。从中可见，我国反恐怖立法以积极的话语承诺我国与他国反恐合作的负责任担当，展现了我国主动参与，为国际反恐怖斗争献智献力的大国态度，适应了国际安全形势发展的新要求。

二、反恐怖专门立法体现了总体国家安全观的新思想

十八大以来，党中央准确把握我国国家安全形势变化新特点新趋势，从维护国家安全的高度出发，对加强反恐怖工作作出了一系列重大决策部署，将反恐怖工作纳入总体国家安全观的理论体系中进行建设。① 总体国家安全观以人民安全为宗旨，以政治安全为根本，以经济安全为基础，以军事、文化、社会安全为保障，以促进国家安全为依托，致力于构建具有中国特色国家安全制度体系。在安全格局建构过程中，我国境内外恐怖活动危害持续增大，反恐怖工作的长期性、复杂性和尖锐性更趋突出。为此，习近平总书记多次强调，反恐怖斗争事关国家安全，事关人民群众切身利益，事关改革发展稳定全局，是一场维护祖国统一、社会安定、人民幸福的斗争，必须采取坚决果断措施，保持严打高压态势，坚决把暴力恐怖分子的嚣张气焰打下去。上述论断为反恐怖立法工作提供了新的思想指引。

为全面贯彻总体国家安全观和中央一系列关于国家安全的方针政策，推进国家治理体系和治理能力现代化，为我国长期可持续安全提供坚实法治保障，《中共中央关于全面推进依法治国若干重大问题的决定》强调“推进公共安全法治化，构建国家安全法律制度体系”。根据上述部署，我国立法机关于 2015 年 7 月 1 日公布实施《中华人民共和国国家安全法》（以下简称《国家安全法》），确立总体国家安全观的指导地位和国家安全工作领导体制，建立维护国家安全的各项法律制度。其中，该法第二十八条明确提出国家要加强防范和处置恐怖主义的能力建设，为反恐怖专门立法预留了法律接口。在该法的立法框架下，《反恐怖主义法》对恐怖活动组织和人员的认定、安全防范、情报信息、调查、应对处置、国际合作、保障措施和法律责任进行了具体设计和权责安排。反恐怖专门立法过程中，宏观上注重适应国家安全形势，彰显该法的全局性、综合性和基础性；微观上强调充分运用立法技术，多角度提高立法质量。具体而言，就前者来说，反恐怖专门立法坚持全面贯彻中央精神，把握正确政治方向，实现与《国家安全法》的对接；坚持以问题为导向，瞄准反恐怖工作中的突出问题和法律难题，重点解决反恐怖工作领域带有普遍性的问题和亟待立法填补空白的问题；坚持

---

① 参见习近平在中共中央政治局第十四次集体学习会议上的讲话——《切实维护国家安全和社会安定　为实现奋斗目标营造良好社会环境》，《人民日报》2014 年 4 月 27 日第 1 版。

立足我国国情，从我国反恐怖工作面临的新形势、新任务出发，体现中国特色，走贴切本土特点的反恐怖工作路线。就后者而论，反恐怖专门立法坚持统筹结合的立法技术，以发挥法律的最大整合功用，立法宗旨强调防范与打击相结合；体制机制要求专门工作与群众路线相结合；适用范围突出特殊领域与重点目标相结合；文本配置体现行政法与刑事法相结合、实体法与程序法相结合；等等，全面构建对恐怖主义的立体化防御和全方位打击的反恐怖工作格局，形成与维护国家安全需要相适应、系统完备、科学规范的反恐怖法律制度体系，使总体国家安全观理念在反恐怖斗争中贯彻落地，为维护我国国家安全提供坚实的法律制度保障。

三、反恐怖专门立法反映了加强和创新社会治理的新常态

加强和创新社会治理，是我国社会主义社会发展规律的客观要求，是人民安居乐业、社会安定有序、国家长治久安的重要保障。《中共中央关于制定国民经济和社会发展第十三个五年规划的建议》针对社会治理领域存在的普遍问题，对加强和创新社会治理作了全面部署，其中恐怖主义作为突出问题，成为社会治理新常态的重要内容之一。

自 20 世纪末以来，“东突厥斯坦伊斯兰运动”、“东突厥斯坦解放组织”、“世界维吾尔青年代表大会”、“东突厥斯坦新闻信息中心”等恐怖组织以分裂国家为目的、以极端思想为指引，以暴力袭击为手段给我国造成了最直接、最现实的威胁。① 进入新世纪以来，国际国内反恐战场融为一体，境外指挥、网上勾连、境内行动、常态运作的趋势愈加明显，2014 年发生的“3 · 1”昆明火车站恐怖袭击事件、“4 · 30”乌鲁木齐火车南站恐怖袭击事件、“5 · 6”广州火车站恐怖袭击事件等都表现了上述特点。正因为此，中央判断，我国正处于“面临诸多矛盾叠加、风险隐患增多的严峻挑战”② 重要战略时期和转型时期。在这一时期，

① 郭永良：《论中国反恐立法的基本轨迹》，《太平洋学报》2015 年第 8 期。

②《中共中央关于制定国民经济和社会发展第十三个五年规划的建议》，《人民日报》2015 年 11 月 4 日第 1 版。

恐怖主义虽然总体可控，但风险犹存。在充满不确定性的“风险社会”[①]中，只有政府和社会携起手来，形成命运共同体，才能建设好安全家园。2014年4月25日，中共中央政治局就切实维护国家安全和社会安定进行的第十四次集体学习中，习近平总书记指出，要建立健全反恐工作格局，完善反恐工作体系，加强反恐力量建设；要坚持专群结合、依靠群众，深入开展各种形式的群防群治活动，筑起铜墙铁壁，使暴力恐怖分子成为“过街老鼠，人人喊打”。[②]可见其一分为二，不仅对国家的反恐力量建设作出了部署，也对如何纳入群众的力量提出了要求，这一论断对反恐怖斗争中的社会治理创新具有引领意义。

反恐怖专门立法积极响应这一论断，在对政府的主导作用进行规范的同时，也对如何依靠群众、依靠基层、专群结合、群防群治、综合治理的全民反恐进行了全方位设计，构建了政府主导、社会协同、公众参与、法治保障的反恐怖工作体制。例如，《反恐怖主义法》第七至第八条规定，国家设立由有关部门组成的反恐怖主义工作领导机构，实行专门工作和群众路线相结合的原则，依靠、动员所有国家机关、武装力量、社会组织、企业事业单位、村（居）民委员会和个人共同开展反恐怖主义工作，各职能部门在反恐怖主义工作领导机构统一领导、协调下，建立联动配合机制，各司其职、密切协作，依法做好反恐怖主义工作。同时，该法明确规定国家机关、公民和组织开展反恐怖斗争的责任、权利和义务，设计行政认定恐怖组织入刑、预防性约束、社区矫正等反恐怖新措施。足见，反恐怖立法通过充分发挥党领导下的社会主义社会的政治优势和制度优势，以社会治理创新的最优模式，主动适应新常态，积极引领新常态，统筹全社会力量，形成反恐怖斗争整体合力，为反恐怖斗争的顺利开展供给充足的制度资源的立法准备，它也必将能够为维护国家安全、公共安全和人民生命财产安全提供坚实的法治保障。

---

① “风险社会”的概念由德国社会学家乌尔里希·贝克首先提出，参见［德］乌尔里希·贝克《风险社会》，何博闻译，译林出版社2003年版，第19～22页。

② 参见习近平在中共中央政治局第十四次集体学习会议上的讲话——《切实维护国家安全和社会安定　为实现奋斗目标营造良好社会环境》，《人民日报》2014年4月27日第1版。

第二节 反恐立法内容概览

我国就反恐怖工作进行专门立法，赋予职能部门以法定职责，为其反恐工作的开展提供充分的制度供给，这对于我国反恐工作体制机制的完善，具有重要的规范、指引和保障作用。《反恐怖主义法》的立法内容集中体现在下述三个方面。

一、工作机构与职责

为了防范和打击恐怖主义，我国于 2001 年组建了国家反恐怖工作协调小组。2011 年的《反恐决定》第三条明确规定国家反恐怖工作领导机构统一领导和指挥全国反恐怖工作。在此基础上，国家愈来愈发现作为一种跨组织合作的“议事协调”的制度设计，国家反恐怖工作协调小组不能应对日益复杂的恐怖主义外部环境和制度环境①，无法在不同部门之间形成最大化的反恐合力。因为协调不是上下的直接领导和人事管理，其“务虚”的意义要大于“务实”。它只能对涉及反恐事宜的各部门开展沟通工作，具体执行仍待各部门的主动落实，内部的责任追究也靠各单位的主体自觉，这很容易导致有名无实或者出工不出力、出力无效益情形的发生。因此，2013 年，国家反恐怖工作协调小组更名为国家反恐怖工作领导小组，该小组对其成员单位直接进行领导，意图改变“协调”的不足，以加强统筹协调，形成反恐合力。

作为中央政府的职能部门，国家反恐怖工作领导小组的办事机构是国家反恐怖主义工作领导机构办公室，设在公安部反恐怖局。其常态化的运作对法律

① 参见刘军强、谢延会《非常规任务、官员注意力与中国地方议事协调小组治理机制》，《政治学研究》2015 年第 4 期。

依据提出了更多和更细致的要求，较为突出的是：(1) 国家层面的反恐怖工作领导机构有所建构，那么应如何配设地方的反恐怖工作领导机构？二者的关系如何处理？(2) 反恐怖工作领导机构都有什么职责权限？与其成员单位的领导关系如何设计？职责如何分工？以上要求，《反恐决定》没有作出规范。《反恐怖主义法》对上述问题进行了一一回应：(1) 该法第七条明确规定国家反恐怖主义工作领导机构“统一领导和指挥全国反恐怖主义工作”，设区的市级以上地方人民政府设立反恐怖主义工作领导机构，县级人民政府根据需要设立反恐怖主义工作领导机构。地方反恐怖主义工作领导机构与上级机构的关系是，“在上级反恐怖主义工作领导机构的领导和指挥下，负责本地区反恐怖主义工作”。(2) 该法第二条明确规定反恐怖主义工作领导机构的成立旨在“反对一切形式的恐怖主义，依法取缔恐怖活动组织，对任何组织、策划、准备实施、实施恐怖活动，宣扬恐怖主义，煽动实施恐怖活动，组织、领导、参加恐怖活动组织，为恐怖活动提供帮助的，依法追究法律责任”。第八条规定了反恐怖主义工作领导机构与公安机关等成员单位的关系，即“根据分工，实行工作责任制”；军队则根据法律法规和国务院、中央军事委员会的命令和“反恐怖主义工作领导机构的部署，防范和处置恐怖活动”；有关部门则“应当建立联动配合机制”，共同开展反恐工作。

二、制度供给与保障

《反恐怖主义法》不仅赋予国家反恐怖主义工作领导机构以必要的职责权限，而且供给了相应的制度，以引导、保障和规范反恐工作的顺利开展，较为重要的是以下六种制度。

（一）反恐认定制度

反恐认定制度是国家反恐怖主义工作领导机构对某组织的主体资格和身份关系进行审核，对其所实施的恐怖活动事实是否存在进行甄别，基于确定或否定并对外部予以宣告的制度。世界各国根据本国情况采取了不同的认定模式，大体有行政认定、司法认定、军事认定以及实质认定和形式认定等。我国采取了以行政认定为主、司法认定为补充的混合制度模式，这在《反恐怖主义法》

第二章专门体现。该章分别规定了认定主体（第十二条）、申请主体（第十三条）、认定后的法律效力（第十四条）、认定的复核（第十五条）、案件审理中的司法认定（第十六条）。之所以如此，是因为：相对于司法认定的事后性、中立性和稳定性，行政认定灵活高效，可以实现对恐怖活动的主动预防和长期打击。但行政认定的缺陷也不容忽视，一是传统上的“传送带”理论无法延伸到行政认定的各个环节，立法机关无法对其进行有效制约；二是行政认定自由裁量权过大，一旦得不到司法机关的制衡，极易侵犯被认定的组织和个人的合法权利。因此，我国《反恐怖主义法》第十六条中规定：“根据刑事诉讼法的规定，有管辖权的中级以上人民法院在审判刑事案件的过程中，可以依法认定恐怖活动组织和人员”，其目的在于通过严格的证据推理，在反恐措施和人权保障之间取得平衡，实现个案正义。[①]

（二）安全防范制度

安全防范是反恐怖主义工作的基础环节。恐怖事件一旦发生，往往会对公共安全和公民人身安全造成重大危害。因此，需要重点做好事前的安全防范工作。鉴于此，《反恐怖主义法》第五条在明示反恐怖主义工作原则时，提出了“防范为主”，并结合这一原则，安排制度供给：一是基础防范措施，包括宣传教育（第十七条）、网络安全管理（第十八条至第十九条）、运输寄递货物信息查验（第二十条至第二十一条）、危险物品管理（第二十二条至第二十三条）、防范恐怖主义融资（第二十四条至第二十六条）、城乡规划和技防物防（第二十七条）等。二是禁止极端主义。极端主义是当前我国恐怖主义的主要思想基础。《反恐怖主义法》对极端主义行为的现场处置措施（第二十八条）、法律责任及教育矫治（第二十九条至第三十条）作了规定。三是重点目标保护，包括重点目标范围（第三十一条）、单位职责（第三十二条）、主要安全制度及主管部门的管理职责（第三十三条至第三十七条）等。四是国（边）境管控与防范境外风险，包括边防管理职责（第三十八条）、出入境监管（第三十九条至第四十条）、境外利益保护（第四十一条）、驻外机构内部安全防范（第四十二条）等。

---

① 参见戚建刚、郭永良《中国反恐认定法律制度之完善》，《云南社会科学》2016 年第 3 期；郭永良《论对恐怖活动组织和人员的行政认定》，《安徽商贸职业技术学院学报（社会科学版）》2015 年第 2 期。

（三）情报信息制度

情报信息工作是反恐怖主义工作的关键环节。有效的情报信息制度，一方面，可以“情报信息引导反恐”的方式实现对恐怖组织和恐怖分子的精准打击，节省人财物资源；另一方面，可与安全防范制度点面结合、良性互动、优势互补，进而将恐怖袭击消除在发生之前和萌芽状态，避免恐怖活动造成的实然危害。情报信息制度的构建意义重大，但是如操作不慎，极易侵害公民和社会组织的合法权益。例如，公安机关为搜集反恐情报信息，需要大量掌握公民的个人信息甚至隐私，以及社会组织的商业秘密，一旦泄露，对公民的生活和社会组织的活动将带来很大影响。为实现安全和人权之间的平衡，《反恐怖主义法》一方面对我国情报信息制度进行了顶层设计，对体制、机制作出了原则性要求，具体体现在它要求建立健全国家反恐怖主义情报中心、跨部门情报信息运行机制、情报信息通报机制（第四十三条）、基层情报信息工作制度（第四十四条）、情报信息提供机制（第四十六条），以及情报信息预警机制（第四十七条）；另一方面，该法要求在反恐工作中不能克减公民的基本权利，并构建了制度性措施，例如，《反恐怖主义法》规定了严格审批手续下的技术侦查制度（第四十五条）、构建了在反恐怖工作过程中严格保守国家、商业秘密和个人隐私的保密制度（第四十八条）等。

（四）反恐调查制度

恐怖主义的危害后果不只是恐怖活动本身给当事人造成的伤害，还会给整个社会带来现实伤害的预期。“即相似的甚至更严重的伤害将会毫无征兆地发生在自己身上，从而引起社会公众的恐慌，这种社会恐慌积累到一定程度，可能动摇恐怖活动严重地区政权的社会基础，危及国家安全”[①]。这种“危害的预期”正是恐怖活动与普通刑事犯罪的区别，由此，对恐怖活动必须采取特定的调查制度。在《反恐怖主义法》立法过程中，立法机关曾在草案中将“情报信息与调查”合并考虑，最终公布实施文本将调查制度从中独立出来予以专门构建，可见反恐调查制度的重要意义。该法规定了公安机关开展反恐调查的时机（第四十九条）、列举了盘查、检查、传唤、询问、提取人体生物识别信息或者

① 皮勇、张启飞：《论恐怖活动犯罪的主观要件》，《华东政法大学学报》2014 年第 6 期。

采集生物样本的调查方法（第五十条）、授权了调取有关信息材料的权限（第五十一条）、明确了对有涉恐嫌疑财产的查询、查封、扣押、冻结程序和期限（第五十二条）、创制了对嫌疑人员的多项约束措施（第五十三条）、规范了反恐调查与刑事侦查的衔接（第五十四条）等。

（五）应对处置制度

在《中华人民共和国突发事件应对法》确定的以突发事件生命周期理论应对突发事件的基础上，结合近年来我国处置包括恐怖事件在内的突发事件的经验，针对恐怖事件的自身特点，《反恐怖主义法》对应急处置机制、恢复重建机制进行了规范，具体体现在两个方面：一是，国家建立健全恐怖事件应对处置预案体系（第五十五条），明确应对处置的指挥长负责制和先期指挥权（第五十六条至第五十九条），规定可以采取的各项应对处置措施（第六十一条），并对使用武器的条件（第六十二条）、信息发布（第六十三条）等作出要求，要求制止和处置恐怖活动，应当优先保护直接受到恐怖活动危害、威胁人员的人身安全（第六十条）。二是，为最大程度恢复社会秩序，降低并消除恐怖事件的影响，对恢复生产生活（第六十四条）、补偿援助（第六十五条）、查明真相（第六十六条）、总结评估（第六十七条）等作了规定。

（六）反恐保障制度

反恐怖工作的开展需要人、财、物等各方面的保障，需要国家和社会的合作行动，鉴于此，《反恐怖主义法》第七十三条至第七十四条对经费支持和队伍建设进行了明确，要求“将反恐怖主义工作经费分别列入同级财政预算”，有关部门要“建立反恐怖主义专业力量，加强专业训练，配备必要的反恐怖主义专业设备、设施”。同时对社会公众的参与提供了激励性措施，譬如，鼓励反恐研究和技术开发（第七十七条），对反恐参与者提供抚恤、优待（第七十五条）、保护（第七十六条）等保障性措施，对征用的财产，要求任务完成后及时归还或补偿（第七十八条）。

三、法律责任与追究

为了最大限度防范和打击恐怖主义，我国反恐怖专门立法对四个方面的法律责任进行了明确：一是恐怖主义行为者（第七十九条至第八十条）、极端主义行为者（第八十一条）、恐怖活动嫌疑人员（第八十九条）以及窝藏、包庇者（第八十二条）的法律责任。二是重点领域的行业监管责任，包括金融机构和特定非金融机构、电信业务经验者、互联网服务者、物流运营单位（第八十三条至第八十六条）以及危险物品管理者（第八十七条）、重点目标运营者（第八十八条）、新闻媒体从业者（第九十条）以及其他单位（第九十三条）的法律责任。三是公民和组织拒不配合或者阻碍反恐工作的法律责任（第九十一条至第九十二条）。四是反恐工作领导机构及人员的渎职责任，主要是不作为所导致的法律责任（第九十四条）。此外，还对反恐中有关单位和个人的救济途径作出了规定（第九十五条至第九十六条）。在法律责任之外，中央政法委书记孟建柱曾强调："反恐怖工作是全党全社会的共同责任"。[①] 鉴于此，地方在国家反恐怖专门立法的基础上，就反恐工作中领导班子和党员领导干部的责任作出了全方位的规定。例如，博尔塔拉蒙古自治州《各级领导班子和党员领导干部在反恐维稳工作中失职渎职责任追究暂行办法》第六条规定了检查检讨、经济处罚、一票否决、组织处理、纪律处分、司法处理等多种追责方法，构建了全方位的责任追究体系。

第三节　我国反恐立法存在的问题

《反恐怖主义法》是立法机关就我国反恐实践经验与教训的提炼和总结，是"摸索"的产物。为便于时下反恐工作的推进，该法在文本配置上原则性规范多，操作性条款少。那么，未来在法律实施时，就要依循立法意图，就法律内容做

① 参见孟建柱在反恐怖工作会议上的讲话——《深刻把握暴恐活动新变化新特点，全面提升反恐斗争能力水平，全力维护国家安全和社会稳定》，《人民公安报》2015 年 12 月 12 日第 1 版。

进一步细化，以确保立法目的得以实现。在细化法律内容上，需要重点考量下述两个方面的关系。

一、保障人权与维护安全的权衡

恐怖活动与其他类型的危害活动不同。对于一般类型的危害，可以待事实发生之后再行追惩，或依据民事法对不法行为、不履行合同等请求损害赔偿，或根据刑事法请求惩处制裁犯罪行为。但，显而易见，这些都是事后的，它们与恐怖活动所造成的社会危害有质的不同，恐怖行为一旦实施，或者恐怖事件一旦形成，其造成的危害将是前所未有的，其后果影响是难以控制的。[①] 那些具有毁灭性的恐怖事件使得任何事后的补救和保险措施都失去了意义，它们会对社会系统的基本价值和行为准则产生严重威胁，甚至导致一个国家宪政构造的变动。正因为此，对恐怖风险的防范就显得尤为重要，这就需要政府在反恐行动中“防止被害与纷争于未然，以‘预防行政’收‘先下手为强’之功效”[②]。但是这种预防，给人权和安全的权衡带来棘手难题，集中体现在两个方面。

（一）法律难以准确界定何种行为应当被预防，这相对于赋予了认定机关宽泛的自由裁量权，而且这种裁量权如果得不到有效的司法审查，那么公民和组织的合法权利极易被侵害

例如，《反恐怖主义法》第十五条规定，反恐认定中行政复核为终局裁决，排除了司法审查的可能性，行政认定的证据采信与程序构造和行政诉讼有很大的不同，这很容易给被错认为恐怖组织或恐怖分子的财产权和人身权带来不可弥补的损害。再如，该法第五十三条规定，经过“县级以上公安机关负责人批准”，恐怖嫌疑人员就有可能被采取“未经公安机关批准不得离开所居住的市、县或

① 例如，在“9·11”事件14周年之际，美国《纽约邮报》一篇名为《美国“9·11”事件3700余名救援人员确诊患癌》的文章报道说，最新官方数据显示：参与地面营救、清洁的消防员、警察、环卫工人中有3700多人确诊患上癌症，其中2110人是消防员，各种数字还在上升。Susan Edelman，“Number of Ground Zero responders with 9/11-linked cancers hits 3700”，New York Post，August 9，2015.

② 日本学者阿部泰隆语，转引自王贵松《行政裁量权收缩的法理基础——职权职责义务化的转换依据》，载编委会编《北大法律评论》（第2辑），法律出版社1999年版，第373页。

者指定的处所；不得参加大型群众性活动或者从事特定的活动；未经公安机关批准不得乘坐公共交通工具或者进入特定的场所；不得与特定的人员会见或者通信；定期向公安机关报告活动情况；将护照等出入境证件、身份证件、驾驶证件交公安机关保存”等约束措施。这事实上是一种空白授权，公民仅仅“被怀疑”就有可能被限制人身自由和财产权利，合法权益在反恐面前成为一个权衡的对象，而非保护的目的。此外，对于反恐机关的监督，立法机关的角色也没有加以规定。试想，当法院难以对反恐机关行为予以监督，而立法机关又缺位的情况下，那么又如何防止反恐机关滥用行政权力呢？事实上，从国外，特别是美国反恐情况来看，每一次危机事件的发生，社会上的少部分人总会被贴上“魔鬼”的标签。第二次世界大战期间，所谓的“魔鬼”就是大西洋沿岸的“日裔美国人”，而“9·11”恐怖事件后，“魔鬼”就是“宗教激进主义者”和“阿拉伯人”。这些人被人为地从社会中“隔离”开来，受多数人的谴责和歧视，甚至成为行政机关怀疑的对象。[①]那么如何防止少数人受到歧视，甚至不公正的对待，同时，又能够有效打击恐怖分子，耶鲁大学法律和政治科学系资深教授布鲁斯·艾克曼（Bruce Ackerman）认为，在第一次恐怖袭击发生后，为了实现“重新保证”理性，防止第二次恐怖袭击的再发生，授予行政机关特殊权力是必须的，也是适当的。然而，绝对的权力，必然导致绝对的滥用。他承认“成千上万名无辜者将会被政府所实施的旨在防止第二次恐怖事件的紧急性拘留权的罗网所捕获”。那么，又如何控制这种权力呢？对于以法院为中心的控制机制，艾克曼显然是反对的——在他的理论中，在恐怖事件发生后的最初40到45天之内，法院的功能事实上已经被取消了。这时，艾克曼引入了他的政治控制与平衡机制——以预防性拘留权为重点的行政紧急权力将受制于一个“类似于自动扶梯那样”不断上升（或者如瀑布落下般逐步增加）的“超级多数投票机制”。

“类似于自动扶梯那样”不断上升的“超级多数投票机制”属于艾克曼理论中的核心概念。它的意思是指，当恐怖事件刚刚发生时，国会中的代表仅仅以51%的简单多数就能够宣告紧急状态，并授予行政机关广泛的紧急权力，但是，紧急状态（自然包括紧急权力）只能持续40到60天；2个月以后，行政机关将不得不回到国会请求进一步的授权，国会必须再次宣告紧急状态，这一次应

① Huong Vu, Note, “Us Against Them : The Path to National Security Is Paved by Racism”, 50 Drake L. Rev. 661, 663 (2002).（讨论了美国的国家安全政策是如何选择非白人作为国家安全破坏的怀疑对象）

当由国会中的60%代表同意；再过2个月，国会中的多数赞成票就应当达到70%；随后的2个月就是80%，除非是极端的危机时期，这种“自动扶梯”将使得紧急权力持续相对短暂的时期，紧急状态也不断地在走向死亡。① 艾克曼认为，这种“超级多数投票机制”具有三大功能。

第一，防止紧急状态长久性。由于每隔两个月，国会代表就会公开对紧急状态是否继续存在重新进行投票，这使得紧急状态体制是暂时的。在每一次投票前，在政治家、媒体和公众中就会有一次争议，每一个人都有义务再问一次：紧急状态是否还有必要持续下去？这种反思，使得紧急状态只有通过有意识的并且达到国会60%代表的同意才能持续。然而，当“自动扶梯”上升到80%的层次时，每一个人都明白期望立法机关无期限地支持紧急状态是不现实的，除非，恐怖分子反复地攻击并造成灾难性的后果——但这也是真正的紧急状态。

第二，控制行政紧急权力。当行政机关被授予特别权力时，总统知道为了在60天以后获得超级多数代表的同意，他必须小心地行使其权力。如果胡作非为或随意行使紧急权力，那么公众和国会代表将会不满，一旦没有获得法定的多数赞成票，紧急权力就被中止。

第三，防止对少数派的歧视。“超级多数投票机制”将会对这种歧视性的做法产生或强或弱的控制。在美国“9·11”恐怖事件中，“超级多数投票机制”对防止少数派被歧视的情况或许不能发生强有力的作用——因为这部分人在美国人口中只占极小部分。但在欧洲国家则将会产生更强有力的控制作用——因为他们在欧洲国家里占有很大的比例。

虽然艾克曼的预防机制主要针对美国那样的国家，但该机制所蕴含的理念对完善我国反恐权力的监督无疑具有重要启发意义。这也从侧面说明了对反恐权力加以监督，特别是有立法机关来监督的必要性。

（二）鉴于恐怖行为的不确定性，法律难以为职能部门的反恐行为指定行为模式，这就使得反恐职能部门可以采取几乎所有的行为模式

它们的行为效果从弱到强，可以是行政调查，也可以是刑事侦查，甚至是武器使用等。这是之所以《反恐怖主义法》赋予公安机关巨大的决定权和执行权，

① See Bruce Ackerman, “Before the next attack”, New Statesman magazine, June 29, 2006; Bruce Ackerman, “The Emergency Constitution”, 113 Yale L.J. 1029 (2004).

包括行政调查、行政约束、刑事侦查、技术侦察以及武器使用等的原因所在。

可以看出，出于当前反恐任务紧迫性的考虑，我国反恐怖专门立法主要考量“安全”，虽然在总则第六条规定“保障人权”，但相应的制度供给却远不充分，几乎所有的制度都是围绕安全展开。这种立法态度在恐怖主义肆虐的情况下，情有可原。以美国为例，当国家处于诸如“9·11”事件之后的一段恐惧时期内，广泛的民意认为国家采取一些强硬措施是必要的，限制人权也是必须的，立法机关容易采取倾向于安全的态度，但是当保护国家的强烈情绪危害到民主的基础和人权的根本时，“真正的危险就来临了”[①]。十多年后的2015年，美国向反恐部门授予大量权限的《爱国者法》条款归于失效，政府不再有权大量搜集情报信息，其反恐法案从安全主导回归至人权主导。

在我国安全主导的特定背景下，不必重复美国路径。当前可行的方案是在我国反恐怖专门立法框架下，在法律实施时就《反恐怖主义法》中已有的要求进行细化和格化，以行政自我规制的路径实现人权与安全的平衡。例如，该法第四十五条规定“经过严格的批准手续”，公安机关、国家安全机关、军事机关在其职责范围内，可以采取技术侦察措施；第五十条规定公安机关“可以依照有关法律规定”调查恐怖活动嫌疑，对嫌疑人员进行盘问、检查、传唤，提取人体生物识别信息或者采集生物样本；第五十二条和第五十三条关于查询和查封、扣押、冻结以及约束措施的规定中，要求“经县级以上公安机关负责人批准”。可以看出，我国反恐怖专门立法已就在反恐斗争中需要考量人权的重要关口设置了程序上的要求，并为其实施细则的制定留下了接口。那么，未来，反恐职能部门应就上述的“严格的批准手续”、“有关法律规定”等作出进一步的细化，以明确其必经的步骤环节、时效与责任。对于不涉密的内容，应向社会公开，避免内部审查容易导致的在压力情况和官僚体系惯性驱使下，批准手续“转变为简化的手续办理活动，流于形式”[②]，以为反恐中可能受到影响的合法权益享有者的人权保障提供制度性安排。

---

① 顾元：《美国总统战争权力的扩张与当代反恐战争中的人权保护——以最高法院司法审查为中心的考察》，《中国政法大学学报》2013年第6期。

② 刘铭：《大数据反恐应用中的法律问题分析》，《河北法学》2015年第2期。

二、政府主导与公众参与的统筹

由于恐怖活动的极端危害性，只有政府，才能合法拥有暴力资源，才具有宏观的防控能力和资源保障水平，才能主导反恐斗争的推进。相对于社会公众的松散被动，唯有政府才能以“组织”的存在方式来应对作为反恐副产品的寻仇、报复和反报复[①]，从而成为反恐的主导力量。不难理解，政府在主导反恐斗争中，其优势在于“点”状精确打击。但是，政府无法在整个社会都布置反恐精英力量[②]，即政府的劣势在于“面”状整体防范。如果社会公众充分参与其中，则恰好可以弥补政府的这一缺陷。人们离散地在社会面上开展生产生活，一旦发现涉恐信息，社会公众可以通过电话、网络等多种方式通知政府开展“点”状精准打击。简而言之，公众参与可以实现“点”“面”结合，弥补政府缺陷，实现优势互补。

但是，从《反恐怖主义法》的立法结构来看，虽然在总则中有公众参与的条款，但相应的制度却未构建成型。该法第五条规定：“反恐怖主义工作坚持专门工作与群众路线相结合，防范为主、惩防结合和先发制敌、保持主动的原则”。可见其设计了反恐中的专群结合原则，专群结合有公众参与的意涵[③]，但概览整个《反恐怖主义法》文本，公众只是在举报涉恐线索（第九条）、保守秘密（第四十八条）、行政征用（第七十八条）、提供材料（第五十一条）等环节中有参与的表述，但却没有明确公众在其他反恐活动中的功能和作用。不难发现，专群结合只是被技术性地运用，允许社会公众介入反恐的某一阶段或者某一环节，并没有在实质上成为反恐法的制度构成。那么，未来，就应该在《反恐怖主义法》第五条的原则指引下，以行政法规或部门规章的形式构建全方位的参与体系，统筹政府主导与公众参与的关系，补强政府反恐力量。

事实上，我国已有许多公众参与反恐的实践，例如，在2014年“6·15”和田棋盘室暴力恐怖事件中，被逮捕的恐怖分子木尔扎提称“没想到群众会奋力反抗，一下就怕了”[④]；在2014年“7·28”莎车县暴力恐怖事件中，被逮捕的

---

① 参见［美］理查德·A. 波斯纳《超越法律》，苏力译，中国政法大学出版社2001年版，第367～368页。

② 《反恐怖主义法》第三十一至第三十六条也只是对“重点目标”的安全防范进行了规定，没有也不可能涉及社会所有面的防范。

③ 关于公众参与反恐的详细论述，参见郭永良《论我国反恐模式的转型》，《法学家》2016年第2期。

④ 王慧敏：《祥和，就在你我手中》，《人民日报》2014年7月9日第4版。

恐怖分子艾则孜·居马克称“从没想到会被农民抓住”[①]；学者称朝阳群众“是公共安全治理走群众路线、拓展人民群众参与公共安全治理的成功范本”[②]；等等。这些公众参与实践是我国社会主义社会政治优势和制度优势的体现，亟须在反恐怖专门立法框架下予以制度化，实现对恐怖主义的立体化全方位防范与打击。[③]

从总共8条数百字的《反恐决定》到97条万余字的《反恐怖主义法》，我国反恐怖专门立法实现了质的飞跃。但这仅仅解决了反恐怖工作“有法可依”的问题，未来在法律实施中，亦有多重因素需要考量。尤其恐怖主义并非朝夕可除，对该问题的根本解决，非凭法律一己之力所能及，需囊括各学科的知识贡献并经历长时间的文明熏浸、调控管理乃至历史变迁。现阶段，对迫在眉睫的恐怖主义的防范和打击是当务之急。如何既能统筹资源维护秩序，又不至于对公民基本权利做大规模克减，将给政府、社会和公民带来新的挑战和要求，这是本书所力图解决的问题。

---

① 来源于央视报道《新疆落网暴徒：从没想到会被农民抓住》，载人民网，2016年1月17日，http://politics.people.com.cn/n/2014/0809/c70731-25433751.html。

② 刘武俊：《朝阳群众是群众参与公共安全治理的成功样本》，《福建日报》2015年6月5日第10版。

③ 对参与式反恐模式的类型化研究，参见郭永良《论我国反恐模式的转型——从精英模式到参与模式》，《法学家》2016年第2期。

第二章
我国反恐立法的历史沿革

恐怖活动，经纬万端。自“9·11”事件发生以来，反恐研究日益成为法学领域的重大学术命题。但在我国言及反恐立法，一般都是从刑法视域出发进行探讨。迄今为止，尚未发现通盘检视中国反恐立法轨迹的文献。毋庸置疑，恐怖活动是个复杂性问题，对之进行防范和打击的反恐法不应局限于某一特定视野。[①]那么，以总体法学观的角度来对我国反恐立法主要历程进行界分和描述，并对其演变过程中呈现的特点加以评析，可为我国反恐法律体系的完善提供更广阔的思路。[②]

第一节　中国反恐立法的主要历程

在全球范围内，对恐怖活动的法律规制主要起始于2001年的“9·11”事件。我国也不例外，2001年后通过了一系列反恐法律文件。十年后，2011年全国人大常委会通过《反恐决定》以法律性文件明确宣示“国家反对一切形式的恐怖主义”，2016年我国通过《反恐怖主义法》将我国的反恐立法工作推向了一个新高地。因此，可以2001年和2011年为分水岭，将我国的反恐立法的脉络划分为“萌芽”（1949年至2001年）、“产生”（2001年至2011年）和“发展”（2011年至今）三个时期。

① 有学者认为鉴于恐怖主义的极端复杂性，反恐法如要实现对它的防范和打击，就需要综合运用政治、经济、法律、文化和军事等诸多手段。就法律手段而言，又包括宪法、行政法、经济法、刑法、诉讼法和军事法等具体路径。参见杜邈《反恐刑法立法研究》，法律出版社2009年版，第81页。

② 行文之前，作两点必要说明：一是本文所说立法之“法”，是宽泛意义上的法，既包括法律、法规，也包括规章和行政机关出台的规范性文件。二是由于在我国现行反恐研究中，对于恐怖活动或恐怖犯罪、恐怖活动组织或恐怖组织、恐怖活动人员或恐怖分子、恐怖活动或恐怖犯罪、反恐或反恐怖等混同使用，鉴于2014年国家出台的《中华人民共和国反恐怖主义法（草案）》第一百零四条以“恐怖活动”为基础概念，在其概念之上界定了“恐怖主义”、“恐怖活动组织”、“恐怖活动人员”和“恐怖事件”，为规范起见，本文以《反恐怖主义法》的界定为准。

一、萌芽时期

中华人民共和国成立后，我国面临的主要危害来自于国家安全领域（以间谍活动为主），恐怖活动并非主要危害形态。由此，当时并没有针对恐怖活动的立法规范，而主要以国家安全为立法内容。在国家安全立法实践中，我国惯用不确定法律概念授予行政机关宽泛的自由裁量权，来表达对维护国家安全的法律关怀。例如：1984 年《中华人民共和国专利法》第四条，1985 年《中华人民共和国公民出境入境管理法》第八条，1986 年《中华人民共和国邮政法》第三条，1987 年《中华人民共和国档案法》第二十二条，1988 年《中华人民共和国国家秘密法》第八条，1994 年《中华人民共和国对外贸易法》第十六条、第十七条、第二十四条和第二十五条，1995 年《中华人民共和国人民警察法》第一条，1996 年《中华人民共和国戒严法》第二十四条，1999 年《中华人民共和国商标投标法》第六十六条等。但是当时，"法律并未对国家安全这一法律专门用语作出明确的界定或立法解释"①。对于并不占主导地位的危害形态——恐怖活动而言，立法机关将其作为危害国家安全的不证自明的诱因，列入维护国家安全所指涉的对象范围。例如，1986 年《中华人民共和国外国人入境出境管理法》第七条②和 1994 年《中华人民共和国国家安全法实施细则》（以下简称《国家安全法实施细则》）第八条③将"恐怖活动"作为危害国家安全的一种情形予以列举，但是没有将它作为一个特定对象专门观察、防范和打击。

然而，进入 1990 年以来，"东突厥斯坦伊斯兰运动"、"东突厥斯坦解放组织"、"世界维吾尔青年代表大会"、"东突厥斯坦新闻信息中心"等恐怖活动组织以分裂国家为目的、以极端思想为指引、以暴力袭击为手段，给我国造成了最直接、最现实的威胁。自 1990 年至 2001 年，境内外恐怖活动组织和人员在我国境内至少造成 200 余起恐怖事件，造成 162 人死亡，400 多人受伤。④我国在既有的

---

① 吴庆荣：《法律上国家安全概念探析》，《中国法学》2006 年第 4 期。

② 该法第七条对不准入境外国人的列举中，其第二项规定"被认为入境后可能进行恐怖、暴力、颠覆活动的"，该条的兜底条款是"被认为入境后可能进行危害我国国家安全和利益的其他活动的"，可见其是将恐怖活动作为危害国家安全活动的一种进行列举说明。

③ 该法第八条是对 1993 年《中华人民共和国国家安全法》第四条所称"危害国家安全的其他破坏活动"的解释，该条第一项表述为："组织、策划或者实施危害国家安全的恐怖活动的。"

④ 参见国务院新闻办公室：《"东突"恐怖势力难脱罪责》，载中国新闻网，2015 年 4 月 14 日，http://www.chinanews.com/2002-01-21/26/156158.html。

法律体系中找不到应对恐怖活动的根据，“国家安全”概念的广泛性又极易给他国造成我国防范与打击恐怖活动“于法无据”或采取“双重标准”的口实。由此，我国1997年将对恐怖活动组织的打击入刑，以刑法对“组织”进行严厉打击。但是，这一时期，行政机关采取的反恐措施没有独立法律地位，对恐怖活动的防范和打击也是在国家安全和刑事法律框架下进行的权宜之计，由此萌发了反恐立法的现实需要。

二、产生时期

之所以将2001年作为分水岭，在于：一是，2001年美国发生了举世震惊的“9·11”事件，反恐事宜进入各国立法视野。我国于2001年专门成立了反恐怖工作协调小组，胡锦涛在国家反恐怖工作协调小组第一次会议上明确指出，要加强反恐怖的立法工作，为打击恐怖活动提供有力的法律武器。为了解决反恐实践中的法律依据难题，我国2001年通过《刑法修正案（三）》专门用来惩治恐怖活动犯罪。二是，“9·11”事件后，我国积极依照联合国第1373号决议履行国际义务，公安部制定了对恐怖活动组织和人员进行行政认定的具体标准等规范性文件①，并于2003年根据1993年颁布的《中华人民共和国国家安全法》（以下简称《1993年国家安全法》）及其细则首次认定并公布了一批恐怖活动组织和人员名单，这是我国采取有效措施认定、甄别、打击恐怖活动的伊始，此后我国先后两次认定共14名恐怖活动人员，渐次形成了以行政认定途径确认并预防恐怖活动的反恐惯例。②

此外，我国应急行政基本法《中华人民共和国突发事件应对法》（以下简称《应

① 公安部公布的认定恐怖组织的具体标准是：“一、以暴力恐怖为手段，从事危害国家安全，破坏社会稳定，危害人民群众生命财产安全的恐怖活动的组织（不论其总部在国内还是国外）。二、具有一定的组织领导分工或分工体系。三、符合上述标准，并具有下列情形之一：（一）曾组织、策划、煽动、实施或参与实施恐怖活动，或正在组织、策划、煽动、实施或参与实施恐怖活动；（二）资助、支持恐怖活动；（三）建立恐怖活动基地，或有组织地招募、训练、培训恐怖分子；（四）与其他国际恐怖组织相勾结、接受其他国际恐怖组织资助、训练、培训，或参与其活动。”认定恐怖分子的具体标准是：“一、与恐怖组织发生一定的联系，在国内外从事危害国家安全和人民群众生命财产安全的恐怖活动的人员（不论其是否加入外国国籍）。二、符合上述条件，并具有下列情形之一：（一）组织、领导、参与恐怖组织；（二）组织、策划、煽动、宣传或教唆实施恐怖活动；（三）资助、支持恐怖组织和恐怖分子进行恐怖活动；（四）接受上述恐怖组织或其他国际恐怖组织资助、训练、培训或参与其活动。”

② 郭永良：《论对恐怖活动组织和人员的行政认定》，《安徽商贸职业技术学院学报》2015年第2期。

对法》）也于这一时期颁布，它的调整对象“突发事件”分为自然灾害、事故灾难、公共卫生事件和社会安全事件四类。[①]根据《国家突发公共事件总体应急预案》的规定，“恐怖袭击事件”属于社会安全事件的一种。[②]虽然“恐怖袭击事件”是否等同于“恐怖活动”仍有争议，《应对法》对“社会安全事件”的规范也语焉不详[③]，但这一时期的许多行政立法已然将反恐事宜专门列入了调整范围，例如：2006 年的《中华人民共和国反洗钱法》[④]、2007 年《金融机构报告涉嫌恐怖融资的可疑交易管理办法》（中国人民银行令〔2007〕第 1 号）、2009 年的《中华人民共和国人民武装警察法》[⑤]等。

不难看出，在这一时期，反恐立法已经在重要行业和特定领域中被提上日程，但各涉恐法律也只是在用语上将恐怖活动纳入考虑范围，但并没有专门的应对恐怖活动明确方案。其具体反恐措施散落于各个法律文本和主管机关的“执行时刻”之中，在一定意义上折射出改革现行零散的反恐法律制度、进行专门立法的迫切需求。

三、发展时期

2011 年全国人大常委会通过的《反恐决定》标志着我国反恐立法迈入一个新时期。它首次以法律性文件旗帜鲜明地宣示“国家反对一切形式的恐怖主义”，明确界定了恐怖活动、恐怖活动组织以及恐怖活动人员，为行政预防措施的实

---

① 参见《应对法》第三条第一款。

②《国家突发公共事件总体应急预案》总则部分的“1.3 分类分级”中规定：“社会安全事件……主要包括恐怖袭击事件，经济安全事件和涉外突发事件等。”

③ 例如，《应对法》以纵横两条主线“分类、分级、分期”对突发事件进行规定，横向上分为自然灾害、事故灾难、公共卫生事件和社会安全事件等四种类型，但是只对前三者进行了分级，对于社会安全事件则没有规定。纵向上，《应对法》根据突发事件生命周期理论将应对过程分为预防与应急准备、监测与预警、应急处置与救援和事后恢复与重建四个时期，但是在该法共 70 条的规定中，诸多条款都是对前三者的规范，“社会安全事件”只有在第三条概念界定、第二十一条调解纠纷、第二十二条消除隐患、第四十六条上报情况、第五十条应急处置、第五十六条劝解疏导和第六十八条防止再发等 7 个条款中出现，而且从其文本表述来看，基本上将社会安全事件等同于群体性事件，与恐怖活动的内涵相去甚远。

④ 该法第二条规定：“本法所称反洗钱，是指为了预防通过各种方式掩饰、隐瞒毒品犯罪、黑社会性质的组织犯罪、恐怖活动犯罪、走私犯罪、贪污贿赂犯罪、破坏金融管理秩序犯罪、金融诈骗犯罪等犯罪所得及其收益的来源和性质的洗钱活动，依照本法规定采取相关措施的行为。”

⑤ 该法第七条第七项规定：“人民武装警察部队执行下列安全保卫任务：……（七）参加处置暴乱、骚乱、严重暴力犯罪事件、恐怖袭击事件和其他社会安全事件。”

施扫清了障碍；确定了反恐主管机关即国家反恐怖工作领导机构的职能权限和行政机关、司法机关和军事部门的分工配合，初步形成了“一元反恐工作领导机构、多元反恐工作参与部门”的机构架设；此外，还确立了反恐国际合作的原则。自此，反恐作为一个特定的立法对象，从不确定法律概念“国家安全”的宽泛外延中独立出来，也在国家法律体系中占据了特定的法律位置。笔者以为，从2011年起我国反恐立法进入了发展时期。

《反恐决定》颁行前后，我国反恐立法向纵深发展，国家先后出台了《刑法修正案（八）》、《支付机构反洗钱和反恐怖融资管理办法》（银发〔2012〕54号）、《金融机构洗钱和恐怖融资风险评估及客户分类管理指引》（银发〔2013〕2号）、《涉及恐怖活动资产冻结管理办法》（中国人民银行、公安部、国家安全部令〔2014〕第1号）。但是，上述法律或行政机关制定的规范性文件依然不能满足对反恐基本法的迫切需要，恐怖活动形势依然严峻，2013年境内发生10余起恐怖活动事件，尤其是“10·28”天安门事件，目标直指首都。2014年“3·1”昆明火车站事件、“4·30”乌鲁木齐火车南站事件、“5·22”乌鲁木齐公园事件，共造成60多人死亡，310余人受伤。[①] 鉴于反恐的现实紧迫性，十八届四中全会通过的《中共中央关于全面推进依法治国若干重大问题的决定》提出要“抓紧出台反恐怖等一批急需法律，推进公共安全法治化，构建国家安全法律制度体系”，对反恐立法工作进行了政治要求和顶层设计。基于此，在国家层面，立法机关于2014年拟制《反恐怖主义法（草案）》，对我国反恐工作机构与职责、安全防范、情报信息与调查、应对处置、认定恐怖活动组织和人员、反恐怖主义国际合作、保障与监督以及法律责任等进行了综合架构，2016年该法经过“三读”后颁布实施；在地方层面，行政机关为满足化解恐怖风险的实践需要，纷纷出台举报恐怖线索奖励实施办法，例如《北京市公安局关于实施群众举报涉恐涉暴线索奖励办法的通告》、《乌鲁木齐市群众举报暴力恐怖犯罪线索奖励办法》、《四川省公安厅关于公民举报暴力恐怖犯罪线索奖励办法（试行）》、《西藏自治区公安厅关于群众举报暴力恐怖线索奖励实施办法》，等等。

在此期间，恐怖主义形势依然严峻。2015年11月13日，发生在巴黎的

---

① 《近年暴恐案盘点　新疆每年发生上百起》，载腾讯网，2014年7月29日，http：//news.qq.com/a/20140729/081775.htm。

系列恐怖事件引起全球一片哗然。[①] 各国将反恐斗争提至战略高度，并在国家治理中给予优先考虑。我国以总体国家安全观为指导 [②]，“并行推进国内国际两条战线” [③]。在国际上，注重反恐合作，强调标本兼治，致力于做好境外安全保护工作，确保我国公民和机构的安全。例如，我国积极参加全球核安全峰会，主张在联合国框架下开展反恐行动，印发、落实《关于执行联合国安理会第 1373 号决议的通知》，并通过护航、维和、军演等途径，积累国际反恐经验。在国内，要求各相关部门加强组织领导、安全防范和情报预警，做好反恐和社会面防控等各项工作。就中央而言，优化反恐工作领导机构，成立中央国家安全委员会，实施国家安全战略，出台国家安全法，建立反恐怖主义情报中心等；就地方而论，修建“反恐大桥” [④]，颁布反恐怖防范管理规范地方标准 [⑤]，加大以公安特警和武警部队为主体的反恐专业力量建设 [⑥] 等。可以看出，以上举措均以国家为行为主体。在上述反恐举措密集运用的场景中，恐怖主义态势虽然总体可控，但风险犹存。例如，在境外，短短数日，四名中国人被恐怖组织残忍杀害；在境内，2014 年发生了“3 · 1”昆明火车站事件、“4 · 30”乌鲁木齐火车南站事件、“5 · 6”广州火车站事件等多起恐怖事件 [⑦]。中央判断，我国正处“面临诸多矛盾叠加、风险隐患增多的严峻挑战” [⑧] 的重要战略时期和转型时期。在这一时期，反恐任务尤为艰巨。国家领导人先后多次对反恐进行表态，尤其在 2014 年 4 月 25 日中共中央政治局就切实维护国家安全和社会安定进行的第十四次集体学习中，习近平总书记强调，“要建立健全反恐工作格局，完善反恐工作体系，加强反恐力量建设”；“要坚持专群结合、依靠群众，深入开展各种形式的群防群治活动，筑起铜墙铁壁，使暴力恐怖分子成为‘过街老鼠，人人喊打’”。[⑨] 可见，总书记

① 参见李永群等《遭遇恐怖袭击，法国进入紧急状态》，《人民日报》2015 年 11 月 15 日第 3 版。

② 参见习近平《坚持总体国家安全观，走中国特色国家安全道路》，《人民日报》2014 年 4 月 16 日第 1 版。

③ 习近平在 2014 年 5 月 28 日第二次中央新疆工作座谈会上的讲话。参见《坚持依法治疆团结稳疆长期建疆 团结各族人民建设社会主义新疆》，《人民日报》2014 年 5 月 30 日第 1 版。

④ 郭晓莹、董晓斌、饶敏：《湖北“反恐大桥”主桥贯通将确保三峡大坝安全》，载新华网，2015 年 12 月 1 日，http://news.xinhuanet.com/local/2015-11/24/c_128460485.htm。

⑤ 王曦：《反恐有了“湖南标准”》，《湖南日报》2015 年 9 月 30 日第 6 版。

⑥ 2001 年以来，我国加强了反恐专业队伍的建设，全国各个地方大都拥有自己的反恐突击力量，例如北京特警总队“蓝剑突击队”、上海特警总队“防暴突击队”等。

⑦《近年暴恐案盘点新疆每年发生上百起》，载腾讯网，2014 年 7 月 29 日，http://news.qq.com/a/20140729/081775.htm。

⑧《中共中央关于制定国民经济和社会发展第十三个五年规划的建议》，《人民日报》2015 年 11 月 4 日第 1 版。

⑨《切实维护国家安全和社会安定，为实现奋斗目标营造良好社会环境》，《人民日报》2014 年 5 月 26 日第 1 版。

不仅对国家的反恐力量建设作出了部署，也对如何纳入群众（公众）的力量提出了要求。2015 年 11 月 15 日，国务委员、国家反恐怖工作领导小组组长、公安部部长郭声琨在全国反恐怖工作专题视频会议上强调，各地区、各部门要“始终把人民群众生命财产安全放在首位，加强组织领导，加强安全防范，加强情报预警，举一反三、扎实做好当前反恐怖和社会面防控各项工作，确保公共安全和社会大局稳定”[①]。

可以看出，从 2011 年至 2015 年，国家立法与地方实践同步进行，反恐立法发展迅速。

第二节　中国反恐立法的特点表征

通过对我国反恐立法主要历程的界分和描述，可以发现：其一，如我国其他领域的制度建设一般，反恐立法亦遵循着摸石头过河的“经验渐进主义”[②]，其经验色彩浓厚；其二，由于我国以法律途径进行反恐的时间并不长，为解决燃眉之急，立法内容强调应急处置；其三，传统上，我国习惯于行政主导国家治理，在反恐立法中亦是将反恐职责主要赋予了国家机关，不甚重视社会和公民的参与，反恐主体单一的特点明显。

一、经验色彩浓厚

我国反恐立法起始于反间谍经验总结。中华人民共和国成立初期的恐怖活动以国民党残余、反动会道门等实施的间谍活动为主，国家或采取专项整治或

---

① 周栋梁：《郭声琨在反恐怖工作专题视频会议上强调：坚持人民群众生命财产至上，扎实做好反恐怖防范应对工作》，《人民公安报》2015 年 11 月 16 日第 1 版。

② 季卫东：《通往法治的道路：社会的多元化与权威体系》，法律出版社 2014 年版，第 66 页。

采取军事行动逐步取缔了反动会道门，消灭了间谍特务组织，恐怖活动销声匿迹。不难发现，中华人民共和国成立初期的各种反恐行动基本是以“国家安全”为准则、以治安管理和军事斗争为载体开展的，采取的反恐措施没有立法保障。在总结反间谍经验的基础上，我国于1993年颁布了《中华人民共和国国家安全法》。虽然该法及其实施细则成为2003年公安部认定第一批恐怖活动组织和人员的依据，但该法颁布实施的缘由是对中华人民共和国成立初期反间谍工作的经验总结，滞后于反恐现实的发展。[①] 随着世界局势的发展变化，我国于20世纪90年代出现了以“东突”为代表的恐怖活动组织。[②]“东突”恐怖活动与中华人民共和国成立初期以间谍活动为主的恐怖活动存在明显差异，前者并非间谍活动。在这种以暴力为表征、以分裂国家为目的、以极端思想为指导的活动面前，当时的法律捉襟见肘。我国在实践中开展的恐怖活动认定工作，也显示出法律依据的苍白。例如，2003年公安部认定第一批恐怖活动组织和人员时，其认定依据主要是《1993年国家安全法》第二十五条及《国家安全法实施细则》第五条对敌对组织认定的规定[③]，但是上述条款指出的“敌对组织”实际上无法涵盖恐怖活动组织的内涵，而且由于“敌对组织”这一概念政治色彩浓厚，不利于防范和打击恐怖活动。但是，反间谍工作及《国家安全法》的立法实践为我国反恐立法提供了丰富经验。

二、应急处置明显

“法律若欲发挥规范效力，则必须针对现实情形。”[④] 正因为反恐的现实情形之严峻，才导致我国先从国家安全的宽泛考量的反恐，到公安部关于认定标准的规范性文件以及刑法修正案将恐怖活动入刑，再到《应对法》基于突

---

① 事实上，《国家安全法》虽然冠以“国家安全”之名，但是其主体是反间谍法。正因为此，2014年全国人大常委会审议通过了《中华人民共和国反间谍法》，相应废止了原有的《国家安全法》。

② 杨正鸣：《民国时期恐怖活动与反恐法律制度研究》，华东政法学院博士论文，2005年，第144页。

③《1993年国家安全法》第二十五条规定：“在境外受胁迫或者受诱骗参加敌对组织……不予追究”。《国家安全法实施细则》第五条将“敌对组织”解释为：“敌视中华人民共和国人民民主专政的政权和社会主义制度，危害国家安全的组织。”该条第二款还规定：“敌对组织由国家安全部或者公安部确认。”

④ 翁岳生编：《行政法》（上册），中国法制出版社2009年版，第108页。

发事件生命周期的应急规制，至今发展至《反恐决定》和《反恐怖主义法》的先后出台。纵观我国反恐立法和应急实践，总体上表现出应急处置明显的特点。

在《应对法》和《反恐怖主义法》出台以前，我国在反恐中没有法律依据，诸多反恐措施的采取也是在恐怖事件发生之后的匆忙处置。在《应对法》及《反恐怖主义法》框架下，我国的反恐立法虽然有“预防与准备”和“安全防范”的文本表达，但其重心却依然是现场的应急处置。就《应对法》而言，其在文本中设置了“预防与准备”的章节，但却未为预防提供足够的制度设计。即便在第十八条至第二十四条的 7 个条文中，也都是原则性的要求和政策性的话语，它旨在强调相关部门和人员要重视预防工作，充斥着“应当”等缺乏规范意义的内容，鲜有具体措施，更多的制度供给基本都留给了现场的应急处置和救援。就《反恐怖主义法》而论，除第三章“安全防范”外，其设计的“情报信息与调查”、“应对处置”以及“反恐怖主义国际合作”基本都是围绕应对处置进行的，其设定的现场指挥员职务和指挥长负责制制度也是为了便于对恐怖事件现场的掌控。事实上，“法律体系的价值和意义就在于规范和追寻技术上可以管理的哪怕是可能性很小或影响范围很小的风险和灾难的每一个细节”①。反恐立法应对恐怖活动产生的根源、如何防范进而如何打击进行通盘规定，而不能局限于恐怖事件发生之时的环节，尤其是不能局限于应急处置环节。

此外，在现行反恐法律体系中，“我国有过于重视刑法，轻视其他部门法价值的传统理念”②，甚至有学者认为我国反恐立法呈现出一种“以刑为主，诸法配合”③的格局，导致反恐立法重事后打击轻事前预防，使反恐工作缺乏主动性。如果以刑事立法的途径进行反恐立法，那么每一次恐怖事件发生以后，立法机关都会仓促地制定或修改应急性法律，如《中华人民共和国刑法修正案（三）》、《中华人民共和国刑法修正案（六）》、《中华人民共和国刑法修正案（八）》等。除此之外，国家还要承诺更大更全面的安全，这样做的结果是，如果某一新恐怖活动组织出现，或某一恐怖事件以新样态发生，那么会导致新一轮的刑事立（修）

---

① ［德］乌尔里希·贝克：《从工业社会到风险社会——关于人类生存、社会结构和生态启蒙等问题的思考（上篇）》，王武龙编译，《马克思主义与现实》2003 年第 3 期。

② 王利宾：《反恐怖犯罪刑事法完善研究——兼论反恐怖系统化立法》，《政治与法律》2014 年第 10 期。

③ 赵秉志：《海峡两岸反恐立法之比较》，《法学杂志》2010 年第 6 期。

法以便有效打击。而新的恐怖灾难，“反过来又会为制造更为压迫性的法律提供条件，持续不断，形成了‘棘轮’效应”[①]。

三、反恐主体单一

如德国学者迪特尔·格林所言，国家的职能在于引导和降低风险[②]；毛雷尔也指出，“‘排除危险’仍然是国家的法定的和不可变更的任务”[③]。基于传统的国家任务观念，我国在反恐立法中，过多倚重于政府的力量，而忽略了“社会”和“公民”的参与。在刚开始的刑法反恐中，基本上是公安机关、检察机关和人民法院在与恐怖活动做斗争。这在刑法一系列修正案中得到了显示。在后来的行政法反恐中，2006 年《应对法》将应对突发事件的职责赋予了“县级人民政府”[④]；2011 年《反恐决定》多是行政组织法的内容，意即各有关反恐部门的配合与协作的规范；2013 年原来的国家反恐怖工作“协调小组”升级为“领导小组”，从“协调”到“领导”一词之差，体现的是工作方法的变化，“协调”强调的是反恐怖工作相关部门相互之间的配合与协助，而“领导”则强调的是上下级的命令与服从。虽然这将改善反恐的组织法之效果，但它依然将反恐职责全然给予了国家。2016 年《反恐怖主义法》确定了一元主体、多元参与的反恐机构建设，但一元指代的是国家反恐怖工作领导机构，多元指的是包括公安机关、检察机关、人民法院、国家安全机关、军队等在内的国家有关组成部门的参与。

从我国反恐立法的基本轨迹中可以看出，公民参与并没有得到彰显。事实上，我国传统上偏好于自上而下管理式执法，以行政处罚和事后制裁作为重要治理术，试图通过公共制裁实现法律的目标，较少考虑是否必要可行以及能否真正执行，或者未考虑调动私人与国家共同执法的可能性。“这种制度耗费更多的国家资源，却更难实现立法目的”[⑤]。

---

① 戚建刚：《恐怖主义时代的紧急状态宪法——布鲁斯·艾克曼理论的价值及其面临的挑战》，《中外法学》2007 年第 5 期。

② ［德］乌尔海希·巴迪斯编选：《德国行政法读本》，于安等译，高等教育出版社 2006 年版，第 53 页。

③ ［德］毛雷尔：《行政法总论》，高家伟译，法律出版社 2000 年版，第 17 页。

④ 参见《中华人民共和国突发事件应对法》第七条。

⑤ 徐昕：《法律的私人执行》，《法学研究》2004 年第 1 期。

第三节　完善中国反恐立法的建议

从我国反恐立法的特点来看，其经验色彩浓厚即意味着前瞻性不够，使得反恐立法亦步亦趋地迁就于现行反恐实践，这就需要加深对总体国家安全观的理解，适当超前地进行反恐立法；其应急处置明显则意味着忽略了反恐中其他环节，尤其是消除恐怖活动产生根源的环节，这就需要明确反恐法“综合法”的法律地位，以改善反恐效果；其反恐主体单一则意味着需要改善反恐路径，实现国家、社会、个人三位一体践行反恐法制。

一、理念——在总体国家安全观指引下适当超前立法

“总体国家安全观”的概念由习近平总书记于2014年在中央国家安全委员会第一次会议上提出。[①] 笔者认为，总体国家安全观是对我国现在面临的国内外安全形势的高度概括和时代总结，应将反恐立法置于总体国家安全观的概念体系之中，以适度超前的姿态而不是对反恐实践进行注释和迁就的方式来进行立法统筹。

（一）总体国家安全观可为反恐立法思路提供前瞻性指引

反恐法律体系以总体国家安全观为统领，以其他法律法规为配合，这就意味着作为反恐基本法的《反恐怖主义法》既要立足国家总体安全的全局、统领反恐领域立法工作，也得为制定其他有关反恐的法律法规提供基础支撑。自然，该法的政治性、政策性和综合性很强。因此，如何将政治性叙事方式转化为法

① 习近平：《坚持总体国家安全观，走中国特色国家安全道路》，《人民日报》2014年4月16日第1版。

律话语体系就是重点。具体来讲，就是如何从习近平总书记概括的政治安全、国土安全、军事安全、经济安全、文化安全、社会安全、科技安全、信息安全、生态安全、资源安全和核安全等政治范畴中剥离出反恐的价值意蕴，并为之配置反恐权利义务关系，以形成可逻辑上自洽的反恐法律体系。目前，这种逻辑自洽的法律体系尚没有形成，而范畴及其体系是反恐法律理论思维发展水平的指示器，也是其成熟程度的标志。“如果没有自己的范畴或者范畴的内容模糊不清，就不能引发共识”[①]，也就无法正常地、有效地沟通、对话与合作。由此，反恐法学的研究需要跟上反恐立法的需要，这就要以总体法学观为统领，不局限于某个部门法学的视野、不“各自为战”地进行反恐研究，以行政法、刑事法、军事法为主体进行反恐立法拼图，拼接出反恐法律体系的基本形状，进而形成标志其独立存在价值的反恐法律范畴和体系，满足立法需要。

（二）总体国家安全观可为反恐措施的采取提供合法化证成空间

相对于传统意义上的恐怖活动威胁，生物恐怖活动、网络恐怖活动、化学恐怖活动、宗教恐怖活动和海上恐怖活动等是新近情形[②]，在应对新出现的恐怖活动时，反恐立法的反应是迟钝的。这种迟钝留下的法律空白，需要总体国家安全观指引下各种反恐政治性策略和技术性手段的弥合。这就需要反恐法律体系具有给予各种反恐措施合法化证成的张力，那么反恐立法必须具有一定的前瞻性和超前性，以使在弥合空白的过程中国家采取的各种反恐措施具有可接受性。对于何谓合法，有民主合法、绩效合法、秩序合法、体制合法、审议合法和程序合法等之分[③]。反恐立法需要发展精巧的合法化证成技巧，以应对恐怖活动日新月异变化的挑战。以2012年颁布的《中华人民共和国出境入境管理法》（以下简称《出境入境管理法》）为例。鉴于“9·11”事件中恐怖分子入境美国的危害和其他国家恐怖事件的教训，我国于2012年6月30日通过并于2013年7月1日实施的《出境入境管理法》在诸多条款中以“可能”、“不宜”、“不适合”、“涉嫌”、“需要查验核实的”等用语来表达对反恐的立法关怀。有学者认为《出境

① 张文显：《法哲学范畴研究》（修订版），中国政法大学出版社2001年版，第1页。

② 参见王沙骋《我国面临的恐怖主义及情报反恐研究》，《中国软科学》2014年第2期。

③ Daniel C. Esty, “Good Governance at the Supranational Scale: Globalizing Administrative Law”, 115 Yale L.J. 1490 (2006).

入境管理法》"积极应对反恐,在出入境控制等 9 个方面采取了许多有效措施"[①]。可见,现行及未来立法要为反恐埋好接口,为反恐的合法化证成提供空间。事实上,美国学者艾克曼设计的"自动扶梯式超级多数投票"紧急宪制[②]以及波斯纳提出的"《美国宪法》不能弯曲,就会折断"[③]的著名反恐论断,都意在合法化证成各种反恐措施。这应引起我国反恐立法的足够重视。

二、定位——明确反恐法的"综合法"之法律属性

反恐法的逻辑起点是如何防范和打击恐怖活动。从功能主义的视角出发,无论采取何种法律体系,只要能够实现上述目的即可。显而易见,任何国家都不是以特定的法律体系为反恐法的全部内容,它们或以行政法为主体,或以刑事法为主体,或以刑事诉讼法为主体,或以军事法为主体,等等,通过与其他法律体系的无缝对接以及规范耦合实现消弭恐怖活动的目的。正因为此,我国反恐立法从效力等级来看,应当是法律、行政法规、部门规章的相互衔接;从反恐职能来看,应当是预防法、处置法、制裁法、恢复法的相互衔接。[④]国外也有学者形象地指出:"可将对恐怖活动的控制体系比作一座金字塔,在塔的底部是行政性法律制度,通过它能够遏制潜在的恐怖分子获得发起恐怖活动的场所或工具;在塔的顶端是刑法、预防性羁押甚至是战争。金字塔的意象能够让我们明确,为什么刑法、预防性羁押措施和战争是我们应对恐怖主义的最后措施。"[⑤]

但是,我国现行反恐立法研究有所偏颇。在传统研究视野中,我国习惯于将恐怖活动等同于恐怖活动犯罪,并将它当然地作为一个刑法学议题展开研究并取得了可观成果。但是即便是刑法学者的研究成果也表明,行政法应有更大

① 刘国福:《我国出入境管理法的反恐怖主义探究和展望》,《学习论坛》2014 年第 3 期。
② Bruce Ackman, "The Emergency Constitution", 113 Yale.L.J.1029 (2004).
③ Richard A.Posner, Not a Suicide Pact——the Constitution in a Time of National Emergency, Oxford University Press, 2006.
④ 杨涛:《反恐亟待法律完善——反恐立法问题学术研讨会综述》,《人民检察》2006 年第 2 期。
⑤ Kent Roach, The Criminal Law and Terrorism, Global Anti-terrorism Law and Policy, Cambridge University Press, 2005, p.129.

作为。例如：长期从事反恐研究的赵秉志认为：“《反恐怖法》应当以行政法为主要内容”[①]；也有学者提出，“恐怖活动手段的多元化，使得传统的仅仅依靠刑法手段遏制恐怖主义的方式显得过于单薄”[②]；我国反恐法应“定位为兼具刑事实体法、刑事程序法、行政组织法、行政程序法特征的反恐怖领域的基本法律”[③]等。但是，目前包括行政法在内的其他部门法学并没有开展系统的反恐立法研究，即便行政法研究有所涉及，也是停留在应急行政的理论框架之中，使得现行反恐立法极其强调应急处置。由此亟须给反恐法的“综合法”之法律属性正名：首先，反恐法应当作为一个整体合力的“法”，透过它可以实现反恐任务的共同担当，即它不是国家反恐怖工作领导机构的部门执法依据，而应是整个国家、社会和公民都应遵循的行为规范。其次，恐怖活动的多样性要求实现这个任务时它应有多种不同的方式，反恐立法尤其要对恐怖活动的产生根源有所洞察。从最底层看起，贫穷、贪腐、宗教冲突都提供了它成长的温床；往上看国际环境以及各国的无能或包容等，更提供了其发展空间。[④]一旦公民个人的生存风险不能通过法律制度获得转移、消解，那么其因出于生存本能而对贫穷、疾病、冲突的抵御，极有可能是以危及、破坏社会正常秩序为代价的。“如果没有国家事先或者事后提供有效的福利保障制度，则许多人往往会成为这种风险灾害的牺牲品，这更增加其他生存者对未来的不安与焦虑。”[⑤]由此，应增强给付行政或者福利行政的立法强度和覆盖密度，改善我国国内生存环境以消弭恐怖活动产生的根源。再次，反恐法借助诸如法律强制、法律效力等符号所带来的拘束力，“某种程度上能够将风险控制在可预期的范围内，确保人类社会的稳定性、安定性和可预测性”[⑥]。从这一点出发，反恐法要最大程度解决自由与秩序的紧张关系。那么，在立法时就要注重实现对因恐怖活动造成的危害分配时的公平和正义。

---

① 赵秉志：《略论〈反恐怖法〉的立法定位》，《法制资讯》2014年第6期。
② 赵秉志主编：《惩治恐怖主义犯罪理论与立法》，中国人民公安大学出版社2005年版，第76页。
③ 赵永琛：《我国急需反恐怖立法》，载杜邈《反恐刑法立法研究》，法律出版社2009年版，第2页。
④ 李湧清：《反恐作为与对策之探讨》，《桃园创新学报》2013年第12期。
⑤ 章剑生：《现代行政法基本理论（第二版）》（上卷），法律出版社2014年版，第9页。
⑥ 清华法律评论编委会：《清华法律评论》（第五卷第1辑），清华大学出版社2012年版，第124页。

三、路径——实现“维稳”向“维安”的转变

我国在长期以来以群体性事件处置为中心的维稳实践中形成了应急思维。虽然《应对法》力图以突发事件的生命周期谱系来规范其应对过程，但应急仍然是维稳实践的核心运作模式。维稳是一种静态思维，它的出发点在于“防乱”①，在这一思维指引下，各级政府一方面从组织架构和资源配置中强化政府的维稳能力，例如，成立专门的维稳机构（维稳办、应急办、综治办等）、设立专项维稳基金等；另一方面，强调“谁决策谁负责”，推行干部考核决策失误“零指标”②，并以激励机制和压力措施来补强维稳的政治压力。如果将维稳的静态思维照搬运用于反恐立法领域，虽然可能解决一时之需，但长此以往，将发生事与愿违的效果，不利于恐怖问题的根本解决。在总体国家安全观理念下，反恐立法要以人民安全为宗旨，其实现路径要完成从“维稳”向“维安”的转变。

维稳的思路是基于维护政权稳定需要，而维安则是出于维护公共秩序的需要。事实上，维稳和维安都预设了一种“我—他”关系。③但前者将国家权力作为一个封闭的整体，在应急思维下逐级加压最后传递到基层政府；后者是一个权力与权利相互交融的开放体系，它让公民在参与中得到保护。质言之，维稳体现出权力至上的观念，维安则出于权利至上的理念。④那么，将维安理念贯彻到反恐立法中，就要明确不能通过单向性的权力输送来达到社会秩序的达成。对于反恐，一方面要明确主体的复合性，即国家、社会和公民都在反恐中享有权利（力）和义务，营造全局反恐和全民反恐的氛围，实现对恐怖活动的立体型的防御。事实上，对于反恐中的公众参与，我国地方已有实践。例如，

---

① 参见吴鹏森《中国应改“维稳”为“维安”》，载联合早报网，2015 年 4 月 12 日，http：//www.zaobao.com/special/report/politic/cnpol/story20111125-139447。

② 例如，在我国维稳实践中，地方政府以“简单粗暴”的数字量化方式明确表述了相关部门及其领导人的政治责任（其表述为：“一是检查述职。发生逾 300 人群体性事件和辖区群众赴省 50 人以上、赴京 6 人以上集体上访等情况的，辖区或部门党政主要负责人要作专题述职及书面检查。二是一票否决。凡发生重大群体性事件的，取消责任部门、县区及主要领导当年评优、评先资格。三是组织处理。发生重大不稳定事件造成严重后果的，主要领导应引咎辞职。四是纪律处分。对构成违纪的，要按照有关规定给予党纪、政纪处分。五是追究刑事责任。对玩忽职守、涉嫌犯罪的，移送司法机关依法处理。”参见马利民《四川遂宁推行社会稳定风险评估从源头上化解矛盾》，载法制网，2015 年 4 月 13 日，http：//www.legaldaily.com.cn/dfjzz/content/2009-08/12/con tent_1137237.htm？ node=7480。

③ 参见石勇《中国应对公共安全新思维》，《南风窗》2014 年第 13 期，第 27 ～ 28 页。

④ 参见杨海坤、马迅《总体国家安全观下的应急法治新视野——以社会安全事件为视角》，《行政法学研究》2014 年第 4 期，第 123 页。

从2014年5月起，北京85万名志愿者上街进行反恐巡逻。这些志愿者多为60岁至70岁的中老年人，被亲切地称为“反恐大妈”。[①] 地方之实践要求在反恐立法中重视社会组织和公民的反恐参与，改变以义务为作为模式的立法图景，对他们在反恐中的“主体”地位予以法律保障，而不能由国家以维稳式的思维“大包大揽”反恐职责。退一步讲，即便国家承担了主要的反恐职责，“依《中华人民共和国宪法》和其他的政府组织法，我国的行政职能包括公安、司法、内务、工商、物价、环保、土地、城建、文化、税务、交通、监察、农林、工业、国防、外交等数十个方面，我国行政机构体系的建立就是在上列分工的基础上进行的。行政职能的重合性、交叉性等在具体的行政过程中是不可避免的”[②]，对国家各部门有关反恐职能的重新整合也属必然，这在反恐立法中应有所体现。另一方面，须对反恐有全面的认知，恐怖活动并非是短暂产生的历史现象，对于它应有常态化的法律举措予以应对。既然我们生活在一个恐怖活动猖獗的时代，就必须做好与之长期斗争的立法准备。

在恐怖活动产生之初，各国多是将其打上政治标签予以防范和打击的。法律并不是唯一的，更不是主要措施。为了避免反恐中的“双重标准”，直到2006年前后，在全世界范围内才形成去政治化、依照法律途径反对恐怖主义的基本共识。[③] 在法律反恐初期，各国的反恐行动一般都是依赖于严刑峻法。随着反恐实践的开展，逐渐发现如果坚持“以暴制暴”式的事后严惩，既无法预防恐怖事件的发生，也无力保障被恐怖事件侵犯到的合法权益。由此，反恐必须着眼事前的预防，而不是事后刑事追责。世界上越来越多的国家开始采取在行政性法律中规定反恐措施，形成对人员、交通、出入境、资金、危险物品、信息的多元防御格局，强调对恐怖活动组织的分化瓦解和对恐怖活动的预防。例如：英国2000年出台的《反恐怖主义法》规定了恐怖组织行政认定、对恐怖分子的调查、反恐权限等诸多行政组织法、程序法和救济法的内容。[④] 由此，我国未来的反恐立法及其改革也应该聚焦于这一形势，适度前瞻、正确定位并秉承“维安”理念展开。

---

① 参见罗昱、高红霞《大妈积极参与反恐执勤——专家：将成常态性工作》，载人民网，2015年2月1日，http://sc.people.com.cn/n/2014/0623/c345460-21490997.html。

② 关保英：《行政法的价值定位》，中国政法大学出版社1997年版，第68～69页。

③ 例如2006年7月9至10日召开的国际反恐会议的目的在于“通过法律途径反对恐怖主义”。参见石凌《用法律手段应对恐怖主义》，《法制日报》2006年7月12日第4版。

④ 参见赵秉志等编译《外国最新反恐法选编》，中国法制出版社2008年版，第3～74页。

第三章
反恐法的基本原则

对于反恐法基本原则，我国立法机关正在渐进式“摸索”，学界尚未深入探讨。通过检视《反恐怖主义法》的规定，发现关于反恐法基本原则的规范存有进一步的讨论空间和改进余地。借鉴比较法大师勒内·达维德的“很多改进可以在别人已有的经验中汲取源泉”[①]的观点，笔者拟从反恐实践丰富的域外寻得可资借鉴的智识资源和立法经验，映射我国现实，进而对我国反恐法基本原则进行反思和构建。

虽然我国反恐立法尚在摸索之中，但是反恐法的行政法主导、刑事法保障、军事法参与的综合立体框架已在2011年《反恐决定》和2015年《反恐怖主义法》中得到昭示。然而，二者都未涉及规范意义上的反恐法基本原则。那么，不免要问，反恐法基本原则是什么？我国需不需要专门的反恐法基本原则？构建我国反恐法基本原则的逻辑起点和实现路径为何？

第一节　反恐法基本原则的内涵及其必要性

一、反恐法基本原则的内涵

所谓反恐法基本原则，是指效力贯穿于全部反恐法规范之中，指导和规范防范和打击恐怖主义的基础性法则和观念性准则。这一定义反映出三个特征：一是法律性，即作为“法”的原则，反恐法基本原则必须是一种蕴含权利义务关系的法律准则；二是本源性，即反恐法基本原则是反恐领域中其他行为准则的基础性或者本源性依据，是反恐法的“元”规则；三是独特性，即反恐法基本原则体现在防范和打击恐怖主义的反恐法律规范之中，而不是其他法律规范的基本准则。

①［法］勒内·达维德：《当代主要法律体系》，漆竹生译，上海译文出版社1984年版，第2页。

二、反恐法基本原则的必要性分析

鉴于恐怖主义的极端复杂性，反恐法如要实现对它的防范和打击，就需要综合运用政治、经济、法律、文化和军事等诸多手段。就法律手段而言，又包括宪法、行政法、经济法、刑法、诉讼法和军事法等具体路径。[①] 易言之，以反对恐怖主义为任务指向的反恐法，决定了为防范和打击恐怖主义可以采取所有的法律手段。自然，反恐法具有综合法的法律属性。法律的"综合属性"容易导致反恐法的分散、多元以及杂乱等特征，而这与法制统一要求必然违背。反恐法基本原则是缓解这一矛盾的不二选择。作为反恐法基本原则，它应当基于反对恐怖主义的功能定位，对调整国家反恐权与其他权力、反恐权与公民权之间的关系以及反恐权的运作过程需遵循程序具有高屋建瓴作用的基本行为准则。它上承宪法关于安全与人权的总体规范，下系反恐具体领域的法律制度。因此，反恐法基本原则的地位是其他任何规范或者理论所无法替代的。

第二节　我国现行反恐法基本原则的不足

就目前而言，研习《反恐决定》的规定和现行反恐法的安排，可以观察反恐立法理念中表征出来的特点以及需要改良之处。

一、《反恐决定》缺失专门的基本原则条款

（一）专门的反恐法基本原则缺失，会造成一系列消极后果

一是会导致各反恐行为体"自说自话"，造成反恐措施的合法化证成困境。

① 参见杜邈《反恐刑法立法研究》，法律出版社 2009 年版，第 81 页。

例如：2003年公安部公布我国首次认定的一批恐怖组织和恐怖分子名单，但是法律并未对其授权。[①]公安部对某一组织及个人是否犯罪未经正当法律程序（即经刑事诉讼程序后由法院判决）自行行政认定，是否侵犯了立法权、司法权以及被认定组织和个人的公正审判权？如果公安部所做认定没有得到法院判决确认，如何解决？[②]自然，这些尴尬应寻求反恐法基本原则的规定。从这个意义上讲，反恐法是指导反恐工作开展的基础性规范，它贯穿并高于反恐的具体立法、执法以及司法过程之中，体现反恐法基本价值观念。

（二）无法体系化反恐法律举措，造成点状反恐的局面

我国反恐法的具体规范除了在《反恐决定》中专门规定之外，还以大量不同的形式、不同位阶的规范分散于《中华人民共和国刑法修正案（三）、（六）、（八）》（以下简称《刑法修正案三、六、八》）、《中华人民共和国刑事诉讼法》、《中华人民共和国反洗钱法》、《中华人民共和国突发事件应对法》、《中华人民共和国人民武装警察法》等法律,《金融机构报告涉嫌恐怖融资的可疑交易管理办法》、《中华人民共和国普通护照和出入境通行证签发管理办法》、《支付机构反洗钱和反恐怖融资管理办法》、《金融机构洗钱和恐怖融资风险评估及客户分类管理指引》、《涉及恐怖活动资产冻结管理办法》等规章以及不计其数的行政规范性文件[③]之中。这些不同形式且不同位阶的法律法规正是有了基本原则，才构成了防范与打击恐怖主义的特定目的、特定任务和内在逻辑，才构成了统一的“反恐法”。如果缺失反恐法基本原则，必然造成各行各业点状反恐的局面，无法形成合力，更无法实现立体防御的反恐法之功能。

---

① 虽然2003年公安部认定第一批恐怖活动组织和人员时，说明其认定依据主要是《中华人民共和国国家安全法》第二十五条，及其实施细则第五条对敌对组织认定的规定（第二十五条规定：“在境外受胁迫或者受诱骗参加敌对组织……不予追究”。第五条将“敌对组织”解释为：“敌视中华人民共和国人民民主专政的政权和社会主义制度，危害国家安全的组织”；该条第二款还规定：“敌对组织由国家安全部或者公安部确认”），但是上述条款指出的“敌对组织”实际上无法涵盖恐怖活动组织的内涵。

② 赵秉志主编：《惩治恐怖主义犯罪理论与立法》，中国人民公安大学出版社2005年版，第531页。

③ 例如：《国家突发公共事件总体应急预案》、《国务院办公厅关于成立全国防治非典型肺炎指挥部的通知》国办发〔2003〕35号、《国务院办公厅关于转发发展改革委卫生部突发公共卫生事件医疗救治体系建设规划的通知》国办发〔2003〕82号、《国务院办公厅转发商务部等部门关于加强境外中资企业机构与人员安全保护工作意见的通知》国办发〔2005〕48号、《国务院办公厅关于设置国务院应急管理办公室（国务院总值班室）的通知》国办函〔2006〕32号、《国务院关于修改〈中华人民共和国核两用品及相关技术出口管制条例〉的决定》国务院令第484号等。参见中国政府网：http：//www.gov.cn/。

（三）无法实现对反恐法律措施的理念指引

由于法律天然滞后于现实，法律不可能对每一项社会关系和社会事务尤其是尚未发生的事务作出前瞻的、明确的、具体的规定，更不可能预设权利义务关系。对于反恐实践而言，更是如此。反恐法基本原则是调整反恐领域权利义务关系的高度概括，根据它可以在出现恐怖主义新情形，既有法律规范无力解决的时候，提供理念指引和宏观指导，避免走向反恐的误区。例如，由于在我国反恐工作刚起步时，对反恐情报信息工作不甚重视，导致错失了许多打击恐怖主义的良机。直到2014年前后，地方政府才意识到情报信息工作的重要性，纷纷出台举报恐怖线索奖励实施办法。譬如，2014年3月《北京市公安局关于实施群众举报涉恐涉暴线索奖励办法的通告》、9月《乌鲁木齐市群众举报暴力恐怖犯罪线索奖励办法》、12月《四川省公安厅关于公民举报暴力恐怖犯罪线索奖励办法（试行）》以及2015年1月的《西藏自治区公安厅关于群众举报暴力恐怖线索奖励实施办法》等。但是，如果反恐伊始时就在反恐法基本原则中明确“情报主导”原则，无疑将有助于正确引导地方反恐怖实践，而不至于后来恐怖主义猖獗之后才意识到情报线索的重要性。

二、《反恐怖主义法》将反恐法基本原则与反恐怖工作原则相混同

正是我国现行反恐法律体系没有基本原则的规定，我国立法机关在拟定《反恐怖主义法》时便表现了对反恐法基本原则的高度关注，全国人大常委会法制工作委员会副主任郎胜就反恐法草案进行说明时指出：“在法律中规定反恐怖主义的基本原则，对于宣示我国反恐怖主义的基本立场，指导各有关方面有效开展反恐怖主义工作，具有重要的意义。草案规定国家反对和禁止一切形式的恐怖主义，将反恐怖主义纳入国家安全战略。同时，规定了专群结合、联动配合、全民反恐、法治和保障人权、预防为主、先发制敌等反恐怖主义工作原则。”[①] 基于这一理念，在字面上看，《反恐怖主义法》将立法机关所认定的“基本原则”

① 《中华人民共和国反恐怖主义法（草案）》，载中国人大网，2014年11月3日，http://www.npc.gov.cn/npc/xinwen/lfgz/flca/2014-11/03/content_1885027.htm。

集中在第五条表述："反恐怖主义工作坚持专门工作与群众路线相结合，防范为主、惩防结合和先发制敌、保持主动的原则。"

细读立法机关工作人员的说明和《反恐怖主义法》的表述，不难发现，其将反恐法基本原则等同于反恐怖工作原则。法律原则与工作原则的区别明显：前者是法律话语的表达方式，后者是公共行政学的语言风格；前者是反恐法所调整权利义务关系的提炼，后者是工作人员行为守则的概括；对前者的恪守是基于法治原则，对后者的遵守是"实质性的政治压力"。① 前者是对反恐法所有主体（包括国家、社会和公民）依法行使反恐权、履行反恐义务的抽象表达，后者只是对反恐权力主体（主要指涉国家工作人员）工作纪律的总体宣示。显而易见，反恐法的基本原则不能等同于反恐怖工作原则，更不能在反恐法草案中以"反恐怖工作原则"的样态来诠释法律原则的内涵。对反恐法基本原则的违反意味着法律责任的承担，对反恐怖工作原则的违反则意味着工作纪律的对接。如果将反恐法基本原则等同于反恐怖工作原则，容易在反恐执法实践中，导致一些部门弹性变通反恐法的要求，出现反恐"执行梗阻"② 或者"钝化效应"③ 现象。

此外，《反恐怖主义法》第五条的规定没有囊括所有原则，在其他条款中，也出现了表征反恐法基本原则内涵的表述。依笔者之见，第二条体现了对恐怖主义绝不妥协原则，第四条体现了战略反恐原则，第六条体现了法治和人权原则，等等。其中，再加上第五条的专群结合、防范为主、惩防结合和先发制敌、保持主动原则。如果以上均属"基本原则"的话，我国反恐法的基本原则有十余种之多。"法律的基本原则是法律全局与根本问题的展示，是贯穿法律始终并必须遵守的准则，能够体现出一部法律的特质与立法精神，但若一部法律的基本原则过多过杂，一方面难以驾驭与运用，另一方面也冲淡了本法的特色。"④

可见，我国反恐立法工作有两方面不足：一是将反恐法基本原则混同于反恐怖工作原则，不利于反恐执法；二是即便是反恐怖工作原则，也有十余条之多，其中诸多原则并不是反恐法的"灵魂"，起不到高屋建瓴作用，完全可以压缩、合并或者删除。

---

① 徐亚文、伍德志：《论社会稳定风险评估机制的局限性及其建构》，《政治与法律》2012 年第 1 期。

② 丁煌：《政策执行梗阻及其防治对策：一项基于行为和制度的分析》，人民出版社 2002 年版，第 2 页。

③ "钝化效应"是指，政策在各层级执行落实过程中，下级对来自上级政策经处理后所达到的保护本级利益的现象。参见贺东航、孔繁斌《公共政策执行的中国经验》，《中国社会科学》2011 年第 5 期。

④ 许桂敏：《俄罗斯反恐立法特点评介——附：2006 年〈俄罗斯联邦反恐怖主义法〉》，《环球法律评论》2013 年第 1 期。

第三节　域外反恐法基本原则的立法经验

本书选择了阿塞拜疆、日本、白俄罗斯、蒙古和俄罗斯等5个国家，对其关于反恐法基本原则的差异和共同点进行描述和归类，以资借鉴。概览世界其他国家的成文反恐法，不难发现，专辟条款对反恐法基本原则进行规定已成惯例。

例如，阿塞拜疆1999年《反恐怖主义法》第四条规定了7项“反恐怖斗争的基本原则”，包括：“(1) 确保合法性；(2) 任何人实施恐怖主义活动，都应依据阿塞拜疆共和国法律受到不可避免的惩罚；(3) 在反恐斗争中以公开或秘密方式进行协调；(4) 综合运用法律、政治、社会、经济和组织性的预防措施；(5) 恐怖主义活动的社会危害优先于法律对个人的保护；(6) 武装力量指挥的独立性服从于反恐怖行动；(7) 确保参与反恐怖行动人员的最小损失，包括采用技术手段和战术达到此目的”。日本2001年《反恐对策特别措施法》第二条规定了5项“基本原则”，包括：“(1) 政府以本法为基础迅速采取适当的救援活动、搜索救助活动、救援灾民活动及其他必要措施，为防止和消灭国际恐怖主义，在国际社会中积极发挥我国的主体作用，努力确保国际社会的和平与安全；(2) 在实施对应措施时不允许武力威胁或相当于行使武力的行为；(3) 关于对应措施，可在我国领域，以及在确认当时没有战争行为以及在实施活动期间没有发生战争行为的下列领域实施：公海及其上空、外国的领域（在实施该对应措施时需取得该当事国的同意）；(4) 内阁总理大臣在实施对应措施时要根据第四条第一项规定的基本计划，代表内阁指挥监督行政各部门；(5) 有关行政部门首长为达到前条目的，在实施对应措施中要互相配合”。白俄罗斯2002年《反恐怖斗争法》第二条规定了9项“反恐斗争的基本原则”，包括：“(1) 法治原则；(2) 预防至上原则；(3) 势必起诉和惩罚恐怖主义活动原则；(4) 公开手段与秘密手段相结合原则；(5) 综合采用预防、法律、政治、社会经济和宣传措施原则；(6) 优先保护面临恐怖主义行为危险者权利原则；(7) 最低限度向恐怖分子让步原则；(8) 在反恐怖行动中对力量和措施的统一指挥原则；(9) 告知公众关于恐怖主义活动和反恐怖主义行为信息原则”。蒙古2004年《反恐怖主义法》第四条规定了5项“反恐基本原则”，包括：“（1）尊重法律原则；（2）优先考虑打击恐怖主义的预防措施原则；（3）有效实施反恐的政治、经济、社会、法律宣传措施原则；（4）保护遭受恐怖威胁的公民生命安全，尽可能避免和减少损失原则；（5）统一指挥打击恐怖主义的特别行动原则”。俄罗斯2006年《反恐怖主义法》第二条规定了13项“反恐怖主义的基本原则”，包括：“（1）维护和保障公民的基本权利和自由原则；（2）合法性原则；（3）优先保护遭到恐怖主义威胁的人员的权利和合法利益原则；（4）违法必究原则；（5）系统性采取政治、信息宣传、社会经济、法律、特种等综合反恐措施原则；（6）国家与社会组织、宗教协会、国际组织以及其他组织和公民共同反恐原则；（7）重在预防原则；（8）对参与反恐怖行动的人力和物力实行一长制领导原则；（9）公开和秘密手段相结合原则；（10）对反恐特种器材、技术手段、行动策略和人员组成情况严格保密原则；（11）禁止向恐怖分子作出政治让步原则；（12）最大限度地减轻和消除恐怖主义活动的后果原则；（13）反恐怖主义措施应与恐怖主义危险等级相适应原则”。①

一、域外反恐法基本原则的差异

总体而言，上述五个国家都根据本国国情制定了相应的反恐法基本原则，体现了在反恐行动中该国对自由和秩序的权衡及其所要实现的法律目的。例如，日本看重其国际地位，强调反恐法的救援功能，日本《反恐对策特别措施法》第二条规定：“政府以本法为基础迅速采取适当的救援活动、搜索救助活动、救援灾民活动及其他必要措施，为防止和消灭国际恐怖主义，在国际社会中积极发挥我国的主体作用，努力确保国际社会的和平与安全”；俄罗斯则饱受恐怖主义袭击，重视反恐权在国家权力序列中的优先地位，俄罗斯《反恐怖主义法》第二条规定“优先适用反恐措施”，并强调消除公众恐慌，迅速恢复社会秩序的法律功能，要求遵循“减少或者消除恐怖主义的影响”的原则。

① 参见赵秉志等编译《外国最新反恐法选编》，中国法制出版社2008年版，第363、406、349、374页；参见许桂敏《俄罗斯反恐立法特点评介——附：2006年〈俄罗斯联邦反恐怖主义法〉》，《环球法律评论》2013年第1期。

此外，对于反恐信息的态度，白俄罗斯和俄罗斯的态度截然相反。白俄罗斯强调反恐行动中要遵循“告知公众关于恐怖主义活动和反恐怖主义行动信息原则”，而俄罗斯则要求“对反恐特种器材、技术手段、行动策略和人员组成情况严格保密”。[①]

二、域外反恐法基本原则的共同点

由于各国立法语境和文本语言表述不同，笔者将上述5个国家反恐法基本原则的共同点概括为以下7个方面：

（一）法治原则

上述5个国家都强调法治原则的遵守，尤其处于法治化进程中的阿塞拜疆、白俄罗斯、蒙古将法治原则作为反恐法基本原则中的首要原则予以明示，尽管“确保合法性”、“法治原则”、“尊重法律原则”的表述略有不同，但都强调在反恐行动中要于法有据，避免双重标准和部门打架的局面。俄罗斯则在其反恐法基本原则中的第二项原则中规定了“合法性原则”，在首要原则中强调“维护和保障公民的基本权利与自由原则”，可见其将合法性分为两类，一是合宪性，即要保障公民的基本权利和自由；二是合法性，即要遵循法治原则。

（二）预防原则

除了日本以外，其他4个国家均规定了预防原则，阿塞拜疆规定“综合运用法律、政治、社会、经济和组织性的预防措施”，白俄罗斯规定“预防至上原则”，蒙古规定“优先考虑打击恐怖主义的预防措施原则”，俄罗斯规定“系统性采取政治、信息宣传、社会经济、法律、特种等综合反恐措施原则”。

（三）刑事制裁原则

除了日本和蒙古以外，其他3个国家均规定了刑事制裁原则，其中，阿塞

① 参见赵秉志等编译《外国最新反恐法选编》，中国法制出版社2008年版。

拜疆《反恐怖主义法》第四条规定“任何人实施恐怖主义活动，都应依据阿塞拜疆共和国法律受到不可避免的惩罚”，白俄罗斯《反恐怖斗争法》第二条规定“势必起诉和惩罚恐怖主义活动原则”，俄罗斯《反恐怖主义法》第二条规定“违法必究原则”。需要说明的是，虽然蒙古《反恐怖主义法》没有在反恐基本原则中规定“刑事制裁原则”，但是在该法第十四条规定了参与恐怖活动或恐怖事件人员应受到的刑事惩处。

（四）比例原则

阿塞拜疆《反恐怖主义法》第四条第七款规定“确保参与反恐怖行动人员的最小损失，包括采用技术手段和战术达到此目的”，日本《反恐对策特别措施法》第二条第二款规定“在实施对应措施时不允许武力威胁或相当于行使武力的行为”，蒙古《反恐怖主义法》第四条规定“保护遭受恐怖威胁的公民生命安全，尽可能避免和减少损失原则”，俄罗斯《反恐怖主义法》第二条规定“反恐怖主义措施应与恐怖主义危险等级相适应原则”。此外，3 个国家还规定了“优先保护”原则，阿塞拜疆规定“恐怖主义活动的社会危害优先于法律对个人的保护”，白俄罗斯规定“优先保护面临恐怖主义行为危险者权利原则”，俄罗斯规定“优先保护遭到恐怖主义威胁的人员的权利和合法利益原则”[①]。

（五）统一指挥原则

阿塞拜疆《反恐怖主义法》第四条第六款规定“武装力量指挥的独立性服从于反恐怖行动”，日本《反恐对策特别措施法》第二条规定“内阁总理大臣在实施对应措施时要根据第四条第一项的基本计划，代表内阁指挥监督行政各部门”，蒙古《反恐怖主义法》第四条规定“统一指挥打击恐怖主义的特别行动原则”，俄罗斯《反恐怖主义法》第二条第八款规定“对参与反恐怖行动的人力和物力实行一长制领导原则”。

（六）综合运用多种手段原则

阿塞拜疆《反恐怖主义法》第四条第三款规定“在反恐斗争中以公开或秘

① 参见赵秉志等编译《外国最新反恐法选编》，中国法制出版社 2008 年版。

密方式进行协调”，白俄罗斯《反恐怖斗争法》第二条第五款规定“综合采用预防、法律、政治、社会经济和宣传措施原则”，蒙古《反恐怖主义法》第四条规定“有效实施反恐的政治、经济、社会、法律宣传措施原则”，俄罗斯《反恐怖主义法》第二条第九款规定“公开和秘密手段相结合原则”。

（七）拒绝妥协和国际合作原则

关于拒绝妥协，白俄罗斯《反恐怖斗争法》第二条第七款规定“最低限度向恐怖分子让步原则”，俄罗斯《反恐怖主义法》第二条第十一款规定“禁止向恐怖分子作出政治让步原则”。对于国际合作，日本《反恐对策特别措施法》第二条第三款规定“关于对应措施……外国的领域（在实施该对应措施时需取得该当事国的同意）”，俄罗斯《反恐怖主义法》第二条第六款规定“国家与社会组织、宗教协会、国际组织以及其他组织和公民共同反恐原则”。

第四节 我国反恐法基本原则的构建

可以看出，域外其他国家根据本国反恐的现实情形和法律传统，对反恐法基本原则有着不同的认知。但总而言之，相同点多于差异。原因在于各国的反恐法均是以消弭恐怖主义为主要任务，而恐怖主义在世界范围内有其共同性。对于我国而言，鉴于现行反恐法基本原则的缺失以及《反恐怖主义法》将之与反恐怖工作原则的混淆，我国反恐法基本原则应当如何构建？是否可以直接移植其他国家的立法经验？

笔者认为，在借鉴其他国家经验建构我国反恐法基本原则时，应明确两个问题：一是我国反恐法的逻辑起点是什么？二是我国反恐法实现路径是什么？只有对这两个问题有正确的把握，方能合理架构基本原则。因为没有前者的依托，反恐法基本原则将是无源之水，无土之木；没有后者的规范，基本原则必然是信手拈来，可多可少。[①] 正因为在研究反恐法时逻辑起点和实现路径的缺失，学者勾勒的基本原则形式多样。例如：有学者认为应“提炼中国反恐法制的基本原则”，认为其至少应包括：(1) 法治与人权原则；(2) 打防结合与标本兼治原则；(3)国际合作与中国特色原则。[②] 还有学者认为“中国反恐政策的基本原则”包括：(1) 谴责并反对一切形式的恐怖主义；(2) 注重联合国的领导，强调国际合作的重要性；(3) 打击恐怖主义要标本兼治；(4) 反恐行动要证据确凿，目标明确，不能搞扩大化，避免双重标准。[③]

一、反恐法的逻辑起点

作为“反”恐怖主义的法律，对于恐怖主义的科学认知是我国反恐法的逻辑起点。笔者认为，恐怖主义是通过暴力、破坏、恐吓等手段，制造社会恐慌、危害公共安全或者胁迫国家机关、国际组织的动态过程。作为一个过程，恐怖主义首先表征为一种“不确定性”，即恐怖主义发生的时间、地点以及造成的灾难性后果等不确定；其次，恐怖主义表现为一种“须紧急处置性”，即恐怖主义事件一旦发生，其必然会造成一定范围的人员伤亡和财产损失，必须尽快处置；再次，恐怖主义体现为一种“可追责性”，即恐怖活动的行为主体必须得到法律的制裁。简言之，恐怖主义具有“风险”、“事件”、“行为”三维属性。需要说明的是，上述三种属性是从理想类型分类方法出发[④]，三者并非决然割裂存在，而是相互依存。风险以行为为载体最终指向事件的发生；事件是风险演化的结果；行为以风险为征兆，以事件为追责依据。由此反恐法基本原则的建构应该围绕恐怖主义的上述三维属性展开。

---

① 参见章剑生《现代行政法基本原则之重构》，《中国法学》2003 年第 3 期。

② 尹生：《中国反恐法制的现状、问题与对策研究》，《当代法学》2008 年第 3 期。

③ 张洁：《中国的反恐政策：原则、内容与措施》，《当代亚太》2005 年第 11 期。

④ “理想类型”分析方法是马克斯·韦伯所创的社会科学研究方法，意指研究者为了对对象进行分类和比较分析时的一种价值中立式的主观建构，无论哪种类型都与其他类型有着密不可分的联系，并包含其他类型之因素，在现实中，实际上任何一种类型都不可能以纯粹形态出现。参见［德］马克斯·韦伯《社会科学方法论》，韩水法等译，中央编译出版社 2002 年版，第 19 页。

二、反恐法的实现路径

我国反恐法的目的不在于根除恐怖主义，而是防范和打击恐怖主义，这在《反恐怖主义法》第一条立法宗旨已经明确。[①] 之所以如此，在于对恐怖主义这一复杂现象的彻底根除，非法律所能及，它需囊括各学科的智识贡献并经历长时间的文明熏浸、调控管理乃至历史变迁。现阶段，对迫在眉睫的恐怖主义的紧急化解是当务之急。这一思路在我国的反恐顶层架构和具体立法操作中彰显无遗，例如：2013 年十八届四中全会通过的《中共中央关于全面推进依法治国若干重大问题的决定》提出要“抓紧出台反恐怖等一批急需法律，推进公共安全法治化，构建国家安全法律制度体系”；2014 年全国人大常委会法制工作委员会副主任郎胜阐释反恐法草案立法缘由时说是为了“应对当前严峻的反恐怖主义斗争形势”[②] 等。那么，构建我国反恐法基本原则必须立足于这一功能定位，即它着眼于眼前——防范和打击恐怖主义的现实需要，而非长远——彻底根除恐怖主义。[③] 具体而言，防范指涉的对象主要是恐怖主义风险；而打击指涉的对象则主要是恐怖主义事件和恐怖主义行为。那么，构建我国反恐法基本原则便要基于对反恐法实现路径的正确理解，即防范恐怖主义风险和打击恐怖主义事件和行为。

三、反恐法基本原则的具体内容

（一）从防范恐怖主义风险的路径来搭建基本原则的结构体系，我国反恐法基本原则应当包括“风险预防原则”、“情报主导原则”和“合作原则”

1. 风险预防原则

应对恐怖主义的关键在于预防，这是域外国家虽然表述有异（“预防措施”、“预防至上原则”、“预防措施原则”、“防控恐怖主义”），但大都将预防原则作为反恐法基本原则的关键组成的原因所在。笔者以为，作为反恐法基本原则的组

---

① 反恐法草案第一条规定：“为了防范和打击恐怖主义，维护国家安全、公共安全和人民生命财产安全，根据宪法，制定本法。”

② 梁国栋：《中国铁腕反恐》，《中国人大》2015 年第 5 期。

③ 从这个意义上说，域外反恐法基本原则中的“综合运用多种手段原则”，例如，白俄罗斯规定的“综合采用预防、法律、政治、社会经济和宣传措施原则”和蒙古规定的“有效实施反恐的政治、经济、社会、法律宣传措施原则”旨在实现长远目的，与我国反恐法的功能定位不甚吻合，毋庸借鉴。

成部分，预防原则不仅要能够促使反恐行为主体重视预防，而且应能够为预防措施的采取提供足够的制度供给。然而，我国《反恐怖主义法》以“反恐怖工作原则”为理念架构预防原则，它旨在强调相关部门和人员要重视预防工作，充斥着“应当”[①]、“力争”等缺乏规范意义的内容，它的“防范为主”、“先发制敌”、“保持主动”、“重在防范恐怖主义思想的形成和传播、恐怖活动组织的形成和扩大，力争将恐怖活动消灭在预谋阶段和行动之前”等诸多表述也是以“工作理念”为出发点，不足以表达“法”的基本原则内涵。事实上，发端于德国的风险预防原则充满了法的意涵，风险预防原则的最大特点就是在面对风险不确定性的情况下采取当时认为必要的防控措施。[②]该原则在欧盟条约第174条第2款进行了首次规定，并在环境问题、食品安全、安全技术等领域得到广泛应用。[③]鉴于风险预防原则已经有了充分的研究和实践，笔者更愿意将它移植到反恐法领域，作为一项基本原则。

2. 情报主导原则

如若要实现对恐怖主义的主动防御，就必然要发挥情报的作用。正因为此，在后“9·11”时代，美国在反恐中以预防和情报取代了诉讼。[④]阿塞拜疆和俄罗斯的反恐法基本原则均规定要注意公开手段和秘密手段并举，其中秘密手段多指情报工作。美国行政法学者施瓦茨教授曾说过：“情报是燃料，没有它，行政机器就无法发动”[⑤]。那么，情报主导原则便是指情报工作贯穿并指导反恐的全过程，情报“解释反恐环境、影响反恐决策、作用反恐效果”[⑥]。在防范恐怖主义时，通过海量信息的数据挖掘，[⑦]发现恐怖主义活动的蛛丝马迹，采取风险防范措施。事实上，我国近年来极其关注反恐情报的搜集研判工作，地方政府出台的线索奖励办法即是例证。因此，有必要将它上升为反恐法基本原则，全面指导反恐法执法实践。

---

① 据笔者统计，反恐法草案全文出现“应当”达112次。

② 参见沈岿《风险治理决策程序的应急模式——对防控甲流隔离决策的考察》，见中国法学会行政法学研究会编《行政法学研究会年会论文集》，中国政法大学出版社2009年，第184页。

③ Jaye Ellis, “The Precautionary Principle : From Paradigm to Rule of Law”, 2 Int’l L.F. D. Int’l 2000, pp.127-129.

④ Avidan Y. Cover, “Presumed Imminence : Judicial Risk Assessment in the Post-9/11 World”, Carodozo Law Review, Vol. 35, 2014, PP.1415-1470.

⑤ [美] 伯纳德·施瓦茨：《行政法》，徐炳袁译，群众出版社1986年，第82页。

⑥ 王沙骋：《我国面临的恐怖主义及情报反恐研究》，《中国软科学》2014年第2期。

⑦ 刘铭：《大数据反恐应用中的法律问题分析》，《河北法学》2015年第2期。

3. 合作原则

恐怖主义并非全然是一国国内事项，更大意义上它由国际社会的不平等造成。“从最底层看起，贫穷、贪腐、宗教冲突都提供其成长的温床；往上看到国际环境以及各国的无能或包容等，更提供其发展空间。”[①] 由此合作应当成为国内、国际两个层面必须要坚持的反恐法原则。鉴于此，俄罗斯反恐法基本原则规定‘国家与社会组织、宗教协会、国际组织以及其他组织和公民共同反恐’。对于我国来说，就国内而言，国家、社会、公民之间要形成合力，全民反恐，专群结合，联动配合；就国际而论，要在各国（地区）之间开展情报信息交流、反恐执法、国际资金监管等领域的合作，并进行必要的刑事司法协助。

（二）从打击恐怖主义事件和行为风险的路径来搭建基本原则的结构体系，我国反恐法基本原则应当包括“统一指挥原则”、“比例原则”和“罪责刑相适应原则”

1. 统一指挥原则

反恐行动具有紧迫性，如果对事件不紧急处置，对行为不迅速制裁，很可能失去了制止事件发生和逮捕犯罪嫌疑人的最佳时机。因此，必须秉承统一指挥原则，在顶层设计上，国家反恐怖主义工作领导机构要实现类似于俄罗斯的反恐行动的人财物统一领导，同时也要吸收阿塞拜疆《反恐怖主义法》规定的武装力量指挥的独立性服从于反恐怖行动，人民解放军、武装警察部队和民兵要根据反恐怖主义工作领导机构的部署参与处置恐怖主义事件和行为。

2. 比例原则

在学理层面上，比例原则包括适当性原则、必要性原则和狭义比例原则三个子原则。在规范层面上，我国法律文本中没有关于“比例原则”的明确表达，但是学界认为，许多法律法规已然出现了表征比例原则内在意涵的规定。例如，可以认为与反恐密切相关的《应对法》第十一条是比例原则的集中体现。[②] 根据域外 5 个国家的经验，无论是优先保护（阿塞拜疆、白俄罗斯和俄罗斯），还是最小损失（阿塞拜疆和蒙古），抑或武力相当（日本）的表述，只是侧重点和语

① 李湧清：《反恐作为与对策之探讨》，《桃园创新学报》2013 年第 12 期。

②《应对法》第十一条第一款规定：‘有关人民政府及其部门采取的应对突发事件的措施，应当与突发事件可能造成的社会危害的性质、程度和范围相适应；有多种措施可供选择的，应当选择有利于最大程度地保护公民、法人和其他组织权益的措施。”

境的不同（例如：优先保护是针对在恐怖主义事件中受到或可能受到侵害的合法权益而言，最小损失是采取针对恐怖主义事件的措施时手段与后果之间的衡量，而武力相当主要是对于部队遂行反恐任务而言的），事实上，它们都涉及目的手段之间的权衡，可以统一概括为比例原则。

3. 罪责刑相适应原则

该原则是指恐怖主义组织或者个人所犯罪行与承担的刑事责任和接受的刑事处罚应当统一的原则，具体来说，就是应符合《中华人民共和国刑法修正案》（三、六、八）中关于恐怖主义犯罪的规定。例如，修正案三增设的“资助恐怖活动罪”、修正案八对恐怖活动犯罪累犯的规定和对恐怖活动犯罪不得假释和不适用缓刑的要求等。[①] 这也是上述 5 个国家法治原则和刑事制裁原则在我国反恐法领域的体现。

总而言之，以恐怖主义为逻辑起点，以对恐怖主义的防范和打击为实现路径，我国的反恐法基本原则可以构建为风险预防原则、情报主导原则、合作原则、统一指挥原则、比例原则和罪责刑相适应原则。对于域外的其他原则，例如：各国的法治原则和俄罗斯的优先适用反恐措施可以囊括于比例原则和罪责刑相适应原则考虑；对于日本的搜救原则，由于我国《应对法》对以“事件”为中心的突发事件救助工作专门进行了规定，不必再将其列入反恐法基本原则；拒绝妥协原则则不用规定，因为“反恐怖主义法”的“反”字本身就是对恐怖主义的否定评价和断然拒绝，反恐法基本原则不必对其进行重审。

① 参见刘仁文《中国反恐刑事立法的描述与评析》，《法学家》2013 年第 4 期。

第四章
反恐立法中的认定行为问题

第一节　认定行为之研究

一、各国的认定模式

在全世界范围内，依照法律对恐怖活动进行治理已成为大多数国家的共识。[①]《反恐怖主义法》对我国反恐怖主义的工作机构与职责、安全防范、情报信息与调查、应对处置、认定恐怖活动组织和人员、反恐怖主义国际合作、保障与监督以及法律责任进行了法律架构。[②]其中，对恐怖活动组织和人员的认定，是对恰适主体资格和身份关系的法律确认，是防范和应对恐怖活动的基础。鉴于此，世界各国都以适合本国特点的方式对恐怖组织和人员进行认定，并产生了多种模式。就方法论而言，有形式模式、实质认定以及形式与实质相结合的混合模式[③]；从研究视野的划分来看，有行政模式和法律模式[④]；从权力分立的角度来分析，有立法模式、行政模式、司法模式以及混合模式；从语言学来探究，有犯罪模式、思潮模式和战争模式[⑤]；从法律应对来分析，有刑事法模式、行政法模式、军事法模式和国际法模式；等等。上述认定模式的纷杂，映衬出基础概念的缺失。对何谓“恐怖活动”抑或“恐怖行为”，理论与实务界莫衷一是。对基于上述概念之上的恐怖活动组织或恐怖分子的厘定，更是仁智

---

① 例如2006年7月9—10日召开的国际反恐会议的目的在于“通过法律途径反对恐怖主义”。参见石凌《用法律手段应对恐怖主义》，《法制日报》2006年7月12日第4版。

② 参见《中华人民共和国反恐怖主义法（草案）》，载中国人大网，2014年11月25日，http：//www.npc.gov.cn/COBRS_LFYJNEW/user/Law.jsp。

③ 参见高铭轩、王俊平《恐怖组织界定》，《国家检察官学院学报》2006年第2期。

④ Daphne Barak-erez，Terrorism Law Between the Executive and Legislative Models，（57）Am. J. Comp. L.，2009，pp. 877-896.

⑤ Susan Tiefenbrun，A Semiotic Approach to a Legal Definition of Terrorism，（9）ILSA J. Int’l & Comp. L.，2002-2003，p.359.

各见。[1] 而反恐的现实需要，要求各国必须找到适格的防范、应对甚至打击对象。由此，脱离概念界定的困境，盖棺定论式地给恐怖活动组织和人员“验明正身”的认定模式便万花筒般呈现。

对于时下中国，虽然从法学角度专司研究恐怖活动成果的主要集中在刑法学领域。[2] 但是，即便是刑法学者对恐怖活动的研究成果也表明，行政法应有更大作为。[3] 遗憾的是，行政法学研究并未对此作出系统回应。但是立法已然前行，《反恐怖主义法》以行政法内容为主体框架进行立法，并在第二章以 5 个条文专门就如何认定恐怖活动组织和人员进行了规范。通过对《反恐怖主义法》的文本分析，不难发现，我国对恐怖活动组织和人员的法律认定秉承行政认定模式展开。实践之先行，倒逼行政法理论对该模式进行跟进式探究。由此，需要通过描述该模式的形成经验，系统分析其基本内涵，并追问其合理根基和合法来源，最后就《反恐怖主义法》对该模式的确认之表征以及存在的不足进行论述，研究改进路径，以面向未来，改善《反恐怖主义法》的立法质量。

二、我国的认定经验

迄今为止，我国共认定三批恐怖活动组织和人员，其名单由公安部分别于

① 单就法律文本来看，我国的基础概念就包括了“恐怖活动犯罪”（《中华人民共和国刑法》）、“恐怖活动”（《中华人民共和国刑法》、《中华人民共和国国家安全法》）、“恐怖袭击事件”（《中华人民共和国人民武装警察法》）、“恐怖主义”和‘恐怖分子”（《金融机构报告涉嫌恐怖融资的可疑交易管理办法》）、“恐怖组织”（《中华人民共和国刑法》、《金融机构报告涉嫌恐怖融资的可疑交易管理办法》）等，更不用说学者对概念不计其数的理论界定了。参见赵秉志《海峡两岸反恐立法之比较》（上），《法学杂志》2010 年第 6 期，第 39 ～ 40 页。

② 例如：龚刃韧：《“9 · 11 事件”后美国政府的酷刑政策及其影响》，《中国社会科学》2012 年第 8 期；王秀梅：《论恐怖主义犯罪的惩治及我国立法的发展完善》，《中国法学》2002 年第 3 期；刘仁文：《中国反恐刑事立法的描述与评析》，《法学家》2013 年第 4 期；赵秉志：《海峡两岸反恐立法之比较》（上、下），《法学杂志》2010 年第 6 期和第 10 期；等等。

③ 例如：长期从事恐怖活动研究的刑法学专家赵秉志认为，刑法在反恐怖斗争中的局限性体现在：一是刑法难以消除恐怖主义的根源；二是刑法不能涵盖反恐怖工作的各个环节；三是给罪犯镌刻恐怖主义烙印，不利于犯罪人复归社会；四是难以有效地威慑恐怖活动犯罪分子。参见赵秉志、杜邈《论刑法在反恐怖斗争中的功能与局限》，《政治与法律》2009 年第 11 期。他提出，“《反恐怖法》应当以行政法为主要内容”。参见赵秉志《略论〈反恐怖法〉的立法定位》，《法制资讯》2014 年第 6 期。

2003年12月15日、2008年10月21日和2012年4月6日公布。[①] 从业已认定的情况来看，该认定行为以渐进经验主义的路径实现了对恐怖活动组织和人员的规范确认，其行政行为属性清晰可见。

（一）认定主体均是行政部门

对第一、二批恐怖活动组织和人员进行认定的主体均是公安部，第三批则由国家反恐怖工作领导机构（其办公室设在公安部反恐怖局）[②] 认定、公安部公布，上述认定行为均是依职权径行实施的行政行为，不依当事人或者争议方的申请而开展。

（二）认定依据或是行政法规，或是行政性法律文件

在第一批和第二批的认定依据中虽然列举了《中华人民共和国刑法》及《中华人民共和国刑法修正案（三）》、《中华人民共和国国家安全法》及《中华人民共和国国家安全法实施细则》，联合国《制止恐怖主义爆炸的公约》、《制止向恐怖主义提供资助的国际公约》等国际公约，以及联合国安理会通过的第1267号、1373号、1333号、1456号、1624号等反恐决议，但上述依据中，《中华人民共和国刑法》以及其他公约、决定没有指明我国对"恐怖活动组织和人员"的认定主体具体由谁承担，只有行政法规《中华人民共和国国家安全法实施细则》第五条第二款"敌对组织由国家安全部或者公安部确认"对谁有权确认进行了明确，但是其确认的对象是"敌对组

① 有学者可能会提出反对意见，认为我国并不是单一的行政认定模式，实践中法院对恐怖活动犯罪的定罪量刑就不是行政认定，而属司法认定。笔者在文中提出的行政认定是对恐怖活动组织和人员的认定，主要侧重于宣示和预防，而不是恐怖事件发生后对犯罪与刑罚的认定和追责。在这个意义上讲，迄今为止，我国法院没有一次公开地成批次地认定过恐怖活动组织和人员，它只是在个案中认定犯罪。事实上，即便在法院对恐怖活动犯罪定罪量刑的过程中，也遵从了行政机关对恐怖活动事实的认定。例如公安部在2014年3月2日将1日在昆明火车站发生的砍杀事件定性为"严重暴力恐怖袭击事件"，9月12日和10月31日昆明市中级人民法院、云南省高级人民法院一审、二审审理过程中，基本上遵循了公安部关于恐怖活动的认定。法院根据公安部的认定，通过适用刑法，判处三名恐怖分子死刑，一名无期徒刑。参见《昆明火车站暴恐案今日二审　一审三人死刑一人无期》，载新华网2018年11月24日，http：//www.js.xinhuanet.com/2014-10/31/c_1113061052.htm。

② 国家反恐怖工作领导机构是全国人大常委会《关于加强反恐工作有关问题的决定》中的用语，具体指代的是2013年成立的"国家反恐领导小组"。《反恐怖主义法》称之为国家反恐怖主义工作领导机构。参见公安部网站：《郭声琨在国家反恐怖工作领导小组第一次全体会议上强调：强化底线思维，明确任务目标，形成强大合力——在新的历史起点上推动反恐怖工作再上新台阶》，2018年11月26日，http：//www.mps.gov.cn/n16/n1282/n3463/n3598/n3485342/n3485387/3883699.html。

织”[1]，而这明显与恐怖活动组织的内涵不尽一致。正因为此，2011 年 10 月第十一届全国人民代表大会常务委员会第二十三次会议通过了《反恐决定》，这个“权宜之计”的行政法性质的法律文件对认定主体进行了明确，规定恐怖活动组织和人员由国家反恐怖工作领导机构认定、调整，由国务院公安部门公布。

（三）认定行为具有明显的行政特征

首先，认定具有主动性。该认定是行政机关主动实施的认定，不必等到恐怖事件发生，其预设的是立体化的预防策略，避免恐怖事件发生后再被动地进行认定。其次，认定时间不具有连续性，或跨越 5 年，或相隔 4 年，其是行政机关根据国际形势的发展和我国反恐斗争的需要（或履行国际义务，或维护北京奥运会安全，或进一步打击恐怖活动）所行使行政权的彰显和体现。再次，认定对象具有不确定性和集中性。第一批是恐怖活动组织和人员，第二批和第三批均仅仅是人员。一般来讲，恐怖活动组织相对成型和稳定，对它的认定在一段时期内不会发生大的变化，但是恐怖活动组织可招募、训练、培训新加入的人员，因此恐怖活动人员名单极可能在短时间内增多。由此对人员的认定就需要紧跟对恐怖活动治理的现实需要进行调整，而且它认定的目的并非通过个案审查，而是成批次的。最后，认定程序和公布方式及格式尚不具有规范性，认定标准也随着时间的推移发生了变化，不具有稳定性。诚如罗豪才先生所言，“行政法制的改革过程，在一定程度上也是一个制度试错过程”[2]，对于我国来讲，对恐怖活动的法律治理是国家行政管理中的一种新生产物，对于它的当前认定程序、公布方式以及认定标准，不免会在试错的过程中出现前后不一致的情形。例如：前两次通过新闻发布会发布，第三次则通过公告的形式公布；对于认定标准，前两次以列举式表述，第三次则通过概括界定；等等。

三、认定的基本内涵

考量我国认定恐怖活动和人员的经验，并对其行政行为属性进行粗略描述

① 《中华人民共和国国家安全法实施细则》第五条将“敌对组织”解释为：“敌视中华人民共和国人民民主专政的政权和社会主义制度，危害国家安全的组织。”

② 罗豪才：《社会转型中的我国行政法制》，《国家行政学院学报》2013 年第 1 期。

后，问题随之而来。何谓恐怖活动组织和人员的行政认定？其内涵具体为何？目前学者对它的界定比较粗陋。例如，有学者认为，行政认定“是由行政部门所实施的认定”[①]，“是行政机关对某种行为是否属于恐怖活动作出初步判断”[②]，“是通过国内‘反恐’行政法规来界定恐怖组织的内涵，并由国家行政机构来认定恐怖主义组织的模式”[③]，等等。纵观既有研究成果，多是从刑事法学角度对行政认定的内涵作简单概括，进而泛泛论及其与司法认定的优缺点，尚无从行政法角度对行政认定的基本内涵和本质属性的系统研究。

行政认定是行政行为的一种行为形态，学者一般将之置于行政确认的范畴内进行探讨。例如，“从形式上考察，行政确认可分为确认、确权、认定、认证、评定、审定、核定、指定、登记等种类”[④]。基于行政确认理论，笔者认为，所谓恐怖活动组织和人员的行政认定，是指国家反恐怖主义工作主管部门对某组织和人员的主体资格和身份关系进行审核，对其所实施的恐怖活动事实是否存在进行甄别，给予确定或否定并对外部予以宣告的行政行为。该认定行为具有下列法律特征：

（一）既存性

恐怖活动组织和人员的认定是认定主体对既存的恐怖活动事实和法律关系进行审查、认定并宣示其法律效力的行政行为，它是对业已存在或发生了的恐怖活动事实、恐怖活动关系、恐怖活动组织地位等这些客观存在的甄别与确定或肯定与否定，所认定的“是”或“非”是客观存在的现象，因而具有既存性和羁束性，不具有形成性，也不具有处分性。

（二）统一性

对于恐怖活动组织和人员的认定涉及对国际组织、其他国家和地区认定的组织和人员的确认，这涉及一国的主权问题，一般应由中央政府承担。例如，世界上多数国家在立法中规定，凡在中央政府或者某些行政机构确定的名单中

---

① 倪春乐：《比较与借鉴：论恐怖主义犯罪追诉中的恐怖组织认定》，《中国人民公安大学学报（社会科学版）》2012 年第 1 期。
② 杜邈：《恐怖活动犯罪的司法认定》，《国家检察官学院学报》2014 年第 4 期，第 17 页。
③ 简基松：《论认定恐怖主义组织之机构模式》，《法律科学（西北政法大学学报）》2011 年第 2 期。
④ 胡建淼：《行政法学》（第三版），法律出版社 2010 年版，第 209 页。

出现的就是恐怖活动组织和人员。①

（三）限制性

对所认定的组织和人员来讲，是一种限权行为，即对相对人的不利行为。该认定一经作成，其本质是对恐怖活动组织和人员法律状态的确认，即刻产生法律上的拘束效果。如一旦被对认定为恐怖活动组织和人员，其资产或者资金便被冻结；一旦被认定为恐怖分子，则意味着其生存权、迁徙权、居留权、人身权可能受到限制，例如，可能被受到严厉刑罚的制裁，未经批准不得离开指定的住所、区域，不得参加大型群众性活动、商业活动，不得乘坐公共交通工具、进入特定公共场所，不得接受特定公共服务或者购买、使用特定物品、设施、设备，不得与特定的人员会见或者通信，定期报告活动情况和经济来源情况，将护照等出入境证件、身份证件、驾驶证件交国家有关部门保存等。

（四）宣示性

我国有学者认为，“确认处分固只在宣示某一既存的法律状态”。② 认定恐怖组织和人员的法律功能在于对世界宣示该组织和人员所进行的恐怖活动事实的现实存在，认定并公告后，有利于孤立分化该组织，使不明恐怖活动组织真相者了解真想。随之，其他组织和个人的义务随之产生，即不得为该组织和人员提供信息、资金、物资设备或者技术、场所等支持、协助、便利，或者与其进行交易，如发现恐怖活动组织和人员的，应当及时向主管部门报告等。

四、《反恐怖主义法》对行政认定模式的确认

如果仅仅从我国的现实经验出发，以一种历史合法性的姿态去为我国选择行政认定进行解读，不具有全然的说服力，还要对恐怖活动组织和人员的行政认定进行合理阐释和合法论证。对我国而言，立法认定、司法认定和军事认定不具有可行性。立法认定虽然具有权威性、民主性和全面性，具有较强的可接

① 参见赵秉志、杜邈《论刑法在反恐怖斗争中的功能与局限》，《政治与法律》2009 年第 11 期。
② 翁岳生编：《行政法》（上册），中国法制出版社 2009 年版，第 637 页。

受性，也便于国家在国际社会中对恐怖主义态度的整体宣示，但是因立法权的特点，其专业性、时效性和功能性不足，不能满足反恐怖瞬息万变之现实需要。司法认定致力于实现个案正义和司法审查，有利于反恐怖措施和人权保障之间的平衡，但是因司法认定的事后性、中立性和稳定性，其认定效果也不尽如人意。对于军事认定而言，美国模式值得借鉴。从反恐目标来看，其短期目标是根除基地组织及其恐怖组织网络，长期目标则是消除恐怖主义产生的社会政治根源。即使军事认定能够在美国反恐的短期目标上有所成就，但在达到长期目标方面却作用甚微。[①] 发动反恐战争的前美国总统布什也曾承认，反恐战争是不可能取胜的。[②] 对于我国军队遂行反恐行动而言,《中华人民共和国宪法》(第二十九条)、《中华人民共和国国防法》（第二十二条)、《中华人民共和国戒严法》（第八条、第二十二条）未出现“反恐”用语，反恐行动中军事认定“师出有名”存有合法质疑。现行军队遂行反恐行动，主要是“协助维护社会秩序”（《中华人民共和国国防法》第二十二条)。《中华人民共和国人民武装警察法》首次涉及“恐怖”字样，其第七条对人民武装警察执行的安全保卫任务做了具体的列举规定，该条第七项规定“参加处置……恐怖袭击事件和其他社会安全事件”，但是“恐怖袭击事件不能等同于恐怖事件，它只是恐怖事件的一种”。[③] 可以看出，我国在军事立法上，对军队遂行反恐行动表现了一定程度的克制。其实，恐怖活动作为一种社会现象，根据其暴力程度、波及范围等因素，从“弱”恐怖活动到“强”恐怖活动，对其治理应有一定的针对性，“而反恐怖作战是反恐怖斗争的最高形式，是根除恐怖主义的最后手段”[④]，但是不能无节制地动用军队实施反恐怖军事行动，动用军事手段对恐怖活动组织和人员进行认定会造成公民基本权利的大规模克减甚至国家宪政构造的变动，对其运用必须采取审慎态度。[⑤]

相比立法机关、司法机关以及军事机关的认定，行政认定的优点明显：行

---

① 罗刚：《反恐对策：美国经验与中国选择》，《政法论丛》2014 年第 5 期。

② 葛腾飞：《反恐背景下美国社会政治环境的变化》，《世界经济与政治论坛》2006 年第 3 期。

③ 在军事法学研究中一般认为，恐怖事件除了恐怖袭击事件以外，还应包括恐怖暴（骚）乱事件、恐怖劫持事件、武装割据事件等在内。

④ 张虎：《构建军队反恐怖作战法律机制的基本对策》，《西安政治学院学报》2009 年第 3 期。

⑤ 从恐怖活动自身来讲，军事认定方法也不适宜。恐怖主义具有反人类、反社会的特质，如果将恐怖活动视为战争行为，一旦恐怖分子因为实施不成而作出投降行为，他们有可能享有战争法中的俘虏待遇，这可能造成对恐怖主义的纵容和人道主义的背弃。正因如此，有学者指出：“如果反对恐怖主义的基础是普遍的人道主义，那么，打击恐怖主义不等同于‘报复’，尤其不能等同于军事报复，可以说，这也是正本清源、避免恶性循环的必然要求。”舒迟：《国际恐怖与国际政治》，见《读书》杂志编《重构我们的世界图景》，三联书店 2007 年版，第 344 页。

政机关具有较大的自由裁量权，认定过程灵活高效，证据要求不甚严格，可以通过认定实现对恐怖活动的主动预防和长期打击，同时又不会导致公民基本权利的大规模克减等。正因为此，世界多个国家采取这种模式，例如，加拿大认定恐怖活动组织和人员的机构是行政机关，名单由司法部草拟，在司法部副部长的建议下，经政府首脑会议编制而成[①]；英国对恐怖活动组织和人员的认定权都在外交大臣手中[②]。

但行政认定的缺陷也是不容忽视的。一方面，传统上的“传送带”理论无法延伸到行政活动的每一个细节，尤其是反恐措施多涉及秘密，是行政机关在高度保密的情况下开展的，其合法性得不到权力机关的制约，不免让人生疑。例如，有学者质疑，行政认定的名单是根据什么标准确定下来的？是否有凭借强权暗箱操作之嫌？对于不在名单之列但属于新兴的多人为长期实施恐怖活动而纠结在一起的联合体的惩治和防范是否不利？[③]另一方面，行政认定不具有可诉性，其法律效力无法通过有力的司法机关进行合法性审查。在我国形成的经验中，对恐怖活动组织和人员前两批的认定与公布是以新闻发布会的形式进行的。要知道，法律对行政行为所加的约束并没有能保护因行政机关发布信息而受损害的人[④]。“千万不要忘记这种信息制裁——通过发布新闻引起公众谴责，不要正式证据，不去开庭，不请律师，当然也不要远在天边的司法审查”[⑤]。不难理解，不经正当程序、两造对抗以及居中审判，单就新闻发布会就造成限制和剥夺某个组织和个人财产及人身权利的，这必将造成对合法权益的侵害。

正因为此，学界对单纯意义上的行政认定多持否定态度，“将行政认定作为了刑事认定的前置程序，实质上则是行政权向司法权的侵入和争夺，这种以行政认定代替刑事司法认定的做法，混淆了司法权和行政权的界限，从大的意义上讲，它损害了国家权力的分工原则和监督制约原则”[⑥]，研究成果多倾向于赞同“行政认定＋司法认定”的并行模式，认为行政认定着眼预防，司法认定旨在刑

---

① S.C. 2001 s. 83.05（1）（a）.

② See J.J. Rowe：The Terrorism Act 2000，（2001）Crim. L. Rev. 527.

③ 参见赵秉志、杜邈《论刑法在反恐怖斗争中的功能与局限》，《政治与法律》2009 年第 11 期。

④［美］伯纳德·施瓦茨：《行政法》，徐炳译，群众出版社 1986 年版，第 118 页。

⑤ Gellhorn, Walter Byse, Administrative Law: Cases and Comments（4th edition）, Foundation Press, 1960, p.674.

⑥ 张旭、裴东波、宋伟卫：《行政认定与刑事司法认定的关系》，《社会科学战线》2009 年第 9 期。

事制裁[①]。但是,《反恐怖主义法》第二章第十二至十六条分别规定了认定主体、认定标准、申请主体、认定后的法律效力、认定的救济、案件审理中的司法认定。从文本表述来看，我国采取的是以行政认定为主、司法认定为补充的混合模式。甚至在其他章节规定公安机关调查恐怖活动嫌疑所获得的材料、通过国际合作取得的材料可以在刑事诉讼中作为证据使用（第五十条、第七十七条）。显而易见,《反恐怖主义法》确定的依然是单轨制的行政认定。《反恐怖主义法》的立法实践与学术研究已经呈二元分立之势，前者确立的行政认定模式与学界态度呈现出极端的不对称。学界对司法认定的倚重，源于对人权的重视，“未经法院审判任何人不得定罪”是其所遵循的基本逻辑。美国学者布鲁斯·艾克曼将这种以司法审查为主导的研究范式称为“司法管控模式”[②],我国学者童之伟将这种司法能动主义的倾向概括为“司法抢滩”[③]。在反恐领域中,如果过度依赖于本应发挥被动、判断、中立作用的司法认定，将无利于恐怖活动治理，导致更多的人的权利受到侵害，司法谦抑应在反恐领域得到贯彻和执行。不难理解，司法机关的任务是适用法律,而不是对恐怖活动组织和人员进行专门的认定。从人员配备、情报来源、国际协作等方面，司法机关不可能也不必要承担该项职责，国家最高行政机关或其授权的部门则具备这些条件。此外，司法机关认定的目的是解决行为人定罪量刑问题，其效果必然是刑事制裁措施，而打击恐怖活动组织和人员尚需辅以特殊的行政措施，以克服刑罚滞后性、片面性的缺陷。[④]正因为此，有学者形象地指出：可将对恐怖活动的治理体系“比作一座金字塔，在塔的底部是行政性法律制度，通过它能够遏制潜在的恐怖分子获得发起恐怖活动的场所或工具;在塔的顶端是刑法、预防性羁押甚至是战争。金字塔的意象能够让我们明确，为什么刑法、预防性羁押措施和战争是我们应对恐怖主义的最后措施。”[⑤]

事实上，行政认定并不意味着对法律的践踏甚或对法治的嘲弄，行政认定

---

① 学界研究多是对双轨制的赞许，例如：参见倪春乐、赵秉志《刑事法治发展研究报告》(2003 年卷·下册)，中国人民公安大学出版社 2003 年版，第 684 ～ 685 页；孙卫华《恐怖活动组织与人员认定立法研究》,《河南警察学院学报》，2014 年第 5 期。也有极少数学者在早期的研究中认可行政认定模式,但是在新近撰写的文章中表现出了对司法认定模式的青睐。参见赵秉志、杜邈《恐怖组织认定模式之研究》,《现代法学》2006 年第 3 期；杜邈《恐怖活动犯罪的司法认定》,《国家检察官学院学报》2014 年第 4 期。

② See Bruce Ackerman, “The Emergency Constitution”, 113 Yale L.J. 1029, 1041 (2004).

③ 参见童之伟《宪法司法适用研究中的几个问题》,《法学》2001 年第 11 期。

④ 参见赵秉志、杜邈《论刑法在反恐怖斗争中的功能与局限》,《政治与法律》2009 年第 11 期。

⑤ Kent Roach: The Criminal Law and Terrorism, Global Anti-terrorism Law and Policy, Cambridge University Press, 2005, p.129.

所遵循的依据依然是权力机关制定的法律，只不过它所认定的法律依据是行政法而非刑法罢了[①]，其合法性毋庸置疑。对于恐怖活动组织和人员行政认定，立法监督的无力和司法审查的不可及，使我们将解决的视线投向行政认定自身。其实，现代行政法在保留立法、司法两种外部控制机制之外，还发展出了行政自我控制机制，“即通过行政裁量基准、行政层级制责任追究等机制从内部控制行政权”[②]。同时，对何谓合法而言，有民主合法、绩效合法、秩序合法、体制合法、审议合法和程序合法等之分。[③]在民主合法性缺失或者不能自我证成，以及权力制约机制不能有效发力的情形下，可以运用其他途径来纠正行政认定过程中的“民主赤字”，实现对认定行为的有效制约，以避免认定结果的恣意和反复，最终补强对恐怖活动组织和人员认定的可接受性。

五、对《反恐怖主义法》的改进建议

限于篇幅，笔者以行政自我控制机制为视角，以绩效合法和程序合法为切入点，结合《反恐怖主义法》的认定框架，就恐怖活动组织和人员的认定之改进路径进行分析。

（一）认定主体

就绩效合法而言，其意味着合法性可以从行政机关驾驭社会福祉的专业能力中演化而来。在韦伯看来，行政机关如能够在法律疆域内产出理性过程和善治结果，它的合法性就不应存在异议，现代美国形成的行政国家源于新政，而新政则在很大程度上反映了专家和绩效导向的行政决定的合法性。[④]由此，可将棘手的恐怖活动认定问题授权给知识和技能、注意力与专业性独具特色的行政专家。在国家的所有组成机构中，也只有行政机关在日常对国家进行治理的过

① See Oren Gross, “Chaos and Rules: Should Responses to Violent Crises Always Be Constitutional”, 112 Yale L.J. 1011（2003）.

② 章志远：《现代行政法专题》，清华大学出版社2014年版，第15页。

③ Daniel C. Esty: “Good Governance at the Supranational Scale: Globalizing Administrative Law” 115 Yale L.J. 1490（2006）.

④ Max Weber, Economy and Society: An Outline of Interpretive Sociology 223, Guenther Roth & Claus Wittich eds., 1968（1914）.

程中，所形成的能动性、经常性和专业性特质，使得它具有对恐怖活动组织和人员认定的天然优势。事实上，国家反恐怖主义工作领导机构（公安部及国家反恐怖工作领导小组）在三次的恐怖活动组织和人员认定中，表现出了良好的专业素养及技术能力，虽然认定程序尚存改进空间，但迄今为止，未发生对其认定的恐怖活动组织和人员质疑以及申请复核的情形。自然，从绩效的角度来看，行政机关对恐怖活动组织和人员的认定具有现实的可行性和合法性。

而根据《反恐怖主义法》的预设，国家反恐怖主义工作领导机构的法律地位将得以确认。那么，按照社会学结构功能主义理论的结论，即组织结构决定组织功能之发挥。[①] 为了提高现行认定主体的功能抑或绩效，就必须对其组织结构进行进一步优化。2013 年原来的国家反恐怖工作“协调小组”升级为“领导小组”[②]，从“协调”到“领导”一词之差，体现的是工作方法的变化，协调强调的是反恐怖工作相关部门相互之间的配合与协助，而领导则强调的是上下级的命令与服从，无疑这将进一步改善对恐怖活动治理的效果。自然，对恐怖活动组织和人员的认定也将受此整体变迁之影响。笔者认为，应在《反恐怖主义法》第十二条的宽泛规范下，在国家反恐怖主义工作领导机构下设立专门的认定部门。该部门直接对国家反恐怖主义工作领导机构的最高领导人负责，并将它与国家反恐怖主义工作领导机构下的情报信息调查部门、应对处置部门、协调管理部门、国际合作部门、法制部门以及保障和监督部门予以区分，强调层级责任制和部门责任制，避免对恐怖活动组织和人员认定流水线式的作业，以减少合法权益被侵害情形的发生。

（二）认定标准

对于恐怖活动组织和人员的认定标准，我国在认定实践中，前两次采取了列举式（对恐怖活动组织的认定标准和恐怖分子的认定标准进行了分别列举，前者为 3 项，后者为 2 项），第三次采取了概括式的认定标准（见表 1）。《反恐怖主义法》采取了“概括＋列举”式的认定标准。以上是我国在认定实践以及全国人大常委会立法过程中，认定标准变化的基本轨迹，需要说明的是，前两

① 参见［美］乔纳森 · H. 特纳《社会学理论的结构》（第 7 版），邱泽奇、张茂元等译，华夏出版社 2006 年版，第 36 页。

② 参见王殿学《中国反恐“协调小组”升级为“领导小组”》，载南都网，2014 年 11 月 25 日，http：//epaper.oeeee.com/A/html/2013-09/01/content_1926233.htm。

次的认定标准是由公安部根据反恐经验自行发布，并非由权力机关制定，第三次则是根据全国人大常委会《反恐决定》确定的认定标准实施认定。从标准的制定主体从行政机关到权力机关的转移，再到标准制定方法从列举到概括再到“列举＋概括”的变化，展现了我国对恐怖活动组织和人员认定标准的渐趋精细化之变迁历程。它体现的要义是通过对法定授权范围内行政认定裁量权的“情节细化和效果格化”[①]，并以形式与实质并重的方式设定一种具体化的判断选择准则，其目的在于对恐怖活动组织和人员行政认定裁量权的正当行使形成一种法定约束。然而，在肯定认定标准趋于完善的同时，《反恐怖主义法》尚存有改善空间。第三条以“恐怖活动”为基石，基于其之上衍生出了“恐怖活动组织”、“恐怖活动人员”和“恐怖事件”等概念，以“恐怖活动”架构认定标准的方式值得商榷。一般来说，法律是对行为的规范，标准是对行为要件的判断，而不是对某种活动组成的权衡。

表 1　我国对恐怖活动组织和人员的行政认定情况一览表[②]

认定时间	2003.12.15	2008.10.21	2012.4.6
认定依据	《中华人民共和国刑法》及《中华人民共和国刑法修正案（三）》；《中华人民共和国国家安全法》及其实施细则；联合国《制止恐怖主义爆炸的国际公约》、《制止向恐怖主义提供资助的国际公约》等国际公约，以及联合国安理会通过的第 1267 号、1373 号、1333 号、1456 号等反恐决议	《中华人民共和国刑法》及《中华人民共和国刑法修正案（三）》；《中华人民共和国国家安全法》及其实施细则；联合国《制止恐怖主义爆炸的国际公约》、《制止向恐怖主义提供资助的国际公约》等国际公约，以及联合国安理会通过的第 1267 号、1373 号、1456 号、1624 号等反恐决议	《中华人民共和国刑法》及《中华人民共和国刑法修正案（三）》《中华人民共和国国家安全法》及其实施细则；全国人民代表大会常务委员会《关于加强反恐怖工作有关问题的决定》；联合国《制止恐怖主义爆炸的国际公约》、《制止向恐怖主义提供资助的国际公约》等国际公约，以及联合国安理会通过的第 1267 号、1373 号、1456 号、1624 号等反恐决议

① 周佑勇：《作为行政自制规范的裁量基准及其效力界定》，《当代法学》2014 年第 1 期。

② 此表格根据公安部网站和中国政府网整理而得，参见《公安部反恐怖局副局长赵永琛在公安部新闻发布会上的发言》，载公安部网站，2014 年 11 月 25 日，http：//www.mps.gov.cn/n16/n983040/n1988498/1988533.html；《中国认定恐怖组织和恐怖分子的具体标准》，载新华网，2014 年 11 月 25 日，http：//news.xinhuanet.com/legal/2003-12/15/content_1232510.htm；《公安部通报第二批认定的 8 名“东突”恐怖分子名单》，载公安部网站，2014 年 11 月 26 日，http：//www.mps.gov.cn/n16/n983040/n1988498/1988569.html；《公安部公布〈第三批认定的恐怖活动人员名单〉》，载中国政府网，2014 年 11 月 26 日，http：//www.gov.cn/gzdt/2012-04/06/content_2107385.htm。

续表

认定时间	2003.12.15	2008.10.21	2012.4.6
认定内容	4 个恐怖组织，11 名恐怖分子	8 名恐怖分子	6 名恐怖分子
公布方式	公安部认定并召开新闻发布会通报		国家反恐怖工作领导机构认定、公安部公告
公布格式	对于恐怖组织，主要是分为简明介绍、实施的主要恐怖活动、主要人物、主要资金和人员来源、与其他国际恐怖组织的联系；对于恐怖分子，主要是基本情况和主要活动	分为基本情况和主要犯罪情况，其中对于主要犯罪情况进行列举式表述	分为基本情况和主要犯罪情况，其中对于主要犯罪情况进行列举式表述
认定程序	“严密审慎的认定、甄别和审核”	“严格甄别和审核”	“经国家反恐怖工作领导机构依法认定”
认定标准	认定恐怖组织的具体标准是：（一）以暴力恐怖为手段，从事危害国家安全，破坏社会稳定，危害人民群众生命财产安全的恐怖活动的组织（不论其总部在国内还是国外）。（二）具有一定的组织领导分工或分工体系。（三）符合上述标准，并具有下列情形之一：(1) 曾组织、策划、煽动、实施或参与实施恐怖活动，或正在组织、策划、煽动、实施或参与实施恐怖活动；(2) 资助、支持恐怖活动；(3) 建立恐怖活动基地，或有组织地招募、训练、培训恐怖分子；(4) 与其他国际恐怖组织相勾结、接受其他国际恐怖组织资助、训练、培训，或参与其活动。认定恐怖分子的具体标准是：（一）与恐怖组织发生一定的联系，在国内外从事危害国家安全和人民群众生命财产安全的恐怖活动的人员（不论其是否加入外国国籍）。（二）符合上述条件，并具有下列情形之一：(1) 组织、领导、参与恐怖组织；(2) 组织、策划、煽动、宣传或教唆实施恐怖活动；(3) 资助、支持恐怖组织和恐怖分子进行恐怖活动；(4) 接受上述恐怖组织或其他国际恐怖组织资助、训练、培训或参与其活动		恐怖活动是指以制造社会恐慌、危害公共安全或者胁迫国家机关、国际组织为目的，采取暴力、破坏、恐吓等手段，造成或者意图造成人员伤亡、重大财产损失、公共设施损坏、社会秩序混乱等严重社会危害的行为，以及煽动、资助或者以其他方式协助实施上述活动的行为。恐怖活动组织是指为实施恐怖活动而组成的犯罪集团。恐怖活动人员是指组织、策划、实施恐怖活动的人和恐怖活动组织的成员
认定背景	“9·11”事件发生后，联合国通过了第 1373 号决议，要求联合国成员采取有效措施认定、甄别、打击恐怖组织和恐怖分子。中国依照联合国反恐决议，积极履行国际义务	2007 年以来，以“东突厥斯坦伊斯兰运动”为首的“东突”恐怖势力针对北京奥运会，在中国境内外策划、组织、实施了一系列恐怖犯罪活动，严重危害了北京奥运会安全和中国社会稳定	进一步打击“东突”恐怖势力，掌握“东突厥斯坦伊斯兰运动”恐怖活动组织部分成员确凿犯罪证据

（三）认定程序

程序是“理性选择的保证”[①]。由于我国目前没有统一的行政程序法，也没有统一的行政认定法，对于恐怖活动组织和人员的认定，可根据恐怖活动的特点有针对性地设定其程序。在我国三次的认定经验中，均是依职权进行，其表述分别是“严密审慎的认定、甄别和审核”、“严格甄别和审核”和“经国家反恐怖工作领导机构依法认定”。《反恐怖主义法》拓宽了启动行政认定行为的途径，规定了依职权（第十二条）和依申请（第十三条）两种模式。从我国认定经验的程序表述以及《反恐怖主义法》的规定来看，虽然启动行政认定行为的途径有所拓宽、标准有所完善，但该程序实质上却还是行政机关意志形成和表达的过程。该认定过程内部的运作包含了指派经办人员、审查审核、请示汇报、专家讨论、领导决定等一系列“内部行政程序”制度，对于外界而言，恐怖活动组织和人员“只见公告”而不知其为什么被认定。国家反恐怖主义工作领导机构的法律主体性质容易遮蔽内部程序的运作，甚至导致行政过程的“黑箱”。[②]诚然，由于反恐怖主义工作的针对性和紧迫性，使得对恐怖活动组织和人员的认定不能按照行政许可一样可以公开听证，但未来在《反恐怖主义法》的完善及其实施细则的制定中，应明确认定程序的申请、受理、审查、决定、公告、复核等环节，以避免公权力对私权利的过分不当侵损，补强该行政认定的可接受性之程度。

其中，申请非必经环节，如国家反恐怖主义工作领导机构以职权启动的认定程序，不需申请即可进行。对于依申请实施的行政认定，笔者认为，其申请主体并非必须是“国务院有关部门和省级反恐怖主义工作领导机构”，对于法院在司法审判中发现有恐怖活动嫌疑的，也应提交给国家反恐怖主义工作领导机构就恐怖活动事实进行认定。法院应尊重技术机关的认定，只就认定后适用法律情况进行审查。这样一来，一方面避免了行政机关和司法机关就同一事实的重复认定而造成的资源浪费；另一方面，可以使得依照《反恐怖主义法》第四十三条成立的“国家反恐怖主义情报中心”对恐怖活动情况的掌握更为完善，避免进入司法程序的恐怖活动分子脱离了该信息平台而不被国家反恐怖主义工作领导机构所知晓。对于认定之申请主体，英国走得更远，该国“认定一个实

---

① 季卫东：《程序比较论》，《比较法研究》1993年第1期。

② 对于内部行政程序的论述，参见何海波《内部行政程序的法律规制》（上、下），《交大法学》2012年第1、2期。

体为恐怖主义组织的程序可以在民间某一个受该实体影响的组织或个人申请之下启动”[①]。在我国当前情况下,不必将申请主体扩展至国家机关以外的其他组织或个人。原因有二：一是如其他组织或个人发现恐怖活动嫌疑的，其有向主管部门报告的义务，而不是申请的权利；二是如恐怖活动侵犯到个人权利，可由当事人或者检察院等在法院起诉后，法院在审查中可就该组织和人员是否为恐怖活动组织和人员提交国家反恐怖主义领导机构进行认定。

对于受理环节，可遵循登记原则而非审查原则，即凡是申请主体提交的认定申请，都应纳入国家反恐怖主义情报中心，以保证国家反恐怖主义情报中心对信息覆盖面的要求。同时，认定部门应向申请主体确认收到申请；告知申请主体处理申请的一般程序；答复申请主体关于认定程序的相关问题；核实是初次申请还是再次申请，若再次申请，且没有补充相关证据资料，则将其退还。在审查环节，需要认定部门组织专职从事认定工作的行政人员就申请主体提交的材料进行审查，行政人员应公正地审查申请主体提出的申请，充分考虑国家反恐怖主义情报中心与申请相关的所有情报信息，必要时考虑外交部的意见，但不得寻求或接受任何其他指示、意见。审查的结论只有两个：要么认定其为恐怖活动组织和人员，要么认定其非。在决定环节，由认定部门的负责人根据审查结论作出，并报国家反恐怖主义工作领导机构最高领导人批准。对于恐怖活动组织和人员的公告，应由国家反恐怖主义工作领导机构下设的办公室及时在网站上以固定格式公布所有可公开发表的信息，包括认定名单、主要恐怖活动事实以及认定理由简述。名单公布以后，在可通知的情形下，应通知或告知被列名的组织和个人，并在通知上附上列名理由简述、列名后的后果说明、除名申请的程序等内容。

对于列名存有疑问或申请除名的，则直接进入复核环节，为保证复核的中立性，认定程序中除复核环节以外的其他环节可由经验丰富的行政认定部门进行，而复核环节则应由专设的准司法性质的委员会进行，二者应隶属于国家反恐怖主义工作领导机构的不同部门，以实现该机构的内部监督和制约。委员会成员应包括反恐专家、实务部门工作人员（包括出入境管理工作者、军队遂行反恐任务人员、安全机关工作人员等）、政治学研究员、恐怖活动犯罪研究者以

① Susan Tiefenbrun，A Semiotic Approach to a Legal Definition of Terrorism，ILSA J，9. Int’l & Comp. L. 2002-2003.

及国际法专家。委员会工作的开展主要通过会议的方式进行，由其作出对认定部门列名是否存有瑕疵较为合适。鉴于认定部门在认定过程中主要进行的是为了反恐效率优先所开展的形式审查，复核环节的审查就应侧重于实质审查，必要时可与申请主体展开对话，要求其阐释列名或除名相关的所有理由和证据。需要说明的是，除名期间不影响列名后的法律效果（即各种制裁行为的执行）。如复核后继续列名，则之前对其的制裁继续有效。如经复核后建议除名，复核委员会应向国家反恐怖主义工作领导机构提交考虑除名的建议，经其确认，列名方可终止。

第二节　对反恐行政认定行为的不可诉性之商榷

根据《反恐怖主义法》第十二条和第十五条第一款的规定，国家反恐怖主义工作领导机构对恐怖活动组织和人员的认定行为属于终局行政行为，而且属于绝对的终局行政行为，不具有可诉性，不属于人民法院行政诉讼受案范围。笔者认为，立法者将反恐行政认定规定为不具有可诉性的行政行为的做法值得商榷。本节将对之予以详细论述。

一、反恐行政认定的行为性质决定了其具有可诉性

根据我国行政诉讼法中关于可诉行政行为的一般法理，判断某一行为是否属于可诉（不可诉）行政行为的出发点是该行为的法律属性，即该行为在行政法上所固有的本质特征。[①] 由此，若要阐释反恐行政认定行为是否具有可诉性，应当先剖析其法律属性，对此，可以从正、反两方面入手。

① 何海波：《行政诉讼法》，法律出版社 2016 年版，第 161 ～ 162 页。

（一）反恐行政认定行为不属于国家行为

当立法者将反恐行政认定行为作为不可诉行政行为来对待时，有学者可能会认为那是因为此类行为属于国家行为，而根据《中华人民共和国行政诉讼法》（以下简称《行政诉讼法》）第十三条第一款第一项的规定，国防、外交等国家行为不具有可诉性。笔者认为，虽然从直觉上来判断，反恐行政认定行为与国家行为存在相似性，比如，两者都具有高度的政治性，但如果加以理性分析，则难以将反恐行政认定行为归为国家行为。根据主流观点，判断一个行为是否为国家行为，主要看这个行为是否以政治上的利益为目的，是否涉及国家主权和整体上的国家利益。①然而，所谓的国家主权、整体的国家利益，以及政治目的等都是不确定的法律概念，反恐行政认定行为当然属于国家主权的运用，也涉及国家利益，然而，其他行政行为，比如，行政强制行为、行政征收行为、行政处罚行为等也可以视为是国家主权的运用，也涉及国家利益，循次逻辑，行政强制行为、行政征收行为和行政处罚行为也属于国家行为，也属于不可诉行政行为，但这显然与此类行政行为的行政诉讼实践相矛盾。由此，单单依据国家行为的笼统学理标准难以将反恐行政认定行为作为不可诉行政行为来对待，也难以将反恐行政认定行为与其他可诉行政行为区分开来。

在笔者看来，与其从实质的和正面的角度来区别国家行为与反恐行政认定行为，还不如从形式的和反面的角度入手。这就需要从行政法教义学基本原理出发。

1. 从实施行为的主体而言，国家行为只有特定国家机关才能实施，而反恐行政认定的实施主体不符合国家行为的主体要件

依据《最高人民法院关于适用〈中华人民共和国行政诉讼法〉的解释》（以下简称《适用解释》）第二条第一款的规定，实施国家行为的特定国家机关是国务院、中央军事委员会、国防部、外交部，以及经宪法和法律授权宣布紧急状态的国家机关。与《适用解释》的规定向匹配，根据最高人民法院行政审判庭的权威观点，实施国家行为的特定国家机关仅指国务院、中央军事委员会、国防部、外交部以及特别情况下的省一级人民政府。②胡成上诉中华人民共和国外

① 胡锦光：《论国家行为的判断标准及范围》，《中国人民大学学报》2000 年第 1 期，第 83 ～ 87 页。

② 最高人民法院行政审判庭编：《关于执行〈中华人民共和国行政诉讼法〉若干问题的解释释义》，中国城市出版社 2000 年版，第 9 ～ 10 页。

交部信息公开一案[①]，北京市高级人民法院终审裁定就认为外交部代表中国政府向联合国提交报告，系外交行为，属于不具有可诉性的国家行为。然而，根据《反恐怖主义法》第十二条的规定，我国反恐行政认定行为由国家反恐怖主义工作领导机构作出，其他任何国家行政机关都无权行使该权力。至于国务院公安部门、国家安全部门、外交部门和省级反恐怖主义工作领导机构仅享有向国家反恐怖主义工作领导机构提出申请认定的权力。[②]显然，从形式判断国家反恐怖主义工作领导机构既不是国务院、中央军事委员会、国防部、外交部，也不是经宪法和法律授权宣布紧急状态的国家机关，由此，至少从行为主体而言，反恐行政认定行为不符合实施国家行为的特定国家机关要件，不属于国家行为。

2. 从行为类型及特征而言，反恐行政认定不符合国家行为的类型与特征要件

依据最高人民法院行政审判庭的权威观点，国家行为类型涉及国防和外交事务行为，以及宣布紧急状态，施行戒严和总动员的行为。[③]即国防行为、外交行为、宣布紧急状态的行为、施行戒严的行为和施行总动员的行为。反恐行政认定行为显然不属于国防和外交行为，更不可能是宣布紧急状态和施行戒严与总动员的行为。这从我国反恐行政认定的实践可以得到佐证。比如，2003 年 12 月 15 日，我国公安部认定第一批“东突”恐怖分子。[④]这批恐怖分子其实是由艾山·买合苏木、买买提明 · 艾孜来提等原籍属于新疆，但外逃到境外的 11 名中国公民所构成。这一认定行为在类型上看，不是宣布紧急状态、施行戒严和总动员的行为。因为，它根本就不符合这类行为的形式要件，比如，《中华人民共和国宪法》第八十条和第八十九条的规定，宣布全国进入紧急状态只能由国家主席来实施，宣布全国部分地区进入紧急状态则由国务院来实施。而依据《中华人民共和国宪法》第八十条规定，发布总动员令则由国家主席来实施。依据《中华人民共和国戒严法》第三条的规定，戒严令由国家主席来发布。可见，从行政法教义学角度而言，反恐行政认定行为在形式上就不符合宣布紧急状态的行为、施行戒严的行为和施行总动员的行为。当然，反恐行政认定行为也不属于国防行为和外交行为。

---

① 北京市高级人民法院行政裁定书（2015），高行终字第 03490 号。

②《反恐怖主义法》第十三条之规定。

③ 最高人民法院行政审判庭编:《关于执行〈中华人民共和国行政诉讼法〉若干问题的解释释义》，中国城市出版社 2000 年版，第 9 ～ 10 页。《适用解释》第二条第一款的规定与之相类似。

④《公安部网站今天公布了第一批认定的“东突”恐怖组织、恐怖分子名单》，载搜狐网，2017 年 12 月 25 日，http://news.sohu.com/20120406/n339867241.shtml。

根据《中华人民共和国国防法》第二条的规定，国防行为是指与防备和抵抗侵略，制止武装颠覆，保卫国家的主权统一、领土完整和安全所进行的军事活动行为。显然，从行为特征来分析，反恐行政认定行为不属于军事活动行为。对于何为外交行为，虽然我国目前尚未有统一的法律来作出界定，人民法院的判例也没有作出完整解释，但《辞海》则给出了解释，即国家元首、政府首脑、外交部门和外交代表机构进行的诸如访问、谈判、交涉、发出外交文件、缔结条约、参加国际会议和国际组织等对外活动。[①] 据此，外交行为的一个典型特征是"对外"活动，即发生在代表国家的特定国家机关与外国的国家、国际组织之间的活动。而我国公安部门将我国 11 名公民认定为恐怖分子显然不具备外交行为的典型特征。因为，从行政法教义学来分析，公安部门不是我国的典型外交部门，同时，2003 年的反恐认定行为发生在公安部门与我国公民之间，可见，这一反恐行政认定行为不具备外交行为的特征，不是外交行为。

以上分析足以表明，从行为法律属性来考察，反恐行政认定行为不属于国家行为，因而主张以国家行为为理据来判定反恐行政认定行为的非可诉性，从而排除人民法院对其司法审查的观点明显缺乏法理依据，不符合行政法教义学一般原理。

（二）反恐行政认定行为属于行政确认行为

反恐行政认定行为不属于国家行为，那么它到底是何种类型的行为，具有什么样的法律特征？对此，我国行政法学界尚未加以深入研究。这或许与反恐行政认定行为属于新问题有很大关系。在十分有限的现有研究中，有学者提出反恐行政认定行为具有五大法律特征：既存性、统一性、限制性、宣示性和不可诉性，并认为从行为性质看属于行政确认行为，是"对既存的恐怖活动事实和法律关系进行审核、甄别"[②]。从比较法角度来看，美国学者则将反恐行政认定行为视为行政裁决行为[③]。而根据《美国联邦行政程序法》第 5 编第 551 节的定义，裁决是指行政机关作出裁决令的行为，而裁决令是指行政机关除规则制定以外

---

① 辞海编辑委员会编纂：《辞海》，上海辞书出版社 2014 年版，第 4008 页。

② 郭永良：《论对恐怖活动组织和人员的行政认定》，《安徽商贸职业技术学院学报》2015 年第 2 期，第 46 ～ 48 页。

③ Micah Wyatt, "Designating Terrorist Organizations : Due Process Overdue", Golden Gate University Law Review, Vol.39（2008-2009）, pp.233-234.

所作出的最后决定的全部或一部，可以采取肯定的、否定的、禁止的、确认的形式，包括批准许可证在内。[①] 笔者认为，虽然从形式而言，美国学者的观点与中国学者的观点存在差异，但从本质分析，反恐行政认定行为属于特定国家行政机关[②] 对特定组织或个人（行政相对人）是否符合法律所规定的恐怖主义身份或者是否实施法律所规定的恐怖活动的事实的确定，因而属于行政确认行为。

既然反恐行政认定行为属于行政确认行为，那么为何不具有可诉性呢？有学者给出了这样一种理由，对恐怖活动组织和人员的认定本身并不确定该组织和人员的权利义务，不属于现行《行政诉讼法》第十二条的受案范围，由此，认定行为本身具有不可诉性。[③] 依据这位学者的观点，由于反恐行政认定行为不会对特定组织或人员的权利或义务产生影响，属于不产生实际影响的行为，因而不具有可诉性。

笔者认为，这一观点显然是错误的。反恐行政认定行为当然影响了特定组织或人员的权利或义务，即将特定组织或人员认定为恐怖活动组织或人员，而“恐怖活动组织或人员”是反恐法给特定组织或人员施加的一种法律上的身份，这种法律身份直接影响了它们的权利或义务。此类权利或义务既有物质上的，比如，财产被冻结，也有名誉或声誉上，比如，受到歧视性对待。对此，我国《反恐怖主义法》第十四条规定，被认定为恐怖活动的组织或人员，其资产将被金融机构冻结。而根据美国反恐法的规定，一旦某一实体被美国政府认定为恐怖活动组织，也会带来诸多不利法律后果，比如，被驱逐出境。[④] 而《英国 2000 年反恐怖主义法》第十一条规定，一旦某组织被认定为恐怖组织，那么该组织的成员即构成犯罪。[⑤] 由此可见，以反恐行政认定行为并没有影响特定组织或人员的权利或义务为由来主张此类行为不具有可诉性也是缺乏依据的，甚至是一种错误的论点。

（三）反恐行政认定行为不符合终局行政裁决行为的特征

既然反恐行政认定行为属于能够对特定人员或组织（被认定的恐怖活动组

---

① ［美］理查德 · J. 皮尔斯：《行政法》，苏苗罕译，中国人民大学出版社 2016 年版，第 1464 ～ 1465 页。

② 中国是国家反恐怖主义工作领导机构，美国是国务卿。

③ 郭永良：《论对恐怖活动组织和人员的行政认定》，《安徽商贸职业技术学院学报》2015 年第 2 期，第 43 页。

④ Antiterrorism and Effective Death Penalty Act，8 U.S.C. § 1189（a）(2)（C）(2009）.

⑤ 赵秉志等编译：《外国最新反恐法选编》，中国法制出版社 2008 年版，第 10 页。

织或人员）的权利或义务产生影响的行政确认行为，那么立法者为何将其规定为不可诉行为呢？有学者可能会援引《行政诉讼法》第十三条第一款第四项所规定的“法律规定由行政机关最终裁决的行政行为”来加以辩驳，认为反恐行政认定行为符合法律所规定的终局行政裁决行为的特征，因而属于不可诉行政行为。

笔者认为，虽然从形式而言，法律[①]可以规定一些行政行为由行政机关最终来裁决，从而排除司法审查，但从实质法治层面分析，立法者也不能随意设定终局行政裁决行为。某一行为是否属于终局行政裁决行为应当具有相应的特征，满足特定的条件。从我国行政诉讼法学理和实务主流观点来分析，终局行政裁决行为具有五个特征，某一行政行为符合其中一个或数个特征，就可以视为终局行政裁决行为。一是涉及国家重要机密，一旦进入诉讼，会严重损害国家利益；二是具有极强的专业性，以至于法院没有能力进行审查；三是不可能或者极少可能侵犯相对人的权益；四是已经有近乎司法程序的行政程序作保障，以至于司法救济没有必要；五是因不可抗力，使得司法救济不可能。[②]那么反恐行政认定行为是否具有这五个特征中的一个或者数个呢？对此，我们可以做排除法。可以明确肯定的是，反恐行政认定行为不具有终局行政裁决行为的第二、第三和第五个特征，而有可能符合的则是第一和第四个特征。

那么反恐行政认定行为是否符合“涉及国家重要机密，一旦进入诉讼，会严重损害国家利益”的特征呢？这需要根据具体情况来分别对待。从类型而言，反恐行政认定其实包括两种，第一种是追认性认定。它是指特定的组织或人员已经实施了为反恐法所规定的恐怖活动，比如，制造了恐怖爆炸活动，国家行政机关将此类组织或人员认定为恐怖活动组织或恐怖分子。从我国政府的反恐认定实践来看，就属于追认性认定。第二种是推定性认定。它是指特定组织或个人意图实施为反恐法所规定的恐怖活动，或者宣扬某种恐怖主义行为，国家行政机关将此类组织或人员认定为恐怖活动组织或恐怖分子。对于第一种类型的认定，通常不会涉及国家秘密，因为恐怖活动事实已经昭告。对于第二种类

---

① 这里的法律仅指全国人民代表大会及其常务委员会依据《中华人民共和国立法法》所规定的立法程序所制定的规范性文件。

② 最高人民法院行政审判庭编:《关于执行〈中华人民共和国行政诉讼法〉若干问题的解释释义》，中国城市出版社 2000 年版，第 9 ～ 10 页。姜明安：《行政法与行政诉讼法》，北京大学出版社、高等教育出版社 2015 年版，第 425 页。何海波：《行政诉讼法》，法律出版社 2016 年版，第 160 页。

型的认定，可能会涉及国家秘密。因为国家行政机关需要对特定组织或个人进行秘密调查之后才能认定其是否属于恐怖活动组织或恐怖分子，同时，宣布认定结果之后，可能会给其他潜在的恐怖组织或恐怖分子提供涉及国家秘密的信息。由此，对于追认性认定因难以涉及国家机密，进入诉讼程序不会损害国家利益，反而通过诉讼程序的公开审判有助于打击恐怖活动组织或恐怖分子的气焰，教育广大民众，从而促进国家利益。对于推定性认定，虽然可能涉及国家机密，但不能据此断定一律排除司法审查。这是因为，一方面，司法审查可以不公开进行，涉及的国家秘密不会让潜在的恐怖组织或恐怖分子，以及其他主体所知晓；另一方面，也是更为重要的是，在司法审查过程中，行政机关可以仅仅向庭审法官出示相应的认定证据或材料，以至于法庭上的其他人员都不能获得该信息。这在美国反恐法上被称为“单方面出示证据”或者类似于“照相机中出示证据”。[①]而《加拿大 2001 年反恐怖主义法》[②]第 83 条第 5 款第 6 项则规定，如果法官认为披露信息会损害国家安全或者威胁他人安全，可以在申请人（被认定的恐怖活动组织或人员）或其代表律师缺席的情况下审理部分或全部证据或信息。为了使申请人能够合理了解所做决定之理由，法官应向申请人提供法官所知的书面信息概要，如果法官认为会损害国家安全或威胁他人安全的，可以不披露该信息。可见，通过这种立法技术上处理，既保证了被认定的恐怖嫌疑人的诉讼权利，也维护了国家安全利益，并不违反国家保密方面的法律规定。可见，主张反恐行政认定行为因符合“涉及国家重要机密，一旦进入诉讼，会严重损害国家利益”的特征，从而属于终局行政裁决行为的观点并不成立。

那么反恐行政认定行为是否满足“已经有近乎司法程序的行政程序作保障，以至于司法救济没有必要”的特征呢？这就需要分析我国《反恐怖主义法》反恐行政认定行为的具体程序。对于该程序，《反恐怖主义法》第十二条作了极为简单的规定，即国家反恐怖主义工作领导机构单独实施认定和公告。对于被认定的恐怖活动组织或人员所享有的基本权利，比如，认定之前是否享有告知的权利，认定之后能否获得相应的证据文件的权利，该法未作任何规定。显而易见的是，目前的反恐行政认定程序远远不是“近乎司法程序的行政程序，以至于司法救济没有必要”。可见，主张反恐行政认定行为因符合“已经有近乎司法

① Antiterrorism and Effective Death Penalty Act，8 U.S.C. § 1189（b）（2）（2009）.

② 赵秉志等编译：《外国最新反恐法选编》，中国法制出版社 2008 年版，第 798 ～ 799 页。

程序的行政程序作保障，以至于司法救济没有必要”的特征，从而属于终局行政裁决行为的观点也不成立。

以上分析足以表明，反恐行政认定行为既不是国家行为，也不符合终局行政裁决行为的特征，而是一种影响特定主体权利或者义务的行政确认行为，理应属于可诉行政行为。然而，这仅仅是从行政法教义学层面阐明了反恐行政认定行为具有可诉性，只是在抽象角度论证了立法者不应当将反恐行政认定行为规定为不可诉行为。我们还应当从反恐认定法制实践的方面来证明反恐行政认定行为的可诉性，此时就需要将视野投向域外国家。

二、反恐行政认定不可诉性与诸多域外国家的立（司）法例相背

虽然中国的国情与域外国家的国情相去甚远，但因都面临各种类型的恐怖主义侵袭或者威胁，为了更好地识别和打击恐怖主义，各国都需要反恐行政认定法律制度。从域外国家反恐认定立（司）法例来考察，通常有两种模式。①一是司法认定模式，即由法院来认定恐怖活动组织或恐怖分子，比如，菲律宾、乌兹别克斯坦、塔吉克斯坦、吉尔吉斯斯坦、蒙古、意大利等国就采用此种模式。②在此类模式中，因不涉及行政行为司法审查问题，故不作考察。另一类是行政认定模式，比如，美国、英国、加拿大等国家。在此类模式中，由于涉及对国家行政机关认定行为的司法审查，故属于笔者考察对象，而分析的重点国家则是美国。

（一）美国的立（司）法例

美国虽然是超级大国，但也是世界上遭受恐怖主义侵袭和威胁最为严重的国家之一，当然也拥有相当完备的反恐行政认定法律制度。在此，若要全面论述该国的这项制度显然既不可能，也无必要。为此，笔者仅选取该国对外国恐怖活动组织的行政认定及其可诉性来加以探讨。在美国，规范外国恐怖活动组

① 简基松：《论认定恐怖主义组织之机构模式》，《法律科学》2011 年第 2 期，第 163 ～ 171 页。
② 孙卫华：《恐怖活动组织与人员认定立法研究》，《河南警察学院学报》2014 年第 5 期，第 114 ～ 118 页。

织认定行为的法律最初是1996年《反恐怖主义和有效死刑法案》（以下简称AEDPA）[①]第1189节。2001年“9·11”恐怖袭击事件发生之后，美国国会通过《美国爱国者法》来修正《反恐怖主义和有效死刑法案》第1189节。《美国爱国者法》放松了认定的法律标准。[②]2004年美国国会又修改了《反恐怖主义和有效死刑法案》第1189节，进一步扩大了国务卿的权力。[③]根据该法第1189节规定，美国将认定外国恐怖活动组织的权力授予美国国务卿来行使。国务卿认为，如果某些组织符合下列条件之一，那么就是一个适合认定的目标：(1)已经实施了任何形式的恐怖活动；(2)正在计划或准备实施任何可能的恐怖活动；(3)保留实施恐怖活动的能力并意图实施这样的活动。[④]而认定的最终生效则以认定决定在美国联邦登记上公布为标准。[⑤]一旦某一实体被美国政府认定为外国恐怖活动组织，就会带来三个方面的法律后果。一是国务卿有权冻结由美国任何金融机构所掌握的该组织的所有资产。[⑥]二是该组织的成员将不能进入美国，如果该组织的成员已经在美国，则将被驱逐出境。[⑦]三是任何人“故意”[⑧]为该组织提供物质支持或资源，或试图或共同为该组织提供物质支持或资源，将面临15年的监禁（或者终身监禁，如果这种支持活动引发了死亡）。[⑨]从实践来看，截至2016年11月，被美国国务卿认定的、处于有效期内的外国恐怖活动组织多达58个，仅在2016年就认定了3个。[⑩]

从上述概述中不难发现，在美国，对外国恐怖活动组织的认定属于典型的行政认定。那么对于此类认定行为，被认定组织是否有权在美国法院提起诉讼？换言之，美国国务卿的认定行为是否具有可诉性？对此，美国的立法以及司法实践都给出了肯定的回答。根据美国《反恐怖主义和有效死刑法案》的规定，

---

① Antiterrorism and Effective Death Penalty Act of 1996，Pub. L. No.104-132，110 Stat. 1214，1247（1996）.

② Uniting and Strengthening America by Providing Appropriate Tools Required to Intercept and Obstruct Terrorism Act of 2001，Pub. L. No. 107-56，115 Stat. 272（2001）.

③ 该法被编入美国法典，即8 U.S.C. § 1189（2009）.

④ 8 U.S.C. § 1189（a）（1）（2009）.

⑤ 8 U.S.C. § 1189（a）（2009）.

⑥ 18 U.S.C. § 2339B（a）（2）（2009）.

⑦ 8 U.S.C. § § 1182（a）（3）（B）（i）（I）（2009）.

⑧ 这里的“故意”包括两层含义：一是知道该组织被认定为一个外国恐怖活动组织；二是知道该组织实施了为法律所规定的恐怖活动。18 U.S.C. § 2339B（a）（1）（2009）.

⑨ 美国国会设定这种罪名是因为，它发现一些外国恐怖主义组织，通过附属团体或个人，在美国境内募集大量资金，或者将美国作为一个渠道来接收来自其他国家的资金。AEDPA § 301（a）（6）（2009）.

⑩ http：//www.state.gov/j/ct/rls/other/des/123085.htm.（Last visited December 12，2018）.

被认定的外国恐怖活动组织有权在“认定决定在联邦登记上公开 30 天之内”[①]向美国哥伦比亚特区巡回上诉法院提起司法审查，法院认为如果一项认定存在以下五种情形，则可以予以撤销：(1) 武断的，任性的，滥用自由裁量权，或者其他方式的违法；(2) 与宪法权利、权力、特权或豁免相违背；(3) 超出法定管辖权、权限或限制或者缺乏法定权利；(4) 在总体上，行政记录缺乏实质性支持；(5) 不是根据法定程序所作出的。[②]此类审查，可以称之为依据法律的司法审查，即被认定的外国恐怖活动组织有权依据《反恐怖主义和有效死刑法案》的规定要求美国法院审查国务卿的认定行为。而典型的判例则是 1997 年“人民的伊朗伊斯兰共和国组织”诉美国国务院案。[③]在该案中，“人民的伊朗伊斯兰共和国组织”因不服美国国务卿将其认定为外国恐怖活动组织而向美国哥伦比亚特区巡回上诉法院提起诉讼，哥伦比亚特区巡回上诉法院受理了该案并作出了相应的判决。

然而，在美国，被认定组织除了享有依据法律向法院起诉反恐认定行为之外，在特定条件下，它们还享有依据美国宪法第五修正案所规定的正当法律程序条款[④]向哥伦比亚特区巡回上诉法院起诉反恐认定行为的权利。此类审查，可以称之为依据宪法的司法审查。[⑤]根据美国判例法的规定，被认定的外国恐怖活动组织援引宪法第五修正案的条件是，它们在美国具有一种“物理身份”，与美国之间有一种“实质性的联系”，而判断是否存在“物理身份”或“实质性联系”的标准则是多种多样的，诸如，该组织在美国拥有银行账号，该组织在美国存有各种财产（动产或不动产），该组织在美国从事经营活动，等等。[⑥]这方面的典型案例则是 2001 年伊朗国家抵抗委员会诉美国国务院案。[⑦]在该案中，伊朗国家抵抗委员会因被美国国务卿认定为外国恐怖活动组织而向哥伦比亚特区巡回上诉法院提出诉讼。哥伦比亚特区巡回上诉法院认为伊朗国家抵抗委员会因在

① 8 U.S.C. § 1189（c）（1）（2009）.

② 8 U.S.C. § 1189（c）（2）-（3）（2009）.

③ People’s Mojahedin Org. of Iran v. Dep’t of State，182 F.3d 17，19（D.C.Cir 1999）.

④ 即未经正当法律程序，任何人不能被剥夺生命、自由和财产。

⑤ Aaron L.Schwartz，“National Security and the Protection of constitutional liberties：How the Foreign Terrorist Organization List Satisfies Procedural Due Process”，Penn State Journal of Law & International Affairs，Vol.3 No.1（2014），pp.314-315.

⑥ 32 County Sovereignty Comm. v. Dep’t of State，292 F.3d 797，799，D.C. Cir. 2002.

⑦ Nat’l Council of Resistance of Iran v. Dep’t of State，251 F.3d 192，206，D.C. Cir. 2001.

美国银行里有一个账户，从而与美国存在“实质性联系”，因而能获得宪法第五修正案所规定的正当法律程序条款的保护。以上分析表明，对于国务卿的反恐认定行为，美国宪法修正案、美国国会法律，以及美国联邦法院的判例都认为具有可诉性。

（二）英国、加拿大和其他国家的立法例

1. 英国的立法例

《英国2000年反恐怖主义法》[①]设专章规定了英国政府对恐怖组织的认定。该法第三条（认定）第四款规定，国务大臣仅当其相信某组织与恐怖主义有关联时[②]，方可依照第三条第三款（a）项规定行使其对该组织的权限。而第三条第三款（a）项则规定了国务大臣将某组织列入恐怖主义名单，此类组织被称为“被禁止组织”。可见，根据《英国2000年反恐怖主义法》的规定，英国的反恐认定属于行政认定，具体由国务大臣来实施。那么对于国务大臣的认定行为，“被禁止组织”能否直接向英国法院提起司法审查申请？换言之，国务大臣的认定行为是否具有可诉性？与美国的立法例相比，英国的情形显得比较复杂。根据《英国2000年反恐怖主义法》第四条规定，“被禁止组织”有权向国务大臣提出申请，要求国务大臣撤销认定。如果“被禁止组织”的申请被拒绝，那么根据该法第五条的规定，“被禁止组织”有权向一个名为被禁止组织上诉委员会的机构提起上诉。虽然该委员会不是法院，但它依据司法审查原则来审查“被禁止组织”的申请。如果“被禁止组织”不服委员会的裁决，依据该法第六条规定，它还有权就法律问题进一步上诉。对此，该法第六条第一款作了如下规定，“被禁止组织”可以就法律问题向下述组织提起上诉：（1）上诉法院，若首次上诉在英格兰和威尔士审理；（2）苏格兰最高民事法院，若首次上诉在北爱尔兰审理；（3）北爱尔兰上诉法院，若首次上诉在北爱尔兰审理。

通过对《英国2000年反恐怖主义法》条文的解析，不难发现，在英国，对于国务大臣的反恐认定行为，虽然“被禁止组织”不能直接向英国法院提起诉讼，因为它必须首先向一个使用司法审查原则的被禁止组织上诉委员会申请上

① 赵秉志等编译：《外国最新反恐法选编》，中国法制出版社2008年版，第3～75页。

② 所谓与恐怖主义有关联，根据该法第三条第五款的规定，主要包括四种情形：实施或参与实施恐怖主义行为；为恐怖主义行为做准备；促进或怂恿恐怖主义；以其他方式参与恐怖主义行为。

诉——这类似于前置程序，但对该上诉委员会裁决不服的，它有权向法院提起上诉。这就表明，对于国务大臣的认定行为，英国法院有权予以司法审查，反恐认定行为属于可诉性行为。

2. 加拿大以及其他国家的立法例

《加拿大 2001 年反恐怖主义法》[①]第八十三条第五款规定了反恐认定及其司法审查。根据该款第 1 项的规定，总督可依法规，根据加拿大司法部长的建议设立一个恐怖主义实体名单，如果总督有合理根据相信该实体已经故意实施、企图实施、参加或者资助恐怖活动。据此，加拿大的反恐认定属于行政认定，具体由总督在司法部长的建议下实施。那么，对总督的认定行为，被认定的恐怖主义实体能否向法院提起诉讼？依据该法第八十三条第五款第五项的规定，被认定实体收到司法部长的认定决定通知之日起 60 日内可以向法官申请对该决定的司法复核。而依据该条款第十项的规定，法官是指联邦法院首席大法官或由首席大法官任命的初审分院法官。可见，在加拿大，总督的反恐认定行为属于可诉性行政行为。除了加拿大，世界上其他推行反恐行政认定模式的国家，也规定了反恐行政认定具有可诉性。比如，澳大利亚和新西兰[②]等国家。在此不再赘述。而这些国家之所以将反恐行政认定作为可诉行为来对待，一个重要的理由则是因为它们已经认识到："恐怖分子最主要的危险不是民主国家无法打败恐怖分子，而是民主国家将做得过好，从而变得不再是民主。这一过度反应将导致社会变得残暴，这种残暴不仅仅会使潜伏的恐怖分子转变为显现的制度性恐怖，并会使使用暴力成为解决争议的合法形式。"[③]

三、反恐行政认定的现实与未来发展需要将其作为可诉性行为

将反恐行政认定作为可诉性行为，不仅基于其法律属性和域外国家的立（司）

① 赵秉志等编译：《外国最新反恐法选编》，中国法制出版社 2008 年版，第 796 ～ 799 页。

② John Ip, "Comparative Perspectives on the Detention of Terrorist Suspects", Transnational Law & Contemporary Problems, Vol.16（2007），pp.773-870.

③ Oren Gross, "Chaos and Rules : Should Responses to Violent Crises Always Be Constitutional", 112 Yale L.J. 1011（2003）.

法例，而且也基于该项制度的现实与未来发展趋势之所需。

（一）为克服现行反恐认定的失语困境需要将其作为可诉性行为

观察当前我国政府的反恐行政认定实践，以及我国面临的恐怖主义现状，可以发现一个悖论性的现象：一方面，我国政府和人民面临越来越严峻的反恐情势。“暴恐风险已成为我国最现实的严重威胁。”[①] 国家领导人 90 天内 22 次谈及反恐。[②] 另一方面，反恐行政认定制度，特别是推定性反恐行政认定，却迟迟没有“亮剑”，似乎陷入失语症境地。从我国恐怖活动组织认定实践来看，除了因“9·11”恐怖袭击事件发生后，联合国通过了第 1373 号决议，我国依照联合国反恐决议，公安部于 2003 年 12 月认定了首批“东突”恐怖组织，以及为保卫 2008 年北京奥运会安全和进一步打击“东突”恐怖分子，公安部和国家反恐怖工作领导机构分别于 2008 年和 2012 年将已经被认定为恐怖活动组织的“东突厥斯坦伊斯兰运动”中的 8 名人员和 6 名人员认定为恐怖分子之外[③]，我国政府就再也没有认定新的恐怖活动组织或者恐怖分子。而自 2012 年以来我国已经发生多起暴力恐怖事件，官方媒体也一再告诫我国面临极为严峻的暴力恐怖活动威胁。[④]

暴恐风险、甚至是暴恐危险的肆虐与反恐认定制度的失语，暴露出现行的以国家行政机关终局性认定恐怖组织或恐怖分子的制度设计存在较大缺陷。虽然从表面看来，目前的反恐行政认定制度体现了“效率”，反映了我国政府不给所谓的恐怖活动组织或者恐怖分子任何“翻盘”机会，体现了我国政府对待恐怖活动的“零容忍态度”，但实质上却难以全面客观认定恐怖活动组织或恐怖分子，并有可能造成“事实上的”恐怖活动组织或恐怖分子的肆虐。根据德国著名社会学家马克斯·韦伯的观点，任何支配的持续运作，都有通过诉诸其正当性之原则的、最强烈的自我辩护的必要。[⑤] 换言之，包括我国行政机关实施反恐行

---

① 贾宇：《中国法治反恐的里程碑——反恐怖主义法评述》，《人民法治》2016 年第 8 期。

② 李洪鹏：《“习近平 3 个月 22 次谈反恐”》，《法制晚报》2014 年 5 月 30 日 A05 版。

③ 公安部：《公安部公布〈第三批认定的恐怖活动人员名单〉》，http：//www.gov.cn/gzdt/2012-04/06/content_2107335.htm，最后访问时间：2018 年 12 月 7 日；公安部：《第二批认定的“东突”恐怖分子名单》，http：//www.chinanews.com/gn/news/2008/10-21/1419422.shtml，最后访问时间：2018 年 12 月 7 日。

④《孟建柱在反恐怖工作会议上强调：深刻把握暴恐活动新变化新特点，全面提升反恐斗争能力水平，全力维护国家安全和社会稳定》，《人民公安报》2015 年 12 月 12 日第 1 版。

⑤［德］马克斯·韦伯：《支配社会学》，康乐、简惠美译，广西师范大学出版社 2016 版，第 260 页。

政认定权力在内的任何权力都不能以强制或者暴力为基础，而必须具有合法性基础，而权威就是具有合法性基础的权力。可是，一种不具有可诉性的反恐认定权力，一种可以由行政机关单方面最终决定的反恐确认行为，当行政机关真正付诸实施时，却面临着并不具有牢固的合法性基础的难题，面临着权威性不足的困局。而恰恰是这种薄弱的合法性基础，在很大程度上，使得行政机关的反恐认定陷入失语境地。

这是因为，一方面，“恐怖主义”、“恐怖组织”或者“恐怖分子”等概念本身就存在极大的争议。比如，根据我国《反恐怖主义法》第三条的规定，某组织或某人实施宣扬恐怖主义，或者非法持有宣扬恐怖主义的物品，或者强制他人在公共场所穿戴宣扬恐怖主义的服饰、标志等行为都属于恐怖活动。可是，从常理分析，宣扬、持有恐怖主义物品等行为是否属于恐怖活动却是值得反思的。因为“恐怖主义”是个内涵和外延极度不确定的概念。某组织放映一部涉及基地组织活动的恐怖电影，或者某报社报道基地组织攻击美国纽约世界贸易大厦的情况，在某种程度上也是在宣扬恐怖主义，那么该组织或该报社的行为是否在实施恐怖活动，行政机关是否能够单方面地终局性认定它们是恐怖主义。这无疑是一个存在争议的问题。这正如《恐怖主义时代》一书的作者拉克尔·沃尔特曾经精辟指出的：“一个人眼中的恐怖分子就是另一人眼中的自由战士”[①]。的确，没有人愿意把恐怖主义一词用在自己身上，没有人会把自己的行为称为恐怖主义，也没有人会把该词用在自己所同情的那些人身上，或把自己所支持的行为称为恐怖主义。由此，我们对恐怖主义的讨论往往采用一种“我们对他们”的形式。而正是这种“我们对他们”的形式对行政机关实施反恐行政认定，特别是推定性反恐认定的合法性提出了非常高的要求。因为合法性隐含着行政机关的认定活动所体现的社会价值与更大社会系统中的为人们所接受的规范是否相一致的问题，体现着社会公众是否能够接受的问题。即行政机关的认定行为是否具有合法性需要由社会来评价[②]，而主要不是由行政机关单方面自我证成。另一方面，一旦某组织或者某人被行政机关认定为恐怖组织或恐怖分子，特别是在推定性认定情形下，那么对其将带来确定的灾难性的后果，比如，被限制

① Laqueur, Walter, The Age of Terrorism, Little, Brown and Company Pressed, Boston, Toronto (1987), p.7.

② Mark C. Suchman, “Managing Legitimacy: Strategic and Institutional Approaches”, The Academy of Management Review, Vol. 20, No. 3 (Jul., 1995), pp. 573-574.

人身自由、被冻结金融资产。换言之，反恐行政认定，特别是推定性反恐行政认定是一项特别严厉的法律制度。

这两方面原因结合在一起，一种具有讽刺意味的现象就发生了——行政机关虽然握有认定大权，却难以有效实施认定。既然“恐怖主义”是存在争议的活动，既然被认定为恐怖主义的组织或个人又会遭到权益的严重损害，那么如何最大限度地克服这种“我们对他们”的形式，从而能够依法公正实施认定——既不让真正的恐怖组织或恐怖分子落网，也不将无辜的人或组织认定为恐怖主义，对实施反恐认定的行政机关提出了严峻的考验，或者说，行政机关对于如何确保自身的认定行为具有合法性其实面临着巨大挑战——行政机关处于高处不胜寒的境地。这种挑战既可能来自本国社会公众和国际社会的质疑，也会遭到被认定为恐怖主义的组织或个人的抗议，甚至还来自于行政机关工作人员自身的难以接受性。如果这种脆弱的合法性困局叠加上针对实施违法认定或不正确认定的行政机关及其工作人员的严厉法律责任[①]，那么就不难解释为何面对似乎无处不在的恐怖主义，我国行政机关没有实施认定或者干脆实施事后的追认性认定的做法了。

可是，如果将反恐行政认定行为作为可诉行政行为来对待，那么情况就会发生逆转。这是因为，一旦反恐行政认定行为具有可诉性，意味着法院的力量能够介入到反恐认定中来，意味着行政机关将卸下一部分不堪重负的法律责任，也意味着行政机关所面临的合法性困境将得以化解。这是因为，司法审查既能够在最大程度上确保认定主体所实施的反恐认定行为是适当的和可行的，从而为社会公众，被认定为恐怖主义的主体，甚至国际社会所接受——法院通过质证、辩论等体现公正价值的程序机制确认行政机关的认定行为合法，就增强了行政机关认定行为为各方主体所接受的可能性，也能够让实施反恐认定的行政主体认识到即使出现认定错误，也不会因造成严重后果而承担法律责任，特别是招致道义上的谴责。因为法院的司法审查将纠正行政机关的错误认定行为，能够让那些被错误认定为恐怖主义的组织和个人重新获得自由，甚至得到国家的赔偿。这将大大减轻行政机关因实施错误认定而担负的法律和道义责任。可见，将反恐认定行为作为可诉行政行为来对待是行政机关大胆实施反恐认定的

①《反恐怖主义法》第九十四条之规定。

制度基础，也为行政机关从内心深处接受并实施反恐认定提供制度保障。反之，如果没有司法审查程序作为后盾，那么被认定主体、社会公众可能难以接受认定主体的独断性认定行为，有时认定主体自身也觉得难以认同并实施此类独断性认定，特别是推定性认定。因为行政机关担心认定行为遭到社会公众的质疑，担心自身承担严厉的法律责任或道义责任。

可见，为让现行的反恐行政认定制度真正运转起来，让行政机关依法大胆实施推定性认定，以回应当前的反恐形势，需要将反恐认定行为纳入人民法院司法审查范围，作为可诉性行政行为来对待。

（二）反恐行政认定制度的未来发展需要将其作为可诉性行为

虽然笔者并不是手捧水晶球的魔法师，从而能够洞察反恐行政认定制度未来的一切发展，但对于其走向，还是可以作出如下预测，而这种发展趋势都需要将其作为可诉行政行为。

1. 反恐行政认定法律制度将进一步与国际接轨

一个显而易见的事实是，全球恐怖主义和国际恐怖主义已经成为包括中国在内的全世界人民的公敌，世界各国政府只有在相对统一的法治框架内才能有效地预防和打击恐怖主义。对于全球恐怖主义和国际恐怖主义的发展态势，我国有学者作了这样精辟的概括，国际恐怖主义已经进入新一轮的活跃期，伊斯兰国在中东地区肆虐，东南亚恐怖活动死灰复燃，南亚恐怖活动依然猖獗，中亚恐怖形势濒于恶化，非洲恐怖大案频发，外籍圣战分子回流欧美，全世界都笼罩在日益增长的恐怖主义威胁中。[①] 国外学者也有类似的论断。比如，耶路撒冷希伯来大学教授依高·普里莫拉兹认为，恐怖主义的威胁似乎从来没有像今天这样，如此突出，如此普遍。[②] 而据美国国务院 2015 年发布的《2014 年度全球恐怖主义报告》，2014 年全年全球发生恐怖袭击 13463 次，共导致 32700 余人丧生、34700 余人受伤，造成至少 100 人丧生的恐怖袭击达 20 次，而 2013 年类似规模的恐怖袭击只有两次。报告指出，2014 年恐怖分子绑架人数是 2013 年的 3 倍。[③] 那么如何有效地预防和打击全球恐怖主义，其中最为重要的途径之

---

① 贾宇：《中国法治反恐的里程碑——反恐怖主义法评述》，《人民法治》2016 年第 8 期。

② ［英］依高·普里莫拉兹：《恐怖主义研究——哲学上的争议》，浙江大学出版社 2010 年版，第 1 页。

③ 全球恐怖主义事件数据库（GTD），http：//www.star.um d.edu/gtd，2017 年 12 月 25 日访问。

一则是各国政府在相对统一的法治框架下共同合作。而合作的内容可以是多方面的，但反恐行政认定制度则是一项基础性制度。因为这是各国政府共同打击全球恐怖主义的前提，也是避免各执一词，施行双重标准，从而发生内耗的重要手段。然而，反观我国目前的反恐行政认定法律制度，特别是在反恐行政认定的可诉性问题上，与域外诸多国家立法例存在不一致的情况。而目前世界上奉行法治的国家所确立的一项基本准则是以司法作为裁决纠纷的最终途径，对于影响恐怖组织或恐怖分子重大权利或义务的行政认定也不例外。由此可见，作为一个崛起中的世界大国，随着"一带一路"战略的逐步推进，以及海外利益不断增加，在反恐行政认定的可诉问题上与世界法治国家的共同做法加以接轨，则是明智之举。

2. 反恐行政认定制度将进一步发挥功效

与全球恐怖主义日益肆虐相呼应，我国境内的恐怖主义形势也不容乐观。我国权威学者诊断是"境内暴力恐怖犯罪呈现出由新疆向内地蔓延并趋于高发的特征和趋势"[①]。而据官方媒体统计，2014 年以来，我国受恐怖威胁严重，已进入全民反恐时代。[②] 中央的判断则是，我国正处"面临诸多矛盾叠加、风险隐患增多的严峻挑战"[③] 的重要战略时期和转型时期。面对恐怖主义风险，甚至是危险日益增加的情势，如何在法治框架之内予以精准的预防和打击，则是当前我国政府和人民所面临的重大挑战。而一种客观、公正的、能够进入司法审查程序的反恐行政认定制度则是实现这一目标的基本方式。因为在依法治国的背景下，面对恐怖分子或者恐怖组织，我国政府也应当依法进行，而不能以暴制暴。于是，进行事先的推定性或者事后的追认性认定，将成为我国政府所频繁使用的重要武器。

在全民反恐的背景下，随着反恐行政认定制度功效的进一步发挥，以及我国政府因运用该制度的经验不断累积而更为有效地使用该制度，也会有更多的被推定为恐怖主义的组织或个人进入人们的视野。那么如何确保众多被行政机关认定为恐怖主义的组织或个人属于"真正"的恐怖主义，又如何确保"真正"

① 贾宇：《中国法治反恐的里程碑——反恐怖主义法评述》，《人民法治》2016 年第 8 期。

② 谢玮、张璐晶：《民众如何反恐》《中国经济周刊》2014 年第 22 期。有学者还提出了我国反恐模式应当从精英反恐模式向公众参与模式的转变，实施以"人民战争"方式来反恐。郭永良：《论我国反恐模式的转型——从精英模式到参与模式》，《法学家》2016 年第 2 期。

③《中共中央关于制定国民经济和社会发展第十三个五年规划的建议》，《人民日报》2015 年 11 月 4 日第 1 版。

的恐怖主义组织或个人被有效地认定出来，经得起社会公众和国际社会的质问，让被认定为恐怖主义的组织或个人“口服也心服”，显然一种由行政机关实施终局性认定的制度安排恐怕难以实现这一目标。这是因为在缺乏由相对中立的第三方实施监督审查的情况下，行政机关就能够单方面将具有争议的“恐怖主义”标签贴到某些组织或个人身上的做法其实有违基本的或最低限度的程序正义要求。[①]而如果一项制度违反最基本的或者最低限度的程序正义，那么即使它的目标多么的崇高——打击恐怖主义，维护国家安全，也将难以有活力地持续存在下去。这恰如有学者指出的那样，高尚的目的永远无法将卑鄙的手段合理化，在冠冕堂皇的目的下，不可不择手段，否则，无论所追求的目的有多么重要和急迫，整个行为在法律秩序下只能受到非议。[②]的确，如果反恐行政认定制度将遭到社会各方的非议，那么其存在的合法性基础将被削弱，原本应当发挥的功能也将受到“窒息”，也就难以积极回应复杂的反恐形势。而如何在尊重反恐行政认定制度的目的价值同时，又提升它作为手段的价值，一种明智的选择就是开放对反恐行政认定的司法审查，由相对中立的司法审查程序来增强其合法性。可以断言，给予被认定为恐怖主义的组织或个人一种体现最低限度程序正义的司法审查救济保障不仅不会“妨碍”我国政府打击恐怖主义的进程，反而更有利于打击“真正”的恐怖主义，而一种前瞻性的制度安排则是将反恐行政认定行为纳入人民法院司法审查范围，将其作为可诉性行政行为来对待。

四、结束语

美国学者戴维德·科尔曾经意味深长地指出，美国反恐的历史已经证明，就实施同一种暴力行为的不同组织而言，当美国政府不同意其政治目的时，就将其认定为恐怖活动组织，当美国政府支持其政治目的时，就将其封为自由战士。[③]由此，如何避免反恐认定的政治化，如何区分“自由战士”与“恐怖分子”，

---

① 王锡锌：《正当法律程序与“最低限度的公正”》，《法学评论》2002 年第 2 期。

② 欧爱民、谢雄军：《不当联结之禁止原则及其适用方案》，《湖南师范大学社会科学学报》2008 年第 5 期。

③ On the Constitutionality of Counterterrorism Legislation : Hearing on S. 390 and S. 735 Before the S. Comm. on the Judiciary , Subcomm. on Terrorism, Technology, and Government, 104th Cong.（1995），1995 WL 261360（F.D.C.H.）.

从而能够精准地预防和打击恐怖主义，无疑是反恐法律研究中亟须解决的重大理论难题，也是我国《反恐怖主义法》所要实现的重要目的之一。而客观公正的反恐行政认定制度则是化解这一难题的重要工具。相比于之前的缺乏法治化的反恐行政认定制度，《反恐怖主义法》对该制度加以规定显然是重要进步。但立法者将反恐行政认定行为规定为不可诉性行为的做法值得商榷。而笔者依据行政法教义学的原理，从反恐认定行为的法律属性、域外国家关于反恐行政认定可诉性的立（司）法例，以及反恐行政认定制度的现实与未来发展趋势三方面入手，证明了将反恐行政认定行为规定为可诉行为具有相当的合理性。希望这一研究结论能引起立法者的重视，也期待同行的批评。

第三节　美国反恐法外国恐怖活动组织认定制度及其批判性借鉴

随着习近平总书记提出构建人类命运共同体战略思想，随着“一带一路”建设的持续推进[①]，我国作为地区和世界大国已经崛起，我国日益走向世界舞台的中心。然而，在世界进入全球恐怖主义威胁的背景下，不仅国家和社会的公共利益，而且公民的人身、财产等个体利益遭受外国恐怖活动组织侵害的可能性也越来越高，比如，仅在 2015 年 11 月份就有 4 名我国公民遭到外国恐怖活动组织杀害[②]，而外交部在 2015 年 11 月 19 日确认我国公民樊某某被“伊斯兰国”极端组织绑架并杀害[③]。可见，我国政府如何在法治的框架内更为有效地预防和打击外国恐怖活动组织，已经成为我国反恐法律研究中所无法回避的问题。

对于这一庞大且复杂的课题，显然不是一篇文章所能解决。为此，笔者将从比较法视野，以该课题中的一个基础性问题——外国恐怖活动组织认定制

① 《习近平新时代中国特色社会主义思想三十讲》，学习出版社 2018 年版，第 298 ～ 305 页。

② 参见颜颖颛《今年中国营救近 20 名海外被绑架同胞》，《新京报》2015 年 12 月 3 日。

③ 参见詹嘉宝《外交部发言人洪磊就“伊斯兰国”杀害我人质事件发表谈话》，http：//news.ifeng.com/a/20151119/46305904_0.shtml，最后访问时间：2018 年 12 月 5 日。

度——作为切入点来分析。因为从法律角度而言，科学的认定制度是我国政府实施预防和打击恐怖活动组织，特别是外国恐怖活动组织的前提，而当前我国反恐法对该制度的规定存在诸多不足，甚至还出现空缺现象，亟须吸取比较法上的制度资源来加以完善。而考察对象则是美国反恐法中外国恐怖活动组织认定制度。当然，有学者可能会提出这样的疑问：为何要以美国的外国恐怖活动组织认定制度作为改进我国反恐认定法律制度的经验来源？对此质疑，笔者将从三个方面予以回答：一是不同性质的国家之间对包括反恐法律认定制度在内的文明的互鉴是推动人类文明进步的动力。习近平总书记曾深刻地指出，文明因交流而多彩，文明因互鉴而丰富。文明交流互鉴，是推动人类文明进步和世界和平发展的重要动力。① 二是相对于其他国家类似制度而言，美国反恐法中的这项制度比较成熟，经历了反恐实践的多次检验，因而具有一定的借鉴意义。当然，"借鉴"绝不是照搬照抄，而是批判意义上的吸取。三是虽然我国与美国是不同性质的国家，但外国恐怖活动组织认定制度仅仅是一项法律上的技术性装置，并没有烙上过多的意识形态色彩。习近平总书记曾指出，暴力恐怖活动漠视基本人权、践踏人道正义，挑战的是人类文明共同的底线，既不是民族问题，也不是宗教问题，而是各族人民的共同敌人。② 可见，如何认定外国恐怖活动组织其实是中国和美国的反恐法律制度所共同面临的问题。

一、美国反恐法外国恐怖活动组织认定制度的基本框架

从基本框架来分析，美国反恐法上的外国恐怖活动组织认定制度主要由认定的背景知识、认定程序、认定的法律后果、重新认定、撤销认定、司法审查、认定制度的实践等构成。

（一）认定的背景知识

为了应对 1993 年恐怖分子袭击美国世界贸易中心和 1995 年美国俄克拉荷马市的联邦大厦遭到恐怖组织炸毁，美国国会建立了外国恐怖活动组织认定制

①《习近平谈治国理政》，外文出版社 2014 年版，第 258 页。

② 参见中共中央党史和文献研究院编《习近平关于总体国家安全观论述摘编》，中央文献出版社 2018 年版，第 136 页。

度。该制度的直接依据是1996年《反恐怖主义和有效死刑法案》[①]第1189节。而第1189节的目的则是通过增强美国国务卿的权力，使其能够冻结在美国境内的涉及外国恐怖活动组织资产的所有经济交易，防止人们为外国恐怖活动组织提供物质支持，并禁止外国恐怖活动组织的代表进入美国。可见，通过外国恐怖活动组织认定制度，第1189节就授予美国政府一项有效的法律手段来阻止威胁美国国家安全利益的恐怖活动。2001年"9·11"恐怖袭击事件之后，美国国会通过《美国爱国者法》来修正《反恐怖主义和有效死刑法案》第1189节。《美国爱国者法》放松了认定标准，扩大了国务卿重新认定外国恐怖活动组织的权力，加重了对为外国恐怖活动组织提供物质支持的惩罚力度。[②]2004年美国国会又修改了《反恐怖主义和有效死刑法案》第1189节，进一步扩大了国务卿的权力。[③]

外国恐怖活动组织认定制度属于美国政府所实施的几类恐怖活动认定制度中的一类。虽然这些认定制度的对象之间存在重合，但在美国国家安全的背景下，每一项认定制度都具有特定的适用范围和目的。由此，为了更好地理解外国恐怖活动组织认定制度，应当将其与美国政府实施的其他类型的恐怖活动认定制度加以简要区分。

1. 与国家资助的恐怖活动认定制度的区别[④]

这两种认定制度的主要区别是适用对象不同。外国恐怖活动组织认定制度的适用对象是实施威胁美国国家安全的恐怖活动的外国组织。而国家资助的恐怖活动认定制度的适用对象是那些支持国际恐怖活动的国家。

2. 与恐怖分子驱逐认定制度的区别[⑤]

这两种认定制度的主要区别在于目的有所差异。恐怖分子驱逐认定制度将影响个人，严格适用于移民，主要目的是拒绝恐怖主义组织中的已知的成员进入美国。而外国恐怖活动组织认定制度的主要目的是在全世界范围内打击威胁美国国家安全的外国恐怖活动组织。

---

① Antiterrorism and Effective Death Penalty Act of 1996，Pub. L. No.104-132，110 Stat. 1214，1247（1996）.（以下简称 AEDPA）

② Uniting and Strengthening America by Providing Appropriate Tools Required to Intercept and Obstruct Terrorism Act of 2001，Pub. L. No. 107-56，115 Stat. 272（2001）.

③ 该法被编入美国法典，即 8 U.S.C. § 1189（2009）.

④ Export Administration Act of 1979，Pub. L. No. 96-72，93Stat.503，§ 6（j）（1979）.

⑤ Uniting And Strengthening America By Providing Appropriate Tools To Intercept And Obstruct Terrorism Act of 2001（简称 USA PATRIOT Act），Pub. L. No. 107-56，115 Stat. 272（2001）.

3. 与特别指定的全球恐怖活动认定制度的区别

这两种认定制度的主要区别是实施主体和目的不同。特别指定的恐怖活动认定制度由美国财政部负责实施，主要针对威胁破坏中东和平进程的个人或实体。[①] 而外国恐怖活动组织认定制度主要由美国国务卿来实施，主要针对全球范围内的威胁美国国家安全的恐怖活动组织。

总之，美国政府通过多种认定制度来分类和制裁恐怖组织和活动。然而，在所有这些认定制度中，外国恐怖活动组织认定制度具有特别的重要性。这不仅是因为该制度授权行政机关采取特别措施来阻止被认定的外国恐怖组织实施恐怖活动，而且还因为作为美国的反恐怖政策，它所扮演的象征性公共角色。[②]

（二）认定程序

虽然美国《反恐怖主义和有效死刑法案》第 1189 节主要授权美国国务卿认定某些实体是外国恐怖活动组织，从而在认定过程中，国务卿扮演着核心角色[③]，但国务卿本身并不亲自实施识别（调查）、制定行政记录等活动，而是将此类权力授予给美国国务院中的反恐协调员办公室。[④] 从程序上来分析，认定主要由四个基本环节所构成。

1. 识别（调查）

识别（调查）由美国国务院中的反恐协调员办公室来实施。反恐协调员办公室利用美国情报机构（比如美国中央情报局、美国国土安全局）提供的情报信息，持续不断地监视全球范围内的恐怖活动以便作为认定的潜在目标。在识别（调查）潜在目标过程中，它不仅监测一个组织已经实施的恐怖活动，而且也审查该组织是否已经计划实施或者准备实施恐怖活动，或者保留实施此类恐怖活动的能力或者企图实施恐怖活动。它认为如果某些组织符合下列条件之一，

---

① U.S. Dep' t of Treas.，Specially Designated Nationals list（2013），https：//www.treasury.gov/resource-center/sanctions/SDN-List/Pages/default.aspx.（Last visited December 12，2016）

② Aaron L. Schwartz，"National Security and the Protection of constitutional liberties：How the Foreign Terrorist Organization List Satisfies Procedural Due Process"，Penn State Journal of Law & International Affairs，Vol. 3 No. 1（2014），p.296.

③ Secretary of State Has Key Role in Designating Terrorist Groups, State Dep' t Press Releases & Documents(2005)，http：//www.globalsecurity.org/security/library/news/2005/10/sec-051012-usia01.htm.（Last visited December 12，2018）

④ U.S.C. § 1189（a）（3）（2009）.

那么就是一个适合认定的目标：(1) 已经实施了任何形式的恐怖活动；(2) 正在计划或准备实施任何可能的恐怖活动；(3) 保留实施恐怖活动的能力并意图实施这样的活动。[①]

2. 制定行政记录

一旦潜在的认定目标被识别，那么就进入制定行政记录环节。行政记录依然由反恐协调员办公室来制定。它实际上是反恐协调员办公室对潜在认定对象加以识别而形成的调查报告，以便证明被认定组织符合法定标准。根据《反恐怖主义和有效死刑法案》第 1189 节规定，行政记录应当包括三方面内容：(1) 这个组织是外国的；(2) 这个组织实施了恐怖活动；(3) 恐怖活动直接威胁了美国的国家安全，诸如影响美国的国防、外交关系和经济利益。[②] 行政记录可以包括秘密信息——在司法审查过程中，仅仅对法官予以单方面公开的信息或者让法官通过照相机可以察看到信息。

3. 决断和评价

反恐协调员办公室将行政记录交给国务卿。国务卿依据美国《反恐怖主义和有效死刑法案》，以及《美国爱国者法》等法律来判断潜在的组织是否符合认定条件。[③] 如果国务卿表示同意，那么他就将认定结果转送到美国司法部和国土安全部，由后者进行相对独立的评价。司法部和国土安全部通常会附和国务卿的决定。

4. 国会审查

评价程序结束之后，国务卿应当通知[④] 美国国会中的特别成员，诸如，众议院少数派领袖和众议院议长，参议院多数派领袖和少数派领袖等，告诉这些特别成员"认定该组织为外国恐怖活动组织的意图，以及事实基础"等内容。[⑤] 虽然国会有权审查国务卿的认定，并作出否定性判断，但从实践来看，国会往往同意国务卿的认定决定。

5. 公布

如果国会没有否决国务卿的认定，并且经过了 7 天的审查期限，那么国务

① 8 U.S.C. § 1189 (a) (1) (2009).
② 8 U.S.C. § 1189 (a) (1) (2009).
③ 8 U.S.C. § 1189 (a) (1) (2009).
④ 8 U.S.C. § 1189 (a) (2) (A) (i) (2009).
⑤ 8 U.S.C. § 1189 (a) (2) (A) (i) (2009).

卿的认定就成为最终的决定，然而，认定决定要产生真正的法律效力必须在美国联邦登记上予以公布。公布就意味着美国政府已经通知了被认定为外国恐怖活动组织的实体。换言之，这里的通知是推定性通知，而不是实际的或者直接的通知。①

（三）认定的法律后果

一旦某一实体被美国政府认定为外国恐怖活动组织，就会带来四个方面的法律后果。

1. 资产被冻结

美国国务卿有权冻结由美国任何金融机构所掌握的被认定为外国恐怖活动组织的所有资产。②而美国的任何金融机构如果发现自身控制或管理该组织或者该组织的代理人资产，就应当立即实施冻结，并及时报告给美国国务卿，否则将受到严厉的民事处罚。③

2. 禁止进入美国

被认定为外国恐怖活动组织的成员将不能进入美国，如果该组织的成员已经在美国，则将被驱逐出境。④

3. 禁止资助被认定的外国恐怖活动组织

任何人"故意"⑤为被认定的外国恐怖活动组织提供物质支持或资源⑥，或试图或共同为该组织提供物质支持或资源，将面临 15 年的监禁（或者终身监禁，如果这种支持活动引发了死亡）⑦。并且，那些被指控为向外国恐怖活动组织提供物质支持或资源的人无权在审判期间对国务卿的认定行为提出挑战。

---

① 8 U.S.C. § 1189（a）（2009）.

② 8 U.S.C. § 11 89（a）（2）（C）（2009）.

③ 18 U.S.C. § 2339B（a）（2）（2009）.

④ 8 U.S.C. § § 1182（a）（3）（B）（i）（I）（2009）.

⑤ 这里的"故意"包括两层含义：一是知道该组织被认定为一个外国恐怖活动组织；二是知道该组织实施了为法律所规定的恐怖活动。18 U.S.C. § 2339B（a）（1）（2009）.

⑥ "物质支持或资源"是指，除了医学或宗教材料之外的任何有形的或者无形的财产和服务，比如，货币或金融工具或金融证券、金融服务、住宿、培训、专家咨询或协助，提供房屋、虚假证明文件或者识别、通信设备、设施、武器、致命物质、炸药、人员、运输和其他实物资产。18 U.S.C. § 2339A（b）（l）（2009）.

⑦ 美国国会设定这种罪名是因为，它发现一些外国恐怖主义组织，通过附属团体或个人，在美国境内募集大量资金，或者将美国作为一个渠道来接收来自其他国家的资金。《美国爱国者法》修正案提高了惩罚力度，即通常的最高刑期为 10 到 15 年，如果出现死亡结果，那么刑期可以是任何期限或终身监禁。USA PATRIOT Act § 810（d）.

4. 美国政府可以对被认定的外国恐怖活动组织实施一种软权力[①]

即美国政府可以正式地向国际社会发出信号，美国对这个组织的活动实施了某种制裁。在通常情况下，其他国家就会根据自身的法律和管辖权来阻止该恐怖活动组织。这强化了国际上这样一种认知，即拒绝与被认定的恐怖活动组织从事经济上的交易，比如捐助、资助或其他经济活动，从而对该恐怖活动组织起到事实上的羞辱、隔离与经济制裁效果。

（四）重新认定

《反恐怖主义和有效死刑法案》第 1189 节规定认定期限为 2 年，并且还规定国务卿无权在最后一次认定期限结束之前的 60 天重新认定某组织为外国恐怖活动组织。但由于认定涉及庞大的行政开支，2004 年美国国会修改了重新认定的规定：一方面允许国务卿持久地、反复地重新认定，只要国务卿认为该组织满足法律规定的认定条件；另一方面又规定，国务卿应当在首次认定之后的五年重新审查认定，决定是否需要撤销认定。[②]

（五）撤销认定

尽管外国恐怖活动组织是美国政府严厉防范和打击的对象，然而，美国的反恐怖法律也规定了撤销认定制度，以避免过度侵犯特定组织的权利。纵观美国现行反恐法律的规定，共有三种类型的撤销。一是国务卿依职权自行撤销。美国国务卿认为，如果基于认定的环境发生了重大变化或者美国的国家安全情势允许撤销，那么他有权自行撤销认定。撤销的生效日期为从联邦登记上公布撤销之日起算起，除非撤销决定中有特殊规定。[③] 二是美国国会通过一项法案可以撤销认定。[④] 三是依申请撤销。某一组织在首次被认定为外国恐怖活动组织之后的两年，有权向美国国务卿提出要求撤销的申请。美国国务卿必须审查该申请并在 180 天内作出回应。该组织的申请要想获得成功，那么该组织必须证明

---

① Aaron L.Schwartz, “National Security and the Protection of constitutional Liberties : How the Foreign Terrorist Organization List Satisfies Procedural Due Process”, Penn State Journal of Law & International Affairs　Vol.3 No.1（2014）, p.98.

② 8 U.S.C. § 1189（a）（4）（A）（2009）.

③ 8 U.S.C. 1189（a）（6）（B）（2009）.

④ 8 U.S.C. § 1189（a）（4）（2009）.

认定的环境已经发生了重大改变，比如，该组织已经不再实施恐怖活动。如果请求被拒绝，那么该组织有权在两年之后再次提起申请。①

（六）司法审查

司法审查是指，被认定的外国恐怖活动组织有权在“认定决定在联邦登记上公开之日起 30 天之内”② 向美国哥伦比亚特区巡回上诉法院提起司法审查。依据该组织是否与美国之间存在“实质性联系”③，从而能否援引美国宪法第五修正案所规定正当法律程序条款为标准，美国法院通常从两个方面来进行司法审查。一方面，如果该组织与美国之间存在实质性联系，那么该组织不仅能够获得《反恐怖主义和有效死刑法案》所规定的实体和程序条件的保护，也能够获得美国宪法第五修正案所规定的正当法律程序条款保护。此时，哥伦比亚特区巡回上诉法院既要审查国务卿的认定行为是否违反《反恐怖主义和有效死刑法案》的规定，也要审查是否违反美国宪法第五修正案的规定。另一方面，如果该组织与美国之间缺乏实质性联系，那么它只能获得《反恐怖主义和有效死刑法案》的保护。哥伦比亚特区巡回上诉法院仅仅审查国务卿的认定行为是否违反《反恐怖主义和有效死刑法案》的规定。而《反恐怖主义和有效死刑法案》所规定的一项认定将被法院所撤销的情形是：（1）武断的，任性的，滥用自由裁量权，或者其他方式的违法；（2）与宪法权利、权力、特权或豁免相违背；（3）超出法定管辖权、权限或限制或者缺乏法定权利；（4）在总体上，行政记录缺乏实质性支持;（5）不是根据法定程序所做出的。④ 需要指出的，虽然依据法律规定，美国法院可以基于实体和程序上的理由来撤销国务卿的认定决定，但从实践来分析，法院往往尊重行政机关在实体上的判断，因为法院认为对外国恐怖活动组织的认定属于政治判断。⑤ 因此，“很自然的事情就是，自《反恐怖主义和有

---

① 8 U.S.C. § 1189（a）（4）（C）（2009）.

② 8 U.S.C. § 1189（c）（1）（2009）.

③ 根据美国判例法的规定，判断“实质性联系”的标准则是多种多样的，诸如，该组织在美国拥有银行账号，该组织在美国存有各种财产（动产或不动产），该组织在美国从事经营活动，等等。（Nat' l Council of Resistance of Iran v. Dep' t of State , 251 F.3d 192, 206 , D.C. Cir2001;32 County Sovereignty Comm. v. Dep' t of State, 292 F.3d 797, 799, D.C. Cir. 2002）由此，虽然许多潜在的被认定的外国恐怖活动组织由于在美国没有物理上的身份，因而不能援引美国宪法第五修正案，但依然存在不少组织由于与美国之间存在实质性联系，而有权援引美国宪法第五修正案，从而引发了美国学界的讨论。

④ 8 U.S.C. § 1189（c）（2）-（3）（2009）.

⑤ Chicago &S.Air Lines Inc. v. Waterman S.S. Corp.，333 U.S. 103，111，1948.

效死刑法案》于 1996 年生效以来，很少出现某项认定因缺乏事实基础被哥伦比亚特区巡回上诉法院撤销的现象”[①]。

然而，更为重要的是，美国反恐法针对外国恐怖活动组织认定的司法审查呈现出有限性的鲜明特征。这主要体现为三方面：一是受理认定行为的初审法院统一为哥伦比亚特区巡回上诉法院，而终审法院为美国联邦最高法院，美国其他法院无权管辖认定行为。[②] 诚然，其他法院有权管辖涉及外国恐怖活动组织的其他案件，比如，特定主体因向被认定的外国恐怖活动组织提供物质支持而受到美国政府指控，其他法院享有管辖权。2002 年美国加利福尼亚州的一个地区法院就受理了美国诉拉赫马尼案。该案涉及对外国恐怖活动组织的物质支持。[③] 然而，美国的反恐法规定，被指控为向外国恐怖活动组织提供物质支持的主体禁止在审判或者听证过程中挑战国务卿的认定行为。[④] 这就意味着，除了美国联邦最高法院，哥伦比亚特区巡回上诉法院关于对外国恐怖活动组织认定行为的判例对其他法院都具有拘束力。二是对于认定行为，哥伦比亚特区巡回上诉法院限于对国务卿的行政记录予以审查。[⑤] 三是有权起诉认定行为的主体仅限于被认定为外国恐怖活动组织本身。虽然被认定为外国恐怖活动组织的成员的利益当然会受到认定行为影响，但这些成员却没有起诉资格。[⑥] 对于这种有限性的原因，美国学者作出这样的解释，行政的（反恐涉及国家秘密）、外交政策的和安全的考虑，证成了国会将司法审查限制于一个狭窄范围。[⑦]

（七）认定制度的实践

从历史角度来考察认定制度的实践可以发现，1997 年 10 月，美国国务院公布了第一批外国恐怖主义组织目录，30 个实体被认定为外国恐怖主义组织。

---

① Oversight Hearing. Aiding Terrorists-An Examination of the Material Support Statute Before the Senate Comm. on the Judiciary，108th Cong.（2004），http：//www.bordc.org/resources/cole-materialsupport.php .（Last visited December 12，2016）

② 8 U.S.C. § 1189（a）（8）（2009）.

③ United States v. Rahmani，209 F. Supp. 2d 1045（C.D. Cal. 2002）.

④ 8 U.S.C. § 1189（a）（8）（2009）.

⑤ 8 U.S.C. § 1189（a）（2）（2009）.

⑥ 8 U.S.C. § 1189（c）（1）（2009）.

⑦ Julie B. Shapiro，“the Politicization of The Designation of Foreign Terrorist Organizations：the Politicization of the Designation of Foreign Terrorist Organizations：the Effect on the Separation of Powers”，Cardozo Pub. Law，Policy & Ethics J.（2008），pp.547-599.

这是《反恐怖主义和有效死刑法案》生效18个月后所展开的第一次大规模的认定。1999年10月，美国国务卿实施了第一次复审。最初的27个组织被再次认定为外国恐怖活动组织，3个组织被撤销认定，但增加了1个组织。所增加的组织是基地组织，因为它参与了1998年8月美国驻肯尼亚、坦桑尼亚等国大使馆的爆炸活动。①“9·11”事件之后不久，美国国务卿认定的外国恐怖活动组织的数量急剧增加，到2004年57个组织被认定为外国恐怖活动组织。而其中9个则是之前已经被撤销认定的组织。当然，这份外国恐怖活动组织的名单处于动态发展过程中。通过查阅美国国务院的网站，截至2016年11月，被美国国务卿认定的、处于有效期内的外国恐怖活动组织多达58个，仅在2016年就认定了3个，而已经被撤销的外国恐怖活动组织为12个，比如，在1997年10月8日首次被认定为外国恐怖活动组织的日本红军组织，在2001年10月8日被撤销认定。②

二、美国反恐法外国恐怖活动组织认定制度存在的主要争议

以法律制度的形式来规定对外国恐怖活动组织的认定其实反映了美国法律界需要处理的一对相当棘手的矛盾——国家安全与个人权利。这对矛盾被美国的法官或学者以多种形式来加以表达。诸如，“虽然宪法保障个人权利免予政府干预，但它不是一个自杀性文件”③。“安全问题是真实存在的。自由问题也是真实存在的。这个时代的首要难题是如何调和这两个问题”④。虽然美国反恐法律规定了对外国恐怖活动组织的认定制度，但体现在该制度背后的国家安全与个人权利之间的矛盾的争议却没有消停。从学理角度揭示这些争议，不仅有助于更为深刻和全面地认识该项制度，而且对于优化我国反恐认定制度也具有重要意义。

纵观美国法律界的主要研究成果，以及涉及外国恐怖活动组织认定的判例，围绕着认定制度的争议主要基于美国宪法第五修正案所规定的正当法律程序，

① Audrey Kurth Cronin，Cong. Research Serv.，Rl32120，the “FTO LIST” and Congress : Sanctioning Designated Foreign Terrorist Organization，p.6（2003）.

② Seehttp : //www.state.gov/j/ct/rls/other/des/123085.htm.（Last visited December 12，2018）

③ Mendoza-Martinez，372 U.S. at 160.

④ Joint Anti-Fascist Refugee Comm. v. McGrath，341 U.S. 123，174（1951）.

特别是程序的正当法律程序来展开。个中缘由在于，美国政府认定某一组织为外国恐怖活动组织势必涉及剥夺该组织的财产、自由等利益，从法律上讲，这属于行政裁决。[①]而根据美国宪法第五修正案的规定，未经正当法律程序，任何人不能被剥夺生命、自由和财产。于是，被认定为外国恐怖活动的组织[②]就援引这一条款来挑战美国政府的认定行为，及作为其依据的美国国会的立法，比如，《反恐怖主义和有效死刑法案》。事实上，这一条款也成为它们能够挑战美国政府最重要，甚至是唯一的"护身符"。

然而，根据美国宪法学界的主流观点，美国宪法第五修正案所规定的正当法律程序条款可以分为实体的正当法律程序和程序的正当法律程序。[③]前者意指，政府是否具有充分的理由或充分的正当性来剥夺一个人的生命、自由和财产；后者意指，政府在剥夺一个人的生命、自由和财产之前（后）必须遵守的合理形式。对于外国恐怖活动组织在实体层面的认定，美国法院判例和美国学术界通说认为属于行政机关和国会的外交政策决定，是一种政治判断，通常情况下不具有司法的可审查性或者法院尊重行政机关的判断。[④]由此，对于外国恐怖活动组织的认定制度，在实体的正当法律程序上，美国法学界的观点趋于一致，即倾向于尊重国会和行政机关的判断。[⑤]而他们之间的激烈分歧则体现在对外国恐怖活动组织程序层面的认定上，具体包括两方面：一是被认定的外国恐怖活动组织在何时享有正当法律程序的保障；二是被认定的外国恐怖活动组织享有何种类型的正当法律程序保障。

（一）被认定的外国恐怖活动组织在何时享有正当法律程序保障

在外国恐怖活动组织认定制度语境中，何时享有正当法律程序保障的意思

---

① 既然属于行政裁决，就应当遵循法律所规定的程序和美国宪法所规定的程序。而这里的法律并不是美国《联邦行政程序法》，而是《反恐怖主义和有效死刑法案》。理由在于，《反恐怖主义和有效死刑法案》对美国国务卿认定程序作了明确规定，相对于《联邦行政程序法》，它属于特别法。根据特别法优先适用原理，美国国务卿遵循《反恐怖主义和有效死刑法案》即可。

② 由此，这里的外国恐怖活动组织已经是那些因与美国之间存在实质性联系，从而能够援引美国宪法第五修正案所规定的正当法律程序条款的组织。事实上，美国法律学界围绕认定制度合法性的争议也是以这些外国恐怖活动组织享有美国宪法第五修正案所规定的正当法律程序权利为前提的。

③ Erwin Chemerinsky，Constitutional Law，New York：Aspen Law& Business，2006，pp.545-546.

④ People's Mojahedin Org. of Iran v. U.S. Dep't of State 182 F.3d 17，23（D.C. Cir. 1999）.

⑤ Eric Broxmeyer，"The Problems of Security and Freedom：Procedural Due Process and The Designation of Foreign Terrorist Organizations Under the Anti-Terrorism and Effective Death Penalty Act"，Berkeley Journal of International Law，Vol.22（2004），pp.439-488.

是，美国国务卿应当在认定（重新认定）决定作出之前，还是在作出之后给予某一组织通知或听证的权利。对于该问题，《反恐怖主义和有效死刑法案》第1189节仅规定国务卿应当在联邦登记上公布认定名单。公布就视为国务卿已经通知了该组织。[①]同时，它没有规定给予该组织听证的权利，即便是认定（重新认定）决定已经作出之后。[②]而美国法律界主要有三种观点。

第一种观点认为，应当将首次认定决定与重新认定决定分开，对于首次认定，国务卿应当在决定作出之后给予某一组织通知或听证的权利；对于重新认定，国务卿应当在决定作出之前给予某一组织通知或听证的权利。持这一观点的代表性学者是美国宾夕法尼亚大学狄金森法学院的亚伦·斯瓦兹。[③]他认为，如果在首次认定之前，国务卿就给予被推定的外国恐怖活动组织通知或听证的权利，则将严重挫败《反恐怖主义和有效死刑法案》的立法目的。因为这无疑是在告诉该组织美国政府正在调查其秘密活动，而该组织将：（1）缩小甚至取消它的工作网络，从而削弱美国政府收集关于其活动的情报信息的能力；（2）从美国银行中撤离所有资产。相比之下，在重新认定过程中，宪法第五修正案对国务卿的约束就将收紧。国务卿应当在重新认定决定作出之前就给予某一组织通知或听证的权利。理由是，该组织的财产在首次认定时已经被冻结，美国的国家安全利益和公共政策的关注度已经减弱，《反恐怖主义和有效死刑法案》的立法目的并不会受到影响，而宪法第五修正案规定的正当法律程序却得到尊重。因为，毕竟正当法律程序通常要求政府在剥夺人们的自由、生命和财产之前，给予其通知和听证的权利，而只有在例外情形中，才可以在剥夺之后给予被剥夺对象听证或通知的权利。

哥伦比亚特区巡回上诉法院在2001年的伊朗国家抵抗委员会诉美国国务院[④]一案中也认为国务卿应当在重新认定决定作出之前给予某一组织通知或听证的权利。该案原告伊朗国家抵抗委员会在1997年就已经被美国国务卿认定为外

---

① 8 U.S.C. § II 89（a）（2）（ii）（2009）.

② 8 U.S.C. § 1189（2009）.

③ Aaron L.Schwartz，"National Security and the Protection of constitutional liberties：How the Foreign Terrorist Organization List Satisfies Procedural Due Process"，Penn State Journal of Law & International Affairs，Vol.3 No. 1（2014），pp.314-315. 持类似观点的学者还有 Joshua A. Ellis，"Designation of Foreign Terrorist Organizations Under the AEDPA：The National Council Court Erred in Requiring Pre-Designation Process"，Brigham Young University Law Review（2002），pp.675-679.

④ Nat' l Council of Resistance of Iran v. Dep' t of State，251 F.3d 192，200（D.C.Cir 2001）.

国恐怖活动组织。2001 年，它向哥伦比亚特区巡回上诉法院提起诉讼，要求审查美国国务卿对其重新认定决定的合法性。法院认为，伊朗国家抵抗委员会所享有的正当程序权利受到了侵犯，因为国务卿在将其重新认定为外国恐怖活动组织之前，并没有给予其通知和听证的机会。但法院并没有直接撤销国务卿的认定决定，也没有判决《反恐怖主义和有效死刑法案》第 1189 节违宪，而是将该案件发回行政机关，并指示国务卿“溯及既往地”为该组织提供通知和听证的机会。[①] 对此，法院给出的理由是“我们承认如果严格地和即时地适用我们所陈述的正当法律程序原则，那么就将撤销国务卿的认定决定。但是，我们也承认，国务卿所声称的外交政策和国家安全的现实却支持这项认定”[②]。

第二种观点认为，国务卿应当在认定（重新认定）决定作出之前就给予某一组织通知或听证的权利，进而认为《反恐怖主义和有效死刑法案》第 1189 节存在违反美国宪法第五修正案的情形。持这种观点的代表性学者是美国金门大学法学院的弥迦黑·怀亚特。[③] 他直截了当地指出，《反恐怖主义和有效死刑法案》第 1189 节是违宪的。因为它剥夺了被指控的外国恐怖活动组织依据美国宪法第五修正案所享有的正当程序权利。[④] 而 2002 年美国加利福尼亚州的一个地区法院在审理美国诉拉赫马尼案[⑤] 中也坚持这一观点。该案涉及 7 个被告人因故意向一个被美国政府认定的外国恐怖活动组织[⑥] 提供物质帮助，从而遭到美国政府起诉。在该案中，法院认为《反恐怖主义和有效死刑法案》第 1189 节明确规定，外国恐怖活动组织没有权利和机会来反驳美国国务卿的行政记录或者认定决定，由于缺乏对被认定组织的任何通知和听证保障，因而违反美国宪法第五修正案所规定的正当法律程序条款，由此，法院撤销了美国政府对 7 名被告人的指控。对于弥迦黑·怀亚特以及加利福尼亚州地区法院的主张，法官费利克斯·弗兰克福特的著名论断可以提供一个强有力的佐证："正当程序的要求是一个可供患难

---

① Nat'l Council of Resistance of Iran v. Dep't of State，251 F.3d 192，200（D.C.Cir 2001），p.208.

② Nat'l Council of Resistance of Iran v. Dep't of State，251 F.3d 192，200（D.C.Cir 2001），p.209.

③ 美国纽约大学法学院的伦道夫·琼奈卡特也持类似的观点。Randolph N Jonakait，"A Double Due Process Denial：The Crime of Providing Material Support of Resources to Designated Foreign Terrorist Organizations"，48 New York Law School Law Review，125（2003），pp.125-172.

④ Micah Wyatt，"Designating Terrorist Organizations：Due Process overdue"，Golden Gate University Law Review，Vol.39（2008-2009），pp.221-260.

⑤ UnitedStates v. Rahmani，209 F Supp. 2d 1045（C.D. Cal. 2002）.

⑥ 该组织的名称是伊朗人民圣战组织。

的朋友，也是一项大胆的保障。不论在和平时期，还是在灾难时期，它都应当得到尊重”①。

第三种观点认为，国务卿应当在认定（重新认定）决定作出之后给予某一组织通知或听证的权利。持这一观点的代表性学者是美国加利福尼亚大学的埃里克·布鲁克斯梅尔。②他认为，虽然在认定或重新认定过程中，涉及外国恐怖活动组织比较大的利益，如果这些组织被认定（重新认定）为恐怖活动组织之前，没有获得通知和听证机会，国务卿犯“错误”的可能性也很高，但是，相对于这两个因素，美国政府在预防和打击外国恐怖活动组织中所涉及的利益更为紧迫和重要。“在因 1189 节（《反恐怖主义和有效死刑法案》）产生的案件中，政府的利益是如此的重要和紧迫，以至于超过了对一项甚至是重大私人利益予以错误剥夺的高风险所产生的利益。因此，一个被认定的外国恐怖活动组织没有资格在认定之前享有获得直接通知或听证的资格”③。然而，一旦认定决定已经生效，《反恐怖主义和有效死刑法案》第 1189 节所规定的认定的法律后果就已经实现。此时，即使是政府的紧迫的国家安全利益也没有超过一项甚至是不太重要的私人利益因错误剥夺而产生的利益。由此，在认定决定生效之后，一个被认定的外国恐怖活动组织必须立即获得通知和听证的权利。他还认为，这样一种制度安排在不破坏美国政府打击恐怖主义中所涉及的重要的国家利益情况下，还能降低对被推定为外国恐怖活动组织的利益予以错误剥夺的风险，从而满足认定问题上的正当程序要求。为此，他还批评了哥伦比亚特区巡回上诉法院在 2001 年的伊朗国家抵抗委员会诉美国国务院一案中的观点，他认为这将允许外国恐怖活动组织有更多的时间来破坏美国的国家安全利益。④

笔者认为，对于上述三种存在较大差异的观点，第一种观点比较合理，也

---

① Joint Anti-Fascist Refugee Comm. v. McGrath，341 U.S. 123，162（1951），pp.1056-1057.

② Eric Broxmeyer，“The Problems of Security and Freedom : Procedural Due Process and The Designation of Foreign Terrorist Organizations Under the Anti-Terrorism and Effective Death Penalty Act”，Berkeley Journal of International Law，Vol. 22（2004），pp.439-487.

③ Eric Broxmeyer，“The Problems of Security and Freedom : Procedural Due Process and The Designation of Foreign Terrorist Organizations Under the Anti-Terrorism and Effective Death Penalty Act”，Berkeley Journal of International Law，Vol. 22（2004），p.475.

④ Eric Broxmeyer，“The Problems of Security and Freedom : Procedural Due Process and The Designation of Foreign Terrorist Organizations Under the Anti-Terrorism and Effective Death Penalty Act”，Berkeley Journal of International Law，Vol. 22（2004），p.473.

是目前美国法律学界稍占据上风的观点。[①] 如果在首次认定决定之前，美国国务卿就给予某一组织通知或听证的权利，那么势必严重妨碍《反恐怖主义和有效死刑法案》的立法目的。因为这无疑是在提前告诉某一组织，美国政府正在调查其涉嫌恐怖活动的情况，将对其资产、成员的行动等予以制裁。而在首次认定已经生效，被推定的外国恐怖活动组织的资产已经被冻结，其成员行动能力已经受到限制，《反恐怖主义和有效死刑法案》第 1189 节的立法目的已经充分实现，当经过了 5 年期限，该组织的外国恐怖活动组织身份尚未解除情况下，国务卿需要重新认定该组织身份时，就应当在认定决定作出之前给予其通知或听证的权利。这既不影响美国政府的安全利益，也不会妨碍《反恐怖主义和有效死刑法案》的立法目的，而且也符合美国宪法第五修正案所规定的正当法律程序的要求。而埃里克 · 布鲁克斯梅尔对哥伦比亚特区巡回上诉法院在 2001 年的伊朗国家抵抗委员会诉美国国务院一案中的观点批评有失偏颇。因为在该案中，伊朗国家抵抗委员会已经在 1997 年就被美国政府认定为外国恐怖活动组织。2001 年，当该组织向美国哥伦比亚特区巡回上诉法院提起诉讼时，它的“外国恐怖活动组织”身份尚未被美国政府撤销，哥伦比亚特区巡回上诉法院指示美国国务卿在重新认定作出之前就给予其通知和听证的权利并不会影响美国的国家安全利益，反而尊重了美国宪法第五修正案的正当法律程序条款。

（二）被认定的外国恐怖活动组织享有何种类型的正当法律程序保障

在外国恐怖活动组织认定制度语境中，享有何种类型正当法律程序保障的意思是，美国国务卿在认定（重新认定）决定作出之前或者作出之后应当给予某一组织什么形式的通知——诸如，直接通知还是间接通知，以及听证——诸如，书面听证还是口头听证，正式听证还是非正式听证。对于该问题，《反恐怖主义和有效死刑法案》第 1189 节仅规定了推定通知，属于间接通知，而且是事后——认定决定作出之后——的通知[②]。而对于听证，由于未作任何规定，因而也就无

---

① 后续涉及外国恐怖活动组织认定的判例基本上持这种观点。Rahmani v. United States，127 S.Ct. 930（2007）（No 06-241）. 而 2002 年美国加利福尼亚州地区法院在美国诉拉赫马尼案中的观点则在 2005 年被该案的上诉法院——美国第九巡回上诉法院所推翻。美国第九巡回上诉法院的观点是重新回到了哥伦比亚特区巡回上诉法院在 2001 年的伊朗国家抵抗委员会诉美国国务院案中的判决观点。United States v. Afshari, 426 F.3d 1150（9th Cir. 2005）426 F.3d 1150, 1155（9th Cir. 2005）.

② 8 U.S.C. § 1189（a）（2009）.

法判断是何种类型的听证。而美国法律界主要有如下几种观点。

第一种观点认为，对于首次认定，国务卿应当在决定作出之后给予某一组织间接通知权利，但无须给予听证权利；对于重新认定，国务卿应当在决定作出之前给予某一组织直接通知和书面听证的权利。持这一观点的代表性学者是美国宾夕法尼亚大学狄金森法学院的亚伦·斯瓦兹。① 亚伦·斯瓦兹认为，虽然听证要求的本质是，确保被认定的外国恐怖活动组织获得一个有意义的机会来让国务卿倾听其反驳意见，而符合正当程序要求的通知形式则能够告诉被认定的外国恐怖活动组织，政府所建议的决定是什么，以及为了防止权利被剥夺，被认定组织可以做什么。但是，在美国政府因打击外国恐怖活动组织而存在重大且紧迫的利益情况下，对于首次认定某一组织为外国恐怖活动组织的情形，国务卿给予间接通知，即在联邦登记上公告即可，无须给予其任何形式的听证。换言之，国务卿遵循第 1189 节所规定的程序即可。然而，在重新认定过程中，由于美国的国家利益已经得到保证，被认定组织的财产依然被冻结，此时，就应当在认定决定作出之前给予被认定组织直接通知和书面形式听证的权利，被认定组织有权获得国务卿所保留的非秘密信息。由此，他同意哥伦比亚特区巡回上诉法院在 2001 年的伊朗国家抵抗委员会诉美国国务院一案中要求国务卿给予伊朗国家抵抗委员会书面形式听证的观点。

第二种观点认为，美国国务卿在认定（重新认定）作出之后给予被认定组织直接通知，以及多数情况下的书面形式听证与例外情况下的口头听证，甚至审判型听证。持这一观点的代表性学者是美国加利福尼亚大学的埃里克·布鲁克斯梅尔。② 他认为，根据 1189 节的规定，美国国务卿仅仅将被认定组织的名单公布在联邦登记上就视为已经通知了被认定组织的做法难以满足正当程序的要求。因为这种间接形式的通知（推定通知）并没有为被认定组织提供合适的信息从而能够让其收集可以用来反驳认定决定的证据。由此，在认定决定已经作出之后，国务卿必须给予被认定组织直接的、书面形式的通知。通知应当载明

① Aaron L.Schwartz，“National Security and the Protection of constitutional liberties : How the Foreign Terrorist Organization List Satisfies Procedural Due Process”，Penn State Journal of Law & International Affairs，Vol. 3 No. 1（2014），pp.314-315.

② Eric Broxmeyer，“The Problems of Security and Freedom : Procedural Due Process and The Designation of Foreign Terrorist Organizations Under the Anti-Terrorism and Effective Death Penalty Act”，Berkeley Journal of International Law，Vol. 22（2004），pp.439-487.

认定决定，告诉该组织相应的法律后果，以及法律依据。通知应当告诉该组织享有听证的权利来反驳认定，并详细描述听证何时进行和如何进行，以及特定的期限和程序要求。此外，通知中还应当载明认定的事实基础，以便该组织能收集对自己有利的证据，从而进行有效的回应。不难发现，虽然埃里克·布鲁克斯梅尔和亚伦·斯瓦兹都主张直接通知，但他们两人所理解的直接通知的内容相差极大。埃里克·布鲁克斯梅尔主张的直接通知显然更倾向于保护被认定组织的利益。

对于如何确定听证形式，埃里克·布鲁克斯梅尔认为，需要考虑被认定组织的私人利益、政府实施错误认定的风险，以及美国的国家安全利益和其他行政成本。当国务卿作出认定（重新认定）决定之后，通常情况下就应当给予被认定组织书面听证，而不是成本较高的审判型听证或口头的辩论式听证。因为书面听证就能够大大降低被认定组织的私人利益（不论多么重要）受到错误剥夺的风险。在书面形式中，被认定组织就完全能够解释为何自身所提供的证据能够反驳国务卿的认定，从而迫使国务卿作出撤销决定。此外，书面形式的听证也能够建立一份可靠的记录来让法院进行司法审查。由此，书面听证足以满足正当程序的要求。埃里克·布鲁克斯梅尔关于书面听证的观点，也是哥伦比亚特区巡回上诉法院在 2001 年的伊朗国家抵抗委员会诉美国国务院一案中的观点。在该案中，法院认为国务卿应当给予被认定组织听证的机会。但这并不意味着一种审判型听证，而是有机会——至少是书面形式，提供证据来反驳国务卿的行政记录。[①]

然而，埃里克·布鲁克斯梅尔进一步认为，作出一条明确的规则禁止为被认定组织提供任何口头听证很可能是不适当的。为此，他打了这样一个比方，当评价了外国恐怖活动组织提供的书面陈述之后，国务卿可能需要从该组织的官方代表或反恐专家那里听取口头的证明。反恐专家可能会提供一份经过宣誓的口供来证明被认定的组织没有从事威胁美国国家安全的恐怖活动。此外，如果国务卿的认定涉及该组织是否有实施恐怖活动的意图，那么调查该组织的成员的可靠性就非常重要。此时，不仅是口头听证，甚至是审判型听证，比如，交叉询问，就显得必要。可见，在例外情形中，为被认定组织提供口头，甚至

① Nat'l Council of Resistance of Iran v. Dep't of State，251 F.3d 192，200（D.C.Cir 2001），p. 208.

是审判型听证也是可能的。[①]

第三种观点认为，国务卿不仅应当在认定（重新认定）决定作出之前给予某一组织直接通知或书面听证的权利，而且还应当由没有偏见的裁决者来主持听证。持这种观点的代表性学者是美国金门大学法学院的弥迦黑·怀亚特。他虽然同意哥伦比亚特区巡回上诉法院在 2001 年的伊朗国家抵抗委员会诉美国国务院一案中提出的国务卿应当给予伊朗国家抵抗委员会书面形式听证的观点，但他认为哥伦比亚特区巡回上诉法院依然没有治愈第 1189 节对宪法第五修正案所规定的正当法律程序条款的破坏，因为它没有要求由一位没有偏见的中立的裁决者来主持听证并作出公平的裁决，而如果缺乏这样一位中立的裁决者，那么所谓的书面听证事实上是没有意义的。[②] 由此可见，弥迦黑·怀亚特虽然在形式上主张书面听证，但实际上倾向于一种准审判型听证。弥迦黑·怀亚特的论证过程如下：首先他批评了 2001 年伊朗国家抵抗委员会诉美国国务院一案中哥伦比亚特区巡回上诉法院存在疏忽之处。他认为，在该案中法院不适当地缩小了被认定组织的私人利益，即限于该组织的经济资产，事实上，法院还应当考虑该组织成员进入美国的利益，以及该组织以捐赠形式表现出来的表达自由和结社自由的利益。如果将所有利益考虑进来，那么被认定组织受到影响的利益将是巨大的。其次，他分析了被认定组织的利益受到剥夺的时间长度。由于伊朗国家抵抗委员会诉美国国务院一案发生在 2001 年，根据当时的《反恐怖主义和有效死刑法案》第 1189 节的规定，认定仅仅持续两年时间。但在 2004 年，美国国会修改了第 1189 节，授予国务卿反复认定（每隔 5 年）某一组织为外国恐怖活动组织的权力，除非国务卿认为情况发生了重大改变而撤销认定，由此，从本质而言“认定将永久有效”[③]。由此，被认定组织的利益受到剥夺的时间大大增加，而这是 2001 年判例所没有预测到的。再次，他分析了美国国务卿认定决定发生错误的风险。他认为即使国务卿采用事前的书面听证和直接通知方式来作出认定决定，国务卿犯错风险非常之高。因为：一方面，国务卿是依据行政记

① Eric Broxmeyer, “The Problems of Security and Freedom : Procedural Due Process and The Designation of Foreign Terrorist Organizations Under the Anti-Terrorism and Effective Death Penalty Act”, Berkeley Journal of International Law, Vol. 22 (2004), pp.480-481.

② Micah Wyatt, “Designating Terrorist Organizations : Due Process overdue”, Golden Gate University Law Review, Vol.39 (2008-2009), pp.245-246.

③ Rahmani v. United States, 127 S.Ct. 930 (2007) (No. 06-241) .

录来作出认定决定，而根据第 1189 节的规定，行政记录如果涉及秘密信息，被认定组织无权获得；① 另一方面，行政记录通常由互联网上的二手资料、传闻证据和信息所构成，其正确性和可靠性难以核实。“由于外国恐怖活动组织认定中的证据标准的完全缺失，以及国务卿有权根据秘密信息来作出认定决定，如果没有一个中立的裁决者来权衡和评价证据，那么所涉及的私人利益被错误剥夺的风险是非常之高的。”② 最后，他考察了美国政府的利益，以及实施中立第三者来裁决的成本。他认为，虽然在打击恐怖活动组织方面，美国政府具有重大的利益，但给予被认定组织书面听证权利，同时由中立第三者来裁决并不会损害美国政府的利益。基于上述四点利益，弥迦黑·怀亚特主张一种准审判型听证形式，而且是在认定决定作出之前来实施。

对于上述三种存在较大差异的观点，从美国法院后续涉及外国恐怖活动组织的判例③，以及美国法律界其他学者观点来考察④，第一种主张属于主流观点。即对于外国恐怖活动组织的首次认定，国务卿应当在决定作出之后给予其间接通知权利，但无须给予听证权利；对于重新认定，国务卿应当在决定作出之前给予其直接通知和书面听证的权利。但这并不表明其他两种观点就没有市场。特别是弥迦黑·怀亚特的观点就有不少同盟者。比如，乔治城大学法律研究中心的戴维德·科尔在美国参议院的一次关于反恐怖主义立法合宪性的听证会上就认为，如果没有一个中立的裁决者，那么第 1189 节将以“选择性和政治上偏见的方式”来实施。⑤

---

① 8 U.S.C.A. § 1189（a）（3）（B）.

② Micah Wyatt，“Designating Terrorist Organizations : Due Process overdue”，Golden Gate University Law Review，Vol.39（2008-2009），p.256.

③ United States v. Afshari，426 F.3d 1150（9th Cir. 2005）; Rahmani v. United States，127 S.Ct. 930（2007）;（No. 06-241）. United States v. Assi，414 F Supp. 2d 707，726（E.D. Mich. 2006）; Kahane Chai v. Dep't of State，466 F.3d 125（D.C. Cir. 2006）.

④ Julie B. Shapiro，“The Politicization of The Designation of Foreign Terrorist Organizations : the Politicization of the Designation of Foreign Terrorist Organizations : the Effect on the Separation of Powers”，Cardozo Pun. Law，Policy & Ethics J.（2008），pp.547-599.

⑤ On the Constitutionality of Counterterrorism Legislation : Hearing on S. 390 and S. 735 Before the S. Comm. on the Judiciary，Subcomm. on Terrorism，Technology，and Government，104th Cong.（1995） 1995 WL 261360（F.D.C.H.）.

三、对我国的启示

虽然我国与美国的国情迥异，但在恐怖活动组织认定上，两国都有相应的制度。2015 年 12 月 27 日通过的《反恐怖主义法》第二章明确规定了对恐怖活动组织的认定制度。然而，该法却没有区分国内恐怖活动组织的认定制度与外国恐怖活动组织的认定制度，而是将两种存在一定差异的恐怖活动组织以统一的认定制度来加以规范。不仅如此，即使是统一的认定制度也存在一定的缺憾。①

而从恐怖活动组织认定实践来看，除了因“9·11”恐怖袭击事件发生后，联合国通过了第 1373 号决议，我国依照联合国反恐决议，公安部于 2003 年 12 月认定了首批“东突”恐怖组织名单，以及为保卫 2008 年北京奥运会安全和进一步打击“东突”恐怖分子，公安部和国家反恐怖工作领导机构分别于 2008 年和 2012 年将已经被认定为恐怖活动组织的“东突厥斯坦伊斯兰运动”中的 8 名人员和 6 名人员认定为恐怖分子之外，我国政府就再也没有认定新的恐怖活动组织（分子）。② 然而，从新闻媒体报道，以及官方和民众判断来看，我国面临着严峻的暴力恐怖活动威胁。③ 比如，国家领导人 90 天内 22 次谈及反恐。显然，严峻的反恐形势，特别是反击那些与境外恐怖活动组织相勾结的恐怖活动组织与对外国恐怖活动组织的认定之间存在一定程度的认知差异。这既不利于我国政府有效打击恐怖活动组织，特别是外国恐怖活动组织，也难以积极回应作为崛起中的大国将面临更多恐怖活动威胁的现实。对此，习近平总书记也明确指出，要建立健全反恐工作格局，完善反恐工作体系，加强反恐力量建设。④

而美国作为世界大国和强国，却是遭受恐怖活动组织，特别是国际和外国恐怖活动组织袭击最为频繁的国家之一。在每遭一次剧烈的恐怖袭击之后，美国政府都会制定和修改相应的反恐怖主义法律。这些法律既是美国人民（当然

---

① 相关研究参见戚建刚、郭永良《中国反恐认定法律制度之完善》，《云南社会科学》2016 年第 3 期，第 14 ～ 20 页；简基松：《论认定恐怖主义组织之机构模式》，《法律科学》2011 年第 2 期，第 163 ～ 171 页。

② 参见戚建刚《对反恐行政认定行为的不可诉性之商榷》，《中外法学》2018 年第 4 期。

③ 参见孟建柱在反恐怖工作会议上的讲话《深刻把握暴恐活动新变化新特点，全面提升反恐斗争能力水平，全力维护国家安全和社会稳定》，《人民公安报》2015 年 12 月 12 日第 1 版。

④ 参见中共中央党史和文献研究院编：《习近平关于总体国家安全观论述摘编》，中央文献出版社 2018 年版，第 136 页。

也包括世界其他国家的公民）通过付出血的代价所形成的，也是美国法律学界投入大量研究精力所制定的。它已经形成了相对稳定和成熟的制度。对此，我们可以持批判性借鉴立场，吸取该国制度中的精华部分，剔除糟粕内容。

（一）需要补充对恐怖活动组织认定的法律后果

与美国反恐法对外国恐怖活动组织认定的法律后果所作的相对完备的规定相比，我国反恐法对认定后果的规定极为单薄。[①] 这十分不利于威慑和打击现实的和潜在的恐怖活动组织。同时，也没有将认定制度的收益最大化。我国反恐认定的法律后果需要从如下两方面予以完善。

一是补充规定特定主体故意向被认定组织提供物资支持需要承担的法律责任。根据美国反恐法规定，如果任何组织和个人对被认定的外国恐怖活动组织予以物质支持，则将承担刑事责任，且在刑事追诉过程中，犯罪嫌疑人不得挑战认定行为。这对于有效阻遏外国恐怖活动组织的网络具有重要的作用。因为若要实现“恐怖主义组织网络因复杂性和分散性导致他们在长期窒息和饥饿的状态下必将退化”[②] 的目的，切断对被认定组织的物资支持就是有效的途径之一。我国将来在修改《反恐怖主义法》时，应当增加规定，一旦某一组织被认定为恐怖活动组织，那么任何组织或个人故意向该组织提供物资支持，则将承担相应的刑事责任。

二是需要补充规定对被认定组织成员的制裁。如何对被认定组织的成员加以制裁，我国《反恐怖主义法》未作规定。而美国反恐法规定一旦某组织被认定为外国恐怖活动组织，那么该组织的成员要么被驱逐出境（如果在美国境内）——即使没有实施任何恐怖活动，也将禁止进入美国。美国的这一规定值得我国立法者借鉴。一旦任何外国组织被我国政府认定为恐怖活动组织，那么其成员也将面临相应的处罚，而最轻的处罚则是驱逐出境或禁止进境。鉴于我国《反恐怖主义法》规定外国恐怖活动组织和国内恐怖活动组织适用相同的认定制度，那么对于国内的被认定的恐怖活动组织，其成员也将受到相应的制裁，比如，限制出行和购买特定物品、禁止出境等。

---

① 《反恐怖主义法》第十四条仅规定了一项法律后果，即被认定组织的资产被冻结。

② David Jenkins, “In Support of Canada’s Anti-Terrorism Act : A Comparison of Canadian, British and American Anti－Terrorism Law”, 66 Sask. L. Rev.（2003）, p. 419 .

（二）需要补充规定对恐怖活动组织的推定性认定、认定识别、认定的定期审查，以及认定的动态调整程序

从反恐认定实践来看，我国政府对恐怖活动组织的认定属于事后认定，即对已经有确凿证据表明实施了针对我国的恐怖活动，甚至已经被联合国认定为恐怖活动组织的那些组织实施重新确定。对此，有学者称为“既存性，即对既存的恐怖活动事实和法律关系进行审核、甄别”[①]。笔者认定，这是对认定行为的狭窄性理解所致，具有很大的误导性。其实，从美国反恐认定制度来看，除了对已经实施了危害美国国家安全和美国人民利益的恐怖活动的组织予以认定之外——事后追认，还有一种推定性认定，即美国政府依据精确的识别程序，对那些意图实施恐怖活动或者具有能力实施恐怖活动的组织实施事先推定性认定，并对其施以相应的法律制裁。对于预防和打击恐怖活动组织而言，这种推定性认定的功能强于事后的确认性认定。这一制度值得我国政府借鉴。我国的反恐认定制度应当从目前的事后确认性认定逐步向事先推定性认定发展，以有效预防恐怖活动组织。

由于对恐怖活动组织，特别是外国恐怖活动组织危害国家安全利益的判断是一项相当艰巨的任务，因而美国的反恐认定制度规定了识别程序，将其作为认定制度的第一个环节。对于如何识别、由谁来识别、识别的结果是什么等问题，美国的法律都作了明确规定。反观我国《反恐怖主义法》却将申请作为认定的第一个环节，而且还将外交部等不具有情报信息收集功能的机构也作为申请认定的机构。[②]这样规定明显不妥。应当仿效美国反恐认定的规定，将识别作为认定的第一个环节，并规定相应的识别机构，比如公安部和国家安全部。

由于反恐的环境在不断变化，一个国家的国家安全与反恐政策也会经常调整，此时就需要对被认定的恐怖活动组织予以定期审查。这既是尊重反恐客观规律，也是节约反恐资源所需。对此，美国的反恐法规定了国务卿应当在首次认定之后的 5 年审查认定的条件是否发生了变化，以便决定是否需要撤销认定。而我国《反恐怖主义法》却没有规定对认定的定期审查制度。我国政府在 2003 年首次认定 4 个组织为外国恐怖活动组织以来，10 多年过去了，一直没有对这 4 个组织的恐怖活动组织身份加以重新审查。这不太符合反恐的客观要求。与定

---

① 参见郭永良《论对恐怖活动组织和人员的行政认定》，《安徽商贸职业技术学院学报》2015 年第 2 期，第 47 页。

② 参见《反恐怖主义法》第十三条规定。

期审查制度相关，反恐认定还涉及动态调整程序。即需要对恐怖活动组织名单予以动态调整，不符合法定条件的恐怖活动组织需要从认定名单上删除，对于已经被撤销认定的组织，如果后来又存在符合法定认定的条件，则需要重新列入恐怖活动组织名单。美国的反恐认定制度对此作了较好的安排。比如，“9·11”事件之后不久，美国国务卿将9个之前已经被撤销的组织重新认定为外国恐怖活动组织。[①]我国的反恐认定制度也需要规定定期审查和动态调整制度，以不断适应反恐怖形势的变化，为我国政府的反恐斗争留下更多的回旋余地。

（三）需要为国家行政机关的认定过程嵌入有限的正当程序制度

从认定行为的法律属性来分析，美国的反恐认定行为属于行政裁决。而我国《反恐怖主义法》所规定的反恐认定也是行政行为。因为它是作为行政机关的国家反恐怖主义工作领导机构作出的、影响特定组织权利和义务的活动。对于此类行政行为，从我国行政法教义学上来分析应当定性为行政确认。既然是一种影响特定行为人重大权利和义务的行为，那么从行政法基本原则出发，就需要在认定过程中遵循适当的程序性规定——哪怕针对的对象是“恐怖活动组织”。这也是美国法律界争议非常激烈的问题。对此，美国反恐法规定了两种情况：一是对于那些与美国缺乏实质性联系的外国恐怖活动组织的认定，有限的正当程序主要体现为它们仅仅享有《反恐怖主义和有效死刑法案》第1189节规定的法定程序，即行政机关内部，以及行政机关与国会之间分工负责并相互制约的程序。[②]它的特点是，美国国务卿虽然在认定中扮演主导角色，同时也是最终作出认定决定的主体，但需要美国政府中的其他部门的评价和判断，也需要国会审查。尽管其他国家机关通常会同意国务卿的决定，但从形式而言，这是一种降低国务卿犯错概率的程序机制。二是对于那些和美国存在实质性联系的外国恐怖活动组织，则将获得美国宪法第五修正案所规定的正当法律程序条款的有限保护。诸如，书面形式的听证、认定之后与认定之前的通知等。虽然在何时获得以及获得何种类型正当法律程序保护问题上，美国学界存在激烈争议，

① Aaron L. Schwartz, “National Security and the Protection of constitutional liberties : How the Foreign Terrorist Organization List Satisfies Procedural Due Process” Penn State Journal of Law & International Affairs, Vol.3 No. 1（2014）, p.300.

② People’s Mojahedin Org. of Iran v. U.S. Dep’t of State, 182.F.3d 17, 19（D.C.Cir.1999）, p.25.

但主流观点以及法院的判例都规定了相应的有限的正当程序制度。美国反恐法中之所以要规定适当的程序保护，特别是对与美国有实质性联系的组织还给以有限的正当程序保护，其实是为了防止美国政府作出错误认定，体现保障人权的需要。当然也具有极为重要的象征意义。

反观我国反恐认定行为，《反恐怖主义法》对于国家反恐怖主义工作领导机构的认定过程仅作了极为简单的规定，即由其单独实施认定和公告。对于被认定的恐怖活动组织所享有的基本权利，比如是否享有告知权利、能否获得相应的证据文件的权利，该法未作任何规定。这显然不太符合现代行政程序法所体现的最低限度公平的要求，也不利于有效认定恐怖活动组织。因为过于简单和“粗暴”的认定程序，虽然从表面看来体现了认定“效率”，反映了我国政府不给所谓的恐怖活动组织任何“翻盘”机会，但实质上却难以全面认定恐怖活动组织——我国政府、新闻媒体和社会公众对猖獗的恐怖活动的认知与我国政府寥寥认定恐怖活动组织的现实就是一种证明。

由此，在我国国家行政机关的认定过程嵌入有限的正当程序是非常有必要的。此类程序包括两个方面：一是需要在我国行政机关之内，以及我国行政机关和立法机关之间建立适当分工和制约机制。具体而言，国家反恐怖主义工作领导机构的组成成员之间需要确立相对明确的职责分工。一项完整的认定程序所包括的调查（识别）、审查、评价和判断、重新认定（动态调整）、公布等角色应当由不同的成员相对独立地承担。而全国人大常委会也应当发挥相应的监督作用。国家反恐怖主义工作领导机构在最终作出认定决定之前，应当向全国人大常委会及其相关委员会报告，而在最终认定决定作出之后，应当向全国人大常委会备案。二是需要在我国行政机关与被认定组织之间规定有限的正当程序机制。由于当前我国政府对恐怖活动组织的认定仅限于事后确认，立法者不给予认定组织有限的正当程序权利似乎不容置疑，但随着推定性认定的引入，动态调整机制的建立，以及认定的法律后果的进一步扩大，给予被认定组织一定的正当程序权利就很有必要。此类程序性权利可以包括：获得非保密的关于认定的信息材料的权利；认定之后的书面通知权和书面听证权利；重新认定之前的通知权利和书面听证权利；聘请法律顾问的权利；定期申请复核的权利等。

（四）需要规定对国家行政机关认定行为的有限司法审查制度

既然认定行为属于一种对特定主体的权利和义务产生实质影响的行政行为，

那么人民法院对其予以司法审查就显得无可厚非。而根据《行政诉讼法》第二条规定，从行为性质上看属于行政确认的认定行为理应属于我国人民法院行政诉讼受案范围。但是，我国《反恐怖主义法》第十五条却规定，被认定的恐怖活动组织和人员对国家反恐怖主义工作领导机构的认定决定不服的，虽然可以通过该领导机构的办事机构申请复核，但复核决定则为最终决定。换言之，根据该条款的规定，反恐认定行为不属于我国人民法院行政诉讼受案范围，国家反恐怖主义工作领导机构享有最终裁决权。结合《反恐怖主义法》第十二条的规定，可以发现在我国，国家反恐怖主义工作领导机构既是恐怖活动组织的认定机构，又是终审裁决机构。此类规定显然有违现代法治国家所确定的基本的正当程序要求——自己不能做自己案件的法官，而且还是终审法官。

《反恐怖主义法》排除人民法院对国家行政机关认定行为的司法审查的规定不可取，应当规定人民法院有权审查国家反恐怖主义工作领导机构的认定行为。然而，从美国法院对认定行为司法审查经验来分析，应当确定一种有限的司法审查制度。即相对于人民法院对普通行政行为的司法审查，它对反恐认定行为的审查将受到相当程度的限制。这种限制性主要体现为四方面：一是审理（受理）法院的有限性。由于国家反恐怖主义工作领导机构是认定主体，受理认定行为的初审法院统一为北京市高级法院比较适宜，而终审法院为最高人民法院，其他法院无权管辖涉及认定行为的行政案件。二是审查对象的有限性。人民法院应当将审查对象仅限于国家反恐怖主义工作领导机构提供的书面认定报告。三是原告的有限性。有权对国家反恐怖主义工作领导机构认定行为提起行政诉讼的主体也应当限于被认定组织，体现唯一性。四是审理方式的有限性。人民法院以非公开和书面审查为原则，以公开和言辞审查为例外。这是因为反恐认定往往涉及国家情报秘密；又因关乎国家的安全利益和外交政策而具有强烈的政治性；同时，人民法院作为审判机关难以像行政机关那样具备特定的人力、物力和财力来充分地识别、调查和判断恐怖活动组织。因此，人民法院只能实施一种有限的司法审查。

四、结束语

《恐怖主义时代》一书的作者拉克尔·沃尔特曾经精辟写道：一个人眼中的

恐怖分子就是另一人眼中的自由战士。美国学者戴维德·科尔也意味深长地指出：美国反恐的历史已经证明，就实施同一种暴力行为的不同组织而言，当美国政府不同意其政治目的时，就将其认定为恐怖活动组织，当美国政府支持其政治目的时，就将其封为自由战士。由此，如何区分“自由战士”与“恐怖分子（组织）”，避免反恐认定的政治化，从而真正实现反恐法的立法目的，是反恐研究中亟须解决的重大理论难题。而科学的（外国）恐怖活动组织认定制度则是化解这一难题的有效突破口。对此，美国反恐法中已经形成了较为成熟的认定制度。反观我国反恐认定的制度和实践，依然处于起步阶段。那么，恐怖活动组织（分子）到底在何方？谁是恐怖活动组织？从有效实现《反恐怖主义法》的立法目的出发，我们需要一种更加灵敏、高效、科学的认定制度。虽然美国的认定制度经常受到美国学者的批评，但该制度整体框架的完备性，以及体现在该制度背后的确保国家安全与保障人权之间的微妙平衡值得我国批判性借鉴。

第五章
处置行为之研究

第一节 处置的指挥体系

反恐领导指挥体系设置是处置反恐怖主义的首要任务。这是因为恐怖主义形式内容丰富，其处置要涉及各个部门和环节，涉及政治、经济、文化、人口密度、交通状况等各种各样的因素，是一项系统工程。为此，联合国在 20 世纪 70 年代成立了一个特定的委员会，其主要职责就是研究防止和消除恐怖主义。[①]在国外众多法律中，即使对处置详情没有作明文规定，但一般会对领导指挥体系有一个大概的表述。而需要说明的是，统一的指挥体系并非集权国家专有，其设置的必要性在于反恐是一个牵涉部门、事情多，但必须果断决策、迅速处置的事务。

一、处置的指挥原则

（一）国外反恐处置指挥原则

许多国家在反恐法规范里面就用一条专门的原则规定“统一指挥”或相似意思内容。譬如，白俄罗斯 2002 年《反恐怖斗争法》中基本原则第八条规定：“在反恐怖行动中对力量和措施的统一指挥原则。”阿塞拜疆 1999 年《反恐怖主义法》中基本原则第六条规定：“武装力量指挥的独立性服从于反恐怖行动。”蒙古 2004 年《反恐怖主义法》基本原则规定：“统一指挥打击恐怖主义的特别行动原则。”乌兹别克斯坦 2000 年《反恐怖主义法》规定：“反恐怖进程使用武装力量和方法统一领导原则。”以上等等皆为明文标示“统一指挥”之规定。当然，也有国家并未在本国反恐法中对此作出明文规定，但是其具体表述却又贯彻着

① 参见胡国莉《中俄反恐立法之比较研究》，新疆大学 2009 年硕士毕业论文，第 5 ～ 9 页。

此种精神，譬如有的国家规定在进行反恐斗争中由总统确定指挥官，并且授权指挥官调度指挥所有的包括武装力量在内的反恐成员单位。[①]这实际上也是“统一指挥”的体现，只是并不在原则中具体体现罢了。由此，“统一指挥”并非单独现象，而是由于反恐特定任务和难度的特殊性决定的。在涉及众多部门和众多因素时，反恐处置决策、指挥稍有一丝疏忽就会给反恐处置行为带来难以估量的灾害后果，造成巨大损失。

（二）我国反恐处置指挥原则

由于反恐牵涉部门众多，再加上我国人口密稠等原因，在反恐实践中，我国的反恐处置也经常是实行统一指挥，这与国际上其他的国家做法是相类似的。学界对此也有共识，毕竟在反恐活动中各种部门利益交织，没有统一指挥将会导致反恐极为不畅，同时，多头处理必将导致多头混乱，责任难究。因此，2011 年的《反恐决定》第三条明确规定了我国实行“统一指挥”的组织是国家反恐怖工作领导小组。这一精神在《反恐怖主义法》中也贯彻下来。《反恐怖主义法》总则中明确规定各职能部门在其统一指挥下从事反恐工作。这是世界反恐共识，也是反恐的特性所决定的。除此之外，我国《反恐怖主义法》还将“联动”这一机制纳入总则。这是使得我国在处置环节在纵向方面就能够达到令行如一，在处置横向配合方面也能够恰合卯榫，这是我国处置原则方面的进步之处。

二、处置指挥系统

（一）国外处置指挥系统

在处置活动中，通常意义上是需要武装力量协助和支撑的。作为军事以及准军事行动，指挥机构应该包括负责总体领导统筹的中央机构、负责日常反恐活动的常设机构，以及负责具体反恐处置行动的指挥部。譬如，俄罗斯反恐法第十三条规定：1. 反恐怖行动领导人负责领导反恐行动，并对实施

① 参见俄罗斯 2006 年《反恐怖主义法》第五条。

反恐行动承担个人责任。2. 反恐怖行动领导人：(1) 确定行动指挥部的组织机构和工作方式，以及官员的职责和任务；(2) 确定实施反恐怖行动必需的人力和物力，并就吸收其他人员参与行动指挥部的工作作出决定；(3) 指示行动指挥部起草实施反恐怖行动的意见和建议；(4) 依照联邦安全机关与负责国防、内务、司法、外交、民防、紧急状态、消防、保障水上设施人员安全的各联邦行政机关协商通过的规范性法律文件的规定，可向上述机关及其他联邦行政机关和各联邦主体行政机关征调反恐怖行动和最大限度地减轻恐怖主义行为后果必需的人力和物力；(5) 确定行动指挥部负责与媒体和舆论界联络的代表；(6) 确定实施反恐怖行动的法律管制区域，采取本联邦法第十一条第三款规定的管制和临时限制措施，并将上述情况及时通报作出实施反恐怖行动决定的官员；(7) 决定并发布实施反恐怖行动的战斗指令；(8) 行使领导反恐怖行动的其他权力。[①] 依据此规定，俄罗斯在 2006 年设置了作为跨部门的协调机构——国家反恐委员会，该组织对其最高行政长官负责，而主席由联邦安全总局负责人担任。该反恐委员会具备包括研究反恐政策、提出议案、统筹行动、设置措施、反恐国际合作等一系列职权。在其之下，又设置联邦主体反恐委员会，并且相应地设置反恐行动指挥部。对于具体处置机构的指挥部，俄罗斯《反恐怖主义法》第五条规定由其总统对领导人及组员加以确定。该条包括："1. 俄罗斯联邦总体：(1) 确定反恐怖主义领域国家政策的基本路线；(2) 确定联邦行政机关反恐怖主义职权范围，领导其开展反恐怖工作。2. 俄罗斯联邦政府：(1) 确定联邦行政机关反恐怖主义职权范围，领导其开展反恐怖工作；(2) 制定和实施防范恐怖主义和最大限度地减轻和消除恐怖主义活动后果的措施；(3) 保障联邦行政机关、各联邦主体行政机关和地方自治机关反恐怖工作所需力量、资金和资源。3. 联邦行政机关、各联邦主体国家权力机关和地方自治机关在职权范围内参与反恐工作。4. 为协调联邦行政机关、各联邦主体国家权力机关和地方自治机关的反恐怖工作，可依照俄罗斯联邦总统的决定，成立联邦国家权力机关、各联邦主体国家权力机关代表和其他人员组成的若干机构，为执行上述机构的决定，可由相应机构派驻代表的联邦国家权力机关、各联邦主体国家权力机关颁布法令。"[②] 由

① 参见俄罗斯 2006 年《反恐怖主义法》第十三条。
② 参见俄罗斯 2006 年《反恐怖主义法》第五条。

上述条文可知，该项工作由联邦安全总局主导。反恐怖行动的领导人确定行动指挥部的组织机构；确定和征调人力和物力；确定管制区域及临时措施；发布战斗命令等。这就意味着俄罗斯的具体的处置行动指挥部是由国家总统所指定的反恐领导人"组阁"并直接指挥的一个垂直体系。这种模式的组建对于统筹处置具有极大的优势，它能够较好地实现上级意图。不过，这种模式所组织的体系只是一个临时体系性质，一旦任务完成，该体系也随之解散，类似于"一事一议"，当下次恐怖主义活动发生时，相应部门还得重新履行上述程序。这种设置很多国家也采取，但俄罗斯可谓之典型。相比之下，韩国又有不同。对于韩国来讲，其最高常设机构为"国家反恐怖对策会议"，主要对方针、政策进行审议、决定，与此同时，在国家情报院设立"反恐怖中心"，主要负责情报信息一类工作。[①] 其不同点在于韩国对发生的临时性事件设置有不同，如韩国 2001 年反恐法（草案）"反恐怖对策机构"一章中规定："在国内发生或可能发生恐怖事件时，为组织、指挥恐怖事件现场的反恐行动，相关机构可在各自部门内部设计恐怖事件对策本部；在国外发生或可能发生与我国有关的恐怖事件时，为保护我驻外国民，加强同外国的合作等，在外交通商部内设置国外恐怖事件对策本部。"这就意味着在韩国如若发生恐怖事件，各个相关部门将会如同机器一样运转起来，有涉及本部门的事情，将能够立马有响应的"对策本部"成立，这对于快速处置恐怖主义活动具有重要保障作用。

上述两种形态的处置指挥体系有相同点，都有最高的常设机构，负责政策、方针制定以及协调各部门机构，都有主导机构；不同点在于负责具体指挥的机构设置不同，一个是单一、临时机构，另一个是多重部门但可自启的机构。在笔者看来，俄罗斯模式对于具体统筹极为便利，各部门之间可以按照反恐领导人的指示进行反恐工作准备，能够做到互相配合，资源尽为利用，缺点就是响应程序过长。韩国模式对于快速启动反恐应对措施极为便利，然而各部门设置应对机构存在两大局限性：第一是专业力量显然不够，每个部门不可能设置诸如反恐特战部队这样的武装力量；第二就是各司其职，与其他部门配合方面可能有所欠缺，这其实也不利于反恐。

---

① 参见韩国 2001 年《反恐怖主义法》第四条。

（二）我国处置指挥系统

我国在2011年《反恐决定》中明确规定反恐领导指挥机构形式。相应地，2013年，国务院议事协调机构国家反恐工作领导小组成立，由公安部主导。其成员包括公检法、军队武装力量、国务院各相关组成部门、直属机构等的负责人，下设办公室。具体办公地点在公安部，而作为成员之一的其他部门也设立相应的反恐办部门。各地也有设立反恐怖局。《反恐怖主义法》规定在省、市、甚至县设置相应的反恐领导机构负责本地区的反恐怖主义工作。该法第五十五条第二款规定了不同层级的指挥体系，即跨省由国家反恐领导小组协调，跨区县由省级反恐领导机构负责指挥。由此，我国的指挥协调机构在中央层面是国家反恐领导小组，这与俄罗斯反恐系统相类似，而在省市县是各级相对应的反恐协调机构。作此安排，笔者认为这相当于军队性质的指挥系统，即"一体领导，分层指挥"。上述是我国反恐指挥领导体系，但作为市县级以下设置反恐领导机构，其实践性意义不是很大，对于本身复杂性专业性的反恐工作，以市县作为协调主体几同虚设，反而浪费资源。

对于负责日常活动的机构，公安部是我国确立的部门，这在2013年公安部成立领导小组基本已经确定。同时，依据《反恐怖主义法》规定，我国将成立归属于反恐领导小组的"国家反恐怖主义情报中心"负责收集和共享情报信息，这将是专门负责我国反恐日常情报信息的常设机构，对我国政府研判恐怖主义及打击恐怖主义具有重大作用。

对于具体指挥工作，我国的做法不同于俄罗斯、韩国等国家。在俄罗斯等国家，实行由总统指定反恐指挥具体负责人，而我国《反恐怖主义法》第五十六条规定，反恐指挥机构由反恐领导机构成立，其指挥人可以是反恐领导机构指挥人，也可以确定其他人（公安机关负责人是第一选择）。这说明我国的具体指挥负责人由反恐领导机构确定，这在一定程度上缩短了响应时间。由于具体的反恐指挥人确定，具体反恐处置程序也将能够快速启动，对于第一时间控制恐怖主义事件具有极大的优势，这在一定程度上借鉴了韩国等国家设置反恐中心。显然，我国的反恐指挥体系不同于上述国家的体系，但又有部分与之相同或相似。笔者认为我国的体系吸取了俄罗斯等国家一体式指挥体系的优点，但是又克服了一体式指挥响应时间过长的问题，同时又吸取了韩国反恐法中信息中心平台的建设等优点。缺点是我国反恐法中没有详细设置同韩国反恐法中规定的机构如同"对策本部"一样的指挥中心。另外，《反恐怖主义法》第三十二条规定重点目标营运、管理单位应当制定相应的应对处置预案。显然，对于针对性恐怖事件，处置预案也将如同鸡肋，没有专门的指挥和专业反恐力量，这也是徒劳。对于重点的公共场所人流量较大的地方可派专业反恐人员驻点作为其反恐中心负责人，同时另可加强武警驻守、巡逻。一旦突发恐怖事件，即可迅速控制局面。总体来讲，我国反恐指挥体系兼顾了俄罗斯、韩国体系之优点，在反恐行动中能够做到“统一指挥，快速反应，各司其职，相互配合”，其“宏观决策层和具体决策层”搭配较为合理。

三、处置指挥者的权限及责任

（一）国外处置指挥者法律权限及责任

完善的指挥系统是处置响应程序运行有序的保证，而赋予处置人何种权限是决定一次处置行动胜败的一个很重要的因素。在反恐处置行动中，由于恐怖活动现场突发事件层出不穷，各种有利时机稍纵即逝。例如，在秘鲁1996年日本大使馆人质事件中，由于何时发起救援行动需要总统下令，然而总统在此期间却无法联系上，差点导致最佳救援时机被错过。由此，赋予较高权限给处置指挥者已成为各国通行的做法。如俄罗斯《反恐怖主义法》第十三条赋予了反恐怖行动领导人八项权力：（1）确定行动指挥部的组织机构和工作方式，以及官员的职责和任务；（2）确定实施反恐怖行动必需的人力和物力，并就吸收其他人员参与行动指挥部的工作作出决定；（3）指示行动指挥部起草实施反恐怖行动的意见和建议；（4）依照联邦安全机关与负责国防、内务、司法、外交、民防、紧急状态、消防、保障水上设施人员安全的各联邦行政机关协商通过的规范性法律文件的规定，可向上述机关及其他联邦行政机关和各联邦主体行政机关征调反恐怖行动和最大限度地减轻恐怖主义行为后果必需的人力和物力；（5）确定行动指挥部负责与媒体和舆论界联络的代表；（6）确定实施反恐怖行动的法律管制区域，采取本联邦法第十一条第三款规定的管制和临时限制措施，并将上述情况及时通报作出实施反恐怖行动决定的官员；（7）决定并发布实施反恐怖行动的战斗指令；（8）行使领导反恐怖行动的其他权力。阿塞拜疆《反恐怖主义法》第七条则规定：（1）反恐怖行动人员活动需服从阿塞拜疆共和国总统的命令；（2）反恐怖行动人员（士兵、工作人员和专家）自行动开始时服从反恐怖行动长官的指挥；(3) 反恐怖行动长官有权利划定反恐怖行动区域、反恐怖行动特征，并有权决定在行动中使用武力和设备；(4) 反恐怖行动长官有权作出其他决定，对官员和公民进行限制，以便在反恐怖行动区域内部分、临时地保护其安全；(5) 反恐怖行动区域内所有官员和公民应执行反恐怖行动长官的命令；(6) 在反恐怖行动过程中，除阿塞拜疆共和国总统和反恐怖行动人员外，任何人不得干涉反恐怖行动长官的行为或决定。概括而言，主要包括现场指挥，规定区域以及包括动用的武装力量及设施，命令所辖人员执行任务。塔吉克斯坦反恐法第十九条规定反恐怖行动的全体人员从该行动开始之时即服从该司令部首长指挥并且禁止任何人干涉反恐怖行动的作战指导。上述规定，杜邈博士将其称为“个人负责制”[①]。从这个意义上来讲，处置人在发布某项决策以及实施某项措施的时候，其必定担负起行为所引起的后果，这也是现代行政法“权责一致”的基本要求。对此，部分国家还作了专门规定，譬如，俄罗斯《反恐怖主义法》第十三条规定：反恐怖行动领导人负责领导反恐怖行动，并对实施反恐怖行动承担个人责任。

（二）我国处置指挥者权限及责任

我国在 2011 年《反恐决定》中没有提及指挥者权力。在《反恐怖主义法》中，第一次明确了“指挥长负责制”，并且在法条中，明文表示有关部门、各武装力量均应服从指挥长的统一领导、指挥。但是我国反恐法中并没有像国外法律具体规定指挥长的权力，只是在第五十七条规定“打击、控制、救援、救护”等现场处置工作。我国的“指挥长负责制”意味“权责一致”，即指挥长在行使权力的同时也应担负相应的行政责任。对此，《反恐怖主义法》第九十一条规定，反恐领导机构机关及相关人员应承担相应的责任。由此可见，对于权限来讲，我国对指挥长、指挥员的权限相较于国外来讲规定得不算具体，虽然《反恐怖主义法》第六十一条规定反恐怖主义工作领导机构可以决定采取救治、管制、限制使用、抢修等处置措施，但是机构权力也不能轻易纳入个体权力之中。笼统的表述，不是很恰当，对于一个权力幅度较大的机构，如果权力清单不明晰，

① 赵秉志、杜邈：《论刑法在反恐怖斗争中的功能与局限》，《政治与法律》2009 年第 11 期。

势必对相对人的利益造成损害。因此，下一步在下位法可明述指挥长具体可行使哪些权力，指挥机构拥有何种权力。此外，我国并没有实行指挥长、指挥员责任追究。实际上，对于反恐行为来讲，是一把双刃剑，不进行个人责任的追究，权力一旦泛滥，也会造成相对人的责任利益受损，这与我国更倾向于“人权保障”的理念也是不相符的。下一步，可在法律中具体规定追责方式，当然，由于反恐措施本身对人权具有侵入之嫌，追责事由不宜太过。

第二节　处置的执行机制

首先，在处置行动中，具体执行程序无疑是关键，如何响应，如何依据不同情况迅速处置，这都是必经法律程序。其次，处置预案的详略也影响处置效果。如果预案太过笼统，则自由处置幅度较大，这对于发挥处置人员的积极性具有很大作用，但是，却极易侵害人权；如果预案太过详细，处置人员基本可以循章办事，但是却不能够面面俱到，一旦突发事件超出所规定范围，则必囿于法律。在立法实践中，不同国家有不同规定，但是从总体情况看，主要有以下几个步骤。

一、反恐处置预案

（一）国外反恐处置预案

反恐应急处置预案是反恐行动响应程序，如何在最短时间内迅速启动处置方案对于反恐行动来说成败攸关。事实上，作为快速反应机制，应急处置预案应做到恐怖主义犯罪一发生，就应当有“上报案情要快，指挥员集合武力、作出决策快，部署任务快”等特点，这样才能够尽可能地降低恐怖主义犯罪活动带来的伤害。在国外反恐法律中，对反恐怖处置应急预案没有特别专门具体去规定，只是有少许国家在反恐怖行动章节中提及，例如：乌兹别克斯坦在 2002 年《反恐怖主义法》反恐怖行动一章第十六条规定：在每一次具体情况下，根据恐怖主义活动威胁和危险的程度确定反恐怖行动的领导和指挥，责成有关强力部门负责，必要时协调强力部门及其下属部门的指挥部，以打击和消除恐怖主义威胁。[①] 这显然是对案情的上报进行分析和决策以及如何组织部署做了简要陈述。由此可见，乌兹别克斯坦在上报案情时，其决策层有评定案件不同情形从而设定指挥层体系问题。韩国《反恐怖主义法》在第二章第五条中规定：为开展反恐怖活动，实施以下各项行动，在国家情报院设立由相关机构公务员组成的反恐怖中心。(1）及时发现恐怖主义征兆并发布警报；(2）搜集、整理和发布国内外恐怖主义行为相关信息；(3）指导和调整反恐怖行动；(4）对恐怖事件对策本部进行针对性的支援；(5）与外国情报机构在反恐方面开展情报合作；(6）其他由“对策会议”和“常任委员会”审议、制定的事项。第十二条规定：(1）当发生恐怖事件或发生恐怖事件苗头时，相关机构应迅速向反恐怖中心通报有关情况；(2）反恐怖中心负责人迅速将接到的通报事项，及时通报给相关机构，并向常任委员会（国家反恐怖对策会议中设立的常任委员会）报告。第十三条规定：恐怖事件发生时，辖区警察署长应迅速果断采取措施，对事件发生现场进行控制和保护，并采取后续措施，防止恐怖袭击事态发展进一步恶化。第十四条规定：同时向有关机构提出请求出动特种部队和救助队。[②] 韩国的应急处置预案在反恐法中体现得较为全面，其警报、汇报、事件初始处置以及其后衔接程序都设置得十分详细连贯，可以说对早期各部门准备、信息的沟通、初始事态的控制、后续力量有效的发挥起了极大的作用。相对于这些国家，俄罗斯和美国由于早前颁布了紧急状态法律，并没有在反恐法中有所体现。俄罗斯在《俄罗斯联邦紧急状态法》中明确规定，恐怖活动等其他情形属于紧急状态，因此，发生此类事情时应当按照《俄罗斯联邦紧急状态法》进行处置。

（二）我国反恐处置预案

我国没有紧急状态法，但是，在 2007 年的时候我国颁布了旨在应对灾害、灾难的一部法律——突发事件应对法。该法第三条中规定了突发事件的概念和类型，即突发事件包括“自然灾害、事故灾难、公共卫生事件和社会安全事件”。

---

① 参见乌兹别克斯坦 2002 年《反恐怖主义法》第十六条。
② 参见韩国《反恐怖主义法》第五、十二、十三、十四条。

但通观全文，其侧重点显然在“自然灾害、事故灾难、公共卫生事件”，对社会安全事故应急程序只做了简短的规定，对于恐怖主义活动犯罪更是没有提到。纵使恐怖主义犯罪活动属于社会安全事故，但显然比一般的社会安全事故复杂、繁琐、专业、牵扯面更大，不是一个县、市所能解决的，不专门进行处置预案设置是难以达到其效果的。因此，《反恐怖主义法》在应对处置中首条便明确了我国应针对恐怖事件建立“处置预案体系”，并规定各级相关机构要针对不同的特点、危害，分级、分类制定相应的处置预案。从该法的规定可以看出我国暴恐或疑似暴恐的初始控制、上报程序如下：（1）发现恐怖事件，公安机关现场处置，上报本地反恐领导机构；（2）发生地反恐领导机构迅速启动预案，确定指挥长；（3）指挥长迅速协调本区域武装力量进行前期处置。显然，发生地反恐领导机构启动预案迅速，对于控制事态有利。这种分级分类的预警有助于我国在启动处置预案的时候，能够更加有针对性地选择“指挥体系”、“安全防范”以及“处置程序”。从这一点看，这和模式更像脱胎于韩国反恐模式。但是，我们细看此种预案对于一般常规性的突发事件，并没有更为突出和特殊，这对于前期迅速控制暴恐局面无益，从昆明“3·1”事件我们就可以看出，前期不能迅速控制局面，导致伤亡人员持续增加。[①] 依笔者看来，在前期处置控制方面，我国可设置公安武警联动机制，一旦有恐怖嫌疑和恐怖事件，可迅速出动武警控制局面；在上报机制方面，可借鉴突发事件应对法，对不同的暴恐情况可越级上报，以便更早地对暴恐情况进行掌握，从而获得更为专业的力量指挥和救援。

二、反恐处置方案

（一）国外反恐处置方案

具体处置方案的基础在于恐怖主义活动内容。在国外反恐法中，由于立法模式不同，很多国家并没有在反恐法中特意规定哪些内容采取某种处置方式，而只是统一规定大致程序，对于不同内容的处理方式只在其相关的法律中提及。

---

① 《近年暴恐案盘点 新疆每年发生上百起》，载腾讯网，2014 年 7 月 29 日，http：//news.qq.com/a/20140729/061775.htm。

笔者认为，恐怖主义活动由于危害巨大，处置成功与否息乎瞬间，而又由于内容形式迥异，没有针对性的、特定的、成熟的处置方案将不足以应付形势越来越严重的恐怖主义活动犯罪，因此针对某一种内容进行较为详尽的处置方式设置是极其必要的，同时对某些法律作详尽规定也是人权保障的要求，避免指挥者不注重谦抑性。俄罗斯 2006 年《反恐怖主义法》就较好地做到了这一点。虽然俄罗斯学界依据恐怖活动的表现形式，在通常意义上将其划分为五种类型，但是依据此种划分，有时候恐怖分子采取手段可能一致，所以俄罗斯反恐法并未依据此设置处置方式，而是根据实施手段类型对处置行动进行了专门规定。例如，俄罗斯《反恐怖主义法》第六条规定，下列情况下可动用俄罗斯联邦武装力量打击恐怖主义：(1）制止用于实施俄罗斯恐怖主义行为或恐怖分子劫持的航空器飞行；(2）制止在俄罗斯联邦内河、领海、大陆架海洋生产设施上发生的恐怖主义行为，以及维护国家海上航运安全；(3）依照本联邦法律规定参与反恐怖行动；(4）打击在俄罗斯联邦境外发生的国际恐怖主义活动。在这四项中，最值得关注的是第一项和第二项，即“航空恐怖主义行为”和“水上恐怖主义行为”。针对航空恐怖主义行为，该法不但详细制定了航空管制中心具体处置方式，而且还规定了军队等部门的制止方式，还写明了俄罗斯可以对航空器进行摧毁。针对水上恐怖主义行为，该法规定了使用武器的类型以及制止的步骤，同样的，当迫使“停航”的措施不奏效时，该法还规定“俄罗斯联邦武装力量可动用舰载（机载）武器将其击沉”。上述规定，在法律层面上规范了使用武装力量的情况以及俄罗斯在面临两种极端威胁时的具体操作办法，并规定了在何种情况下，即使人质仍在，也可以对恐怖分子实施毁灭性打击的情况，这为最终处置恐怖主义分子确定了法律依据，同时也极大地威慑了恐怖主义分子。

（二）我国反恐处置方案

对于我国来说，由于其他法律中的反恐条款规定得并不完善，而鉴于反恐的系统性，必须有一部综合性质的反恐法律对各种恐怖主义性质内容的处置方案加以详细规定，但是在《反恐怖主义法》中并没有对各种状况的处置方式进行详细的规定。这说明，如果要在下一步的反恐斗争中能够精确快速地对恐怖分子进行打击，相应的部门有必要对反恐作出具体实施的规定，这可以在下位法中，也可以在法律修订中进行。因此，十分有必要对各种恐怖内容的处置具体方法进行细致的研究。《反恐怖主义法》第六十二条只规定了使用武器消灭恐怖分子的若干情形，情形较为简单。笔者认为，可根据我国所加入的联合国及其他国际组织公约结合实际进行处置方面的法律修订和制定下位法。

1. 劫持航空器恐怖主义活动

由于劫持航空器是恐怖主义分子通过暴力、威胁手段控制航空器的行为，对不特定多数包括机组人员、乘客以及其他地面人员生命及财产造成严重的威胁，因此，必须对其予以详细设置。对于航行中的航空器，可仿效俄罗斯，动用武器和战斗装备，逼其迫降，如拒不迫降，可能造成更大的灾难，可规定武装力量将其摧毁。

2. 海上航行恐怖主义活动

海上航行恐怖主义，实际上就是恐怖主义分子将恐怖战火燃烧到海上，从而导致“国际海运业的安全”受到威胁。但与其他恐怖活动相比，海上恐怖主义又有其特点。海上恐怖主义是旨在“对抗政府，制造混乱”，这样其一般具备确切的目标，同时其采取的手段一般是攻击“邮轮和商船”以及“军舰、码头甚至港口”。同样，对于海上恐怖主义分子，我国一般执法力量难以打击，可以立法规定出动军事力量对海上恐怖主义分子进行打击，包括使用武力强行救援人质等，以及通过立法确定为避免造成更大事故而强行摧毁航海器具的时机。

3. 核恐怖主义活动及其他大规模杀伤性武器恐怖主义

相比于其他杀伤性武器，专家和决策者都认为，使用核以及其他放射类的物质进行的恐怖袭击势必会对“经济、社会、政治和心理”造成综合威胁。目前基地恐怖主义组织已经熟悉初级核武器的制造，而大规模杀伤性武器还包括生物、化学、放射性武器等。对于核物质以及上述大规模杀伤性武器，就目前来讲，并没有明显手段能够有效地去应对其袭击产生的综合后果，所以一旦发生核武器袭击、核物质泄漏以及大规模性杀伤性武器使用，就意味着恐怖活动已经完成。目前，世界各国都是通过加强防范打击使用核及大规模性杀伤性武器的恐怖主义。对于我国处置立法，首先应严格设定管控核设备、核设施、大规模杀伤性武器措施规范；其次可设定一旦发现有核、大规模杀伤性武器威胁的恐怖分子，可派遣专业的武装力量采取“先发制人”策略；其三，应及时组织专家等进行严格论证，及时消除和降低核影响，毕竟对于此类事件，县市及一般组织团体基本上是无力掌控的。

4. 涉及劫持人质的情形

涉恐劫持人质在我国看来，也就是绑架人质的一种，是与绑架竞合。如何去区分需要对基础概念进行辨析，而在本书研究中，不影响对处置的讨论。在这里首先对我国关于这方面的处置规范进行探讨。《中华人民共和国人民警察使用警械和武器条例》详列了“可以使用武器”的情形，包括杀人行凶、抢劫等严重暴力犯罪行为以及持有枪械等危险物品摆脱抓捕逃逸的。在恐怖活动中，恐怖主义分子劫持人质一般会携带枪支等危险物品，威胁、恐吓人质，应当属于其中类型。显然，我国法律规定“可以”而不是“应当”，是因为公民在遭受此类袭击时，基于“正当防卫”可以对其使用“特殊防卫”，但是对于处置者来说，由于劫持并非立马对公民发生不可挽回的损害，还有其他途径的可能，所以并非一定要击死，这也是人权保障的要求。在反恐法中，可借鉴上述处置方法，需要注意的是，可规定一旦恐怖分子情绪失控或者有造成更大危害的可能，处置者可迅速果断将其击毙，毕竟，恐怖分子劫持人质相对于其他的一般劫持人质的不可控因素更多。

5. 涉及受国际保护人员包括外交代表的情形

在此类处置行为中，应该以人质的保护为优先，做好谈判工作，很多恐怖行为是基于该人质属国的政治目的，要与该人员属国做好沟通工作，可以在不涉及侵害我国国家安全的条件下做适当让步，避免不必要的国际纠纷产生。

6. 涉及在公共场所进行恐怖主义爆炸活动

爆炸活动近年来已成为恐怖主义分子使用较多的一种手段，据统计，在当代恐怖活动中，爆炸袭击约占50%。我国北京金水桥暴恐案便是恐怖分子利用汽车冲撞制造恐怖主义爆炸案，造成了多名人员伤亡。恐怖主义爆炸案与一般爆炸活动相比，主要有以下几个特点：“往往倾向于白天作案”，在手段方面“自杀式爆炸较多”，而在动机方面一般偏向于“政党、宗教、民族、国家、经济利益”，“在攻击目标方面，往往具有象征性”，有严密组织及后台，造成的后果很严重，影响很大。鉴于上述特点，对于恐怖主义爆炸案件也应类似于核恐怖进行“前期处置”，即在案件未发生时便进行处置。在案件发生后，应迅速组织专家和专业队伍细致勘验和侦查，避免第二次爆炸和相同区域连环爆炸。除上述以外，新时期的恐怖主义内容又发生了变化。由于信息化时代全民对网络的依赖程度已经达到极高的程度，有人认为网络与恐怖主义结合的网络恐怖主义在将来有发生的可能。[①] 所以，我国有必要针对网络恐怖主义进行一些措施规制设置，防患于未然。

三、反恐处置人员的合法权力

（一）国外反恐处置人员的合法权力

在处置过程中，具体处置人员在现场能够实施何种行为，对于辅助直接行动具有很大作用。对此，各国相关法律都有着详细的表述。例如，俄罗斯《反恐怖主义法》第十一条规定了处置人员的 13 项具体权力，主要包括检查身份、带离特定区域、保卫重要目标、检查邮件、限制通信、自由出入、管制等权利。第十三条也具体规定了反恐怖人员的权力，有街道管控及扣押车辆、自由出入居民私人场所、搜查物品、使用通信设备、交通工具等。乌兹别克斯坦《反恐怖主义法》第十九条规定反恐怖行动人员具备了在反恐区域的权力，主要包括以下内容："（1）必要时采取措施，临时限制或禁止交通工具和行人在街道上通行，禁止包括外交代表处、领事部门和公民的车辆等交通工具进入特定的地段和设施，拖走无专用通行证的交通工具；（2）核实自然人身份证件，对无证件者予以扣留以待查实身份；（3）对有违法行为或阻碍反恐怖行动人员合法要求和未经批准潜入或企图潜入反恐怖行动区域的人员予以扣留并移交有关机关；（4）为制止恐怖主义活动和侦查嫌疑人员，如果延迟可能对公民的人身健康和生命安全、社会和国家安全造成威胁，可随时无阻碍地进入企业、机关和组织、居民楼及其他建筑物、地段和交通工具；（5）检查进入反恐怖行动区域人员和离开指定地带人员的人身和携带物品、交通工具及运载的货物，包括使用技术和其他检查手段；（6）因公务需要，为预防恐怖主义活动，侦查、扣留已实施恐怖主义活动的人及嫌疑人，进入现场救出受伤人员并送往医院，可以使用通信工具和公民、法人的交通工具；（7）对恐怖分子可以使用各种武器、军用技术和专用设备。"[②] 塔吉克斯坦也在反恐法第二十条对相关权利进行了类似的规

---

① 赵秉志、杜邈：《论刑法在反恐怖斗争中的功能与局限》，《政治与法律》2009 年第 11 期。

② 参见乌兹别克斯坦《反恐怖主义法》第十九条。

定。[①] 此外，还有南非等其他国家也进行了规定。对此，杜邈博士将其归纳为五种权力，即“羁押权、管控权、检查权、征用权、进入权”[②]。由此可见，许多国家对行动人员的规定显然已突破了宪法所规定一系列的权力。譬如，俄罗斯《反恐怖主义法》第十一条第三款第十一项规定：“为落实反恐怖措施，执行反恐怖行动的人员可自由出入属自然人所有的生活住宅和其他所属地段，可自由出入任何所有制形式组织的所属区域和场所”。这说明处置行动中，社会安定（秩序）和公民自由（自由）之选择，法律在此种情境之下，更倾向于社会安定（秩序）。虽说如此，但这并不意味着公权力能够长期凌驾于私权，法律对此作了特别规定，俄罗斯《反恐怖主义法》第十一条第二款规定“在实施反恐怖行动期间”以及“反恐怖行动法律管制区域”才能采取上述措施。

（二）我国反恐处置人员的合法权力

我国《反恐怖主义法》规定的反恐领导机构可以决定有关部门实施的措施，可以理解为我国处置人员合法的部分权力。在该法第六十一条中，总共规定了8项权力。第一项“救治，疏散”、第七项“抢修公共设施”以及第八项“组织志愿人员参加救援”可以理解为职责和职权。而第二到第六项可认为是管制权力。在第七十八条中则是“征用权利”，在第五十七条中则是“管控”权力。显然，我国法律明文赋予了反恐主体“管控”、“管制”、“征用”等权力，虽然与俄罗斯等国相比较少，但是这是我国反恐措施一大进步。赋予权力的反恐主体能够依法行使权力以确保处置行动任务能够比较顺利和彻底地完成，但在一定程度上对公民其他权利必须有抑制，显然在秩序和自由的博弈中，法律更倾向于秩序。当然，权力的赋予能够给予反恐处置便利，但是滥用也会适得其反。因此，我国《反恐怖主义法》第九十四条规定了公民因反恐行为受到损害的申诉机制，规定了公民“检举”、“控告”权。这是因为我国执法监督不够完善，公民往往因为公权力滥用而受到侵害，而且救济渠道不通畅。因此，必须制定严格的权力使用环境，并且规定公民申诉的权利的途径。

---

① 参见赵秉志等编译《外国最新反恐法选编》，中国法制出版社 2008 年版，第 400 页。

② 杜邈：《恐怖活动犯罪的司法认定》，《国家检察官学院学报》2014 年第 4 期。

第三节　处置人员后续保障

一、处置人员法律责任的免除

（一）国外处置人员法律责任的免除

由于恐怖主义活动的残酷性，反恐力量在制止恐怖活动、营救被劫持人质或者采取其他反恐怖行动时必须使用武器、战斗装备以及特殊的手段。例如，俄罗斯和白俄罗斯就规定可对航空器及航海器具进行摧毁。这些处置行为不可避免地会造成人质以及周围平民的无辜伤亡，如俄罗斯在解救人质时造成 100 余人质死亡,其中有大部分是吸入俄罗斯特种部队释放的“毒气”死亡的。为此，法律需要规定，只有对这种行为进行合法化，反恐怖行动人员在执行任务时才能够放心大胆地进行。国外反恐法大多作了细致规定。总结起来，主要是免责问题，包括以下几方面：(1) 对合法反恐行为导致的自然人身体损失赔偿问题；(2) 对合法行为导致国家利益和公共利益损害的问题；(3) 对合法行为导致法人和自然人的财产损失问题；(4) 对恐怖分子造成伤亡问题。譬如俄罗斯《反恐怖主义法》第十八条规定因采取合法行为制止恐怖主义行为导致损失的赔偿，应根据俄罗斯联邦法律，依照俄罗斯联邦政府的规定，由联邦预算经费承担，因采取合法行动制止恐怖主义行为导致实施恐怖主义行为人员的健康和财产损失，及因该人员死亡导致的损失，不予赔偿；白俄罗斯《反恐怖斗争法》也规定对此种行为活动造成的损害由国家首先支付，其后再对责任人进行追究。该法第二十一条规定，对进行反恐活动而导致恐怖分子因此受到损害，只要是不超出法律所规定的，反恐人员是可以得到豁免的。又如韩国《反恐怖主义法（草案)》第二十七条规定：“国家和地方自治团体根据总统令规定，可对因恐怖主因行为遭受人身及财产损失者，提供部分或全部医疗及救灾费用。”此外还有中亚、独联体等也作了规定。[①] 这项规定在一定程度上相当于“豁免权”，但是很显然，其“豁免”力度更大，这是对反恐危险程度最直接的回应。

（二）我国处置人员法律责任的免除

我国人口众多，社情复杂，恐怖分子一旦在重要地方实施恐怖活动，势必对公共安全造成极大的威胁，为保护更大利益，对恐怖分子予以歼灭，不可避免会造成前文所述问题，对此我国反恐立法中急需在可预料范围内的法律的“豁免”。《反恐怖主义法》中并没有专门对此进行规定。笔者认为，立法者将反恐作为执法类型，其受到一般的行政法所规定的豁免进行规制。例如《中华人民共和国人民警察使用警械和武器条例》第十一条到第十五条规定了一系列人民警察在执行任务中动用枪支时对无辜人员造成伤亡时候的处理办法。但是，此些规定对于反恐来讲是不够全面的。首先，主体不同。《中华人民共和国人民警察使用警械和武器条例》规定的是人民警察及人民武装警察，而《反恐怖主义法》规定主体包括除上述以外的人民解放军、民兵及预备役，这就意味着后三者不能够有效依此法律进行豁免。其二，执法环境不同。反恐战场与其他普通刑事案件执法环境是天壤之别，其损害性和不可预料性大大高于一般刑事案件，那么处理此类事件对周边外延事物的损害尤其是对无辜的伤害也不仅仅是《中华人民共和国人民警察使用警械和武器条例》所规制的。综上，我国需要对上述进行细致规定，以《中华人民共和国人民警察使用警械和武器条例》为基础，吸收国外相关制度，从法律的角度确保反恐怖主义主体执法的合理环境，使反恐效用能够发挥最大。

二、处置的后续保障

（一）国外处置的后续保障

1. 人身保障

处置恐怖主义活动历来不是一劳永逸的事情。恐怖主义分子“具有极端的

---

① 参见赵秉志等编译《外国最新反恐法选编》，中国法制出版社 2008 年版。

意识形态、残酷的暴力手段，狭隘自私、滥杀无辜”，为了达到某一目的，恐怖分子从不丧失其狂热性。在恐怖活动中，处置行为一旦激起恐怖分子报复，势必会造成处置人员极大的威胁。譬如印尼警察就成为恐怖分子报复的对象，因为警察逮捕了其同伙。塔利班就曾扬言报复“美国恐怖分子”，事实上有多名美国记者在美国遭到杀害。[①] 因此，对处置人员的保护极为重要。俄罗斯《反恐怖主义法》第二十条规定对三类人员进行“法律和社会保护”，第一是“直接参与反恐怖工作的联邦行政机关军人、工作人员和专家”，第二是“长期或临时支持俄罗斯联邦权力机关的工作”的人员，第三是上述两条所保护人员的家属。在这三类人员中，俄罗斯立法者甚至考虑到了家属，这是极为重要的一点，因为恐怖分子向来不择手段，当执法者处于保护范围之内，其家属并不必然有人保护，而这恰恰给予了恐怖分子报复的机会。俄罗斯立法者考虑了这一点。事实上，白俄罗斯、阿塞拜疆、乌兹别克斯坦[②] 规定基本与俄罗斯一致，包含了上述三个部分。而吉尔吉斯斯坦对保护的方法做了细致的描述，吉尔吉斯斯坦《反恐怖主义法》第十三条规定参与反恐的人员如果生命和财产遭到恐吓或威胁，政府应当按照其本人的意愿变换“背景资料”、“居住地”、“从业地”，还包括容貌改变、姓名变换等，而且还规定“费用”由其从业的反恐组织拨付。乌兹别克斯坦也有类似规定，乌兹别克斯坦《反恐怖主义法》第十七条规定：“根据恐怖事件的特点，为保护人身健康和生命安全、物质财产，释放人质及尽可能不使用武力制止恐怖主义活动的可能性，可以与恐怖分子进行谈判。”第十九条规定：“(1) 必要时采取措施，临时限制或禁止交通工具和行人在街道上通行，禁止包括外交代表处、领事部门和公民的车辆等交通工具进入特定的地段和设施，拖走无专用通行证的交通工具；(2) 核实自然人身份证件，对无证件者予以扣留以待查实身分；(3) 对有违法行为或阻碍反恐怖行动人员合法要求和未经批准潜入或企图潜入反恐怖行动区域的人员予以扣留并移交有关机关；(4) 为制止恐怖主义活动和侦查嫌疑人员，如果延迟可能对公民的人身健康和生命安全、社会和国家安全造成威胁，可随时无阻碍地进入企业、机关和组织、居民楼及其他建筑物、地段和交通工具；(5) 检查进入反恐怖行动区域人员和

① 顾时宏：《恐怖主义问题专家：印尼警察成恐怖分子报复对象》，载中国新闻网，2013 年 7 月 18 日，http：//www.chinanews.com/gj/2013/07-18/5057040.shtml。

② 参见赵秉志等编译《外国最新反恐法选编》，中国法制出版社 2008 年版。

离开指定地带人员的人身和携带物品、交通工具及运载的货物，包括使用技术和其他检查手段；(6) 因公务需要，为预防恐怖主义活动，侦查、扣留已实施恐怖主义活动的人及嫌疑人，进入现场救出受伤人员并送往医院，可以使用通信工具和公民、法人的交通工具；(7) 对恐怖分子可以使用各种武器、军用技术和专用设备。”此外，该法第二十条规定：“新闻媒体记者的活动需要与反恐怖行动负责人在反恐怖行动区域相互协作，但禁止传播下列信息：(1) 暴露反恐怖行动的专用技术方法和策略的；(2) 加大反恐怖行动难度、对公民的人身健康和生命安全构成威胁的；(3) 有助于恐怖主义宣传或为恐怖主义开脱的；(4) 关于参加反恐怖行动分队的工作人员及为反恐怖行动提供协助的人员”①。上述保障措施，对直接参加一线反恐及隐蔽工作者显然是极大的保障，法律上对此设置十分有必要。

2. 物质保障

在反恐处置方面，各国都不吝于给付高昂的保障费用，这包括本身处置中的费用，以及对处置人员的津贴和补偿。一是处置费用。俄罗斯《反恐怖主义法》没有明确的规定，但是依然可以看到在许多条款中有“费用补偿方式由俄罗斯政府确定”以及“联邦预算经费承担”，如该法第十八条规定了对恐怖主义行为造成损失的赔偿，“(1) 国家根据俄罗斯联邦政府的规定，向因恐怖主义行为蒙受损失的自然人和法人予以赔偿，精神损失的赔偿由实施恐怖主义行为的人员承担；(2) 因采取合法行为制止恐怖主义行为导致损失的赔偿，应根据俄罗斯联邦法律，依照俄罗斯联邦政府的规定，由联邦预算经费承担；(3) 因采取合法行动制止恐怖主义行为导致实施恐怖主义行为人员的健康和财产损失，及因该人员死亡导致的损失，不予赔偿”②。说明俄罗斯反恐法对反恐经费的预算及临时拨款保障较为有力。塔吉克斯坦在其《反恐怖主义法》第二十五条中规定：“对于直接参与实施反恐怖行动的各主体的军人、干警和专家，其健康和财产损失按塔吉克斯坦法律规定程序进行赔偿，上述人员在实施反恐怖行动中死亡、致残者，其法律及社会保护措施，应考虑塔吉克斯坦相应法律及法规对其法律地位的规定来确定……本法第二十四条第（2）至（3）款所列举人员，因

---

① 参见乌兹别克斯坦2000年《反恐怖主义法》第十七、十九、二十条。

② 参见俄罗斯《反恐怖主义法》第十八条。

参与反恐怖行动而遭受伤害者，其社会权益的恢复由国家财政资金进行。”[①] 从上述法条规定可以看出，由安全总局设立专门基金用于奖励那些向实施反恐怖斗争主体提供情报、从而使参与恐怖主义活动的人得以被逮捕和审讯，或者预防和制止恐怖主义活动的人士。二是对处置人员的物质保障。第一个是身体损伤补助。吉尔吉斯斯坦《反恐怖主义法》规定，身体遭受损伤，由国家补偿全部经费。阿塞拜疆《反恐怖主义法》第十四条规定因此种行动不能继续工作，国家出资给予其一次性抚恤，其金额为平均工资的数倍，并且还可以对恐怖分子追偿。第二个是薪金待遇。俄罗斯《反恐怖主义法》第二十三条规定对于直接从事反恐怖任务的组织的军人和职员，在对退休金标准据以往工作时间年限估定时，其时限是“一天按一天半”统计，对直接参加反恐怖行动组织的军人和职员，按照“一天按三天”计算。阿塞拜疆《反恐怖主义法》第十六条规定：“直接从事反恐怖工作，其工作期间一日计算为两日”，“执行反恐怖行动，其工作期间一日计算为三日”。第三个是死亡补偿。俄罗斯《反恐怖主义法》第二条规定，对反恐行动中牺牲的工作人员首次“发放60万卢布补偿金”并依然保留住房等原本享受的待遇。如果该人员是家庭主要支撑者，应对其家庭成员做好抚恤工作。乌兹别克斯坦《反恐怖主义法》第二十六条规定：“反恐行动中牺牲的人，其家庭成员和受其抚养的人依法领取一次性补偿金和失去抚养人的抚恤金；参与打击恐怖主义人员在反恐怖行动中受伤但未丧失劳动能力的，依法领取一次性补偿金。”

（二）我国处置的后续保障

我国新修订的《中华人民共和国刑事诉讼法》（以下简称《刑事诉讼法》）中在这方面已有规定。《反恐怖主义法》在两个方面有了规定。第一，物质保障。该法第七十三条明确规定了反恐经费将纳入政府财政预算之中，同时国家将会对恐怖活动常发以及严重的区域给予经费支持。该法第七十五条规定了专职从业者在待遇方面有优待。从上可以看到在财政保障方面，我国已经明确了反恐经费来源及经费的部分使用情况。但是，条文也只是大概规定，并没有专门对经费预算以及优待方面作详细规定。在下一步，我国可将财政预算的具体比例

① 参见塔吉克斯坦1999年《反恐怖主义法》第二十五条。

进行规定，以确保财政经费能够足额拨付。同时，可仿照俄罗斯及中亚国家，对从事或者直接参与反恐的人员优待进行确定，譬如从事反恐工作的，可按照“一天比照一天半”，直接参与反恐的“一天比照三天”进行优待，相应地，优待金额也仿照提高。第二，人身保障。我国《反恐怖主义法》第七十六条对人身保障进行了详细规定，包括信息保密、对参与者及亲人的人身保护、对住宅场所的保护以及对个人姓名工作的变更等。从一定意义上讲，我国这些措施基本上吸取了国际上的通常经验，较为实用。不过在比照《刑事诉讼法》中，可以看到内容并没有太多不同，但是，《刑事诉讼法》却规定了公民主动请求保护的权利，应该说《刑事诉讼法》更为详尽。

可以确定，上述规定对于反恐怖行动的工作者具有促进作用，虽然有不足，但是能够让置身在极端环境下工作的各部门工作者没有后顾之忧。相比之下，之前的《军人抚恤优待条例》以及《人民警察抚恤优待办法》，排除适用主体等因素，可以看到只是具体规定了伤残和死亡的一些抚恤办法，对于长期工作在反恐工作战线及执行反恐工作的人员薪资及工作日没有规定，这是不完善的。

第六章
反恐立法中的公众参与问题

作为反恐工作的基本法，《反恐怖主义法》在主要对政府“认定恐怖活动组织和人员、安全防范、情报信息、调查、应对处置、国际合作、保障措施以及法律责任”[①]等八个方面进行文本配置的同时，也对公众参与反恐提出了新的要求。例如，《反恐怖主义法》第五条确立“反恐怖主义工作坚持专门工作与群众路线相结合”的法律原则；第九条设定公众有“协助、配合有关部门开展反恐怖主义工作”的法定义务；第十条规定国家对“在反恐怖主义工作中作出其他突出贡献的单位和个人”予以表彰奖励等。除此之外，从该法的立法精神来看，亦可发现国家意欲在反恐中嵌入公众之构成性角色的意涵。[②]透过上述条款的说明和立法原意的追寻，可以看出国家对公众参与反恐的鼓励、支持甚至期待态度，这值得学界深入研究。沿循立法轨迹，洞察政府定位，开掘公众在反恐工作中的详尽功能和作用，构建相应的制度模式，可为《反恐怖主义法》的顺利实施做好充分的理论准备。

第一节　政府单维反恐的不足及改进

恐怖主义原系“政治名词”，起源于法国大革命时期雅各宾派的恐怖政治，后演化为非政府势力对国家或政府的暴力攻击。[③]相较于政府的规模化、常态化的合法运作，恐怖主义无法与其正面对抗，便采取各种间接方式来威胁社会稳定，制造恐慌效应，以实现其特定的政治或意识形态目的。现阶段，对我国造成直接威胁的主要是以分裂国家为政治目的、以极端主义为指导思想、以暴力恐怖

① 除“总则”和“附则”外，《反恐怖主义法》依上述八个方面架构。

② 例如，立法机关工作人员就采用“反恐怖主义法”作为法律名称进行解释时，认为这是为了突出表明反恐的治本之策是防止恐怖主义思想的形成和传播，以“有利于动员、组织各有关方面和广大人民群众从源头上防范恐怖活动犯罪”(参见《反恐怖主义法（草案）》，载中国人大网，2015 年 12 月 31 日，http：//www.npc.gov.cn/npc/xinwen/lfgz/flca/2014-11/03/content_1885027.htm。可见，即便是法律名称的采用，都考量了纳入群众力量的因素，那么在法律条文的具体设计中，也自然会贯彻这一精神。

③ 参见徐爱国《反恐怖行动中的法律角色》，《法学杂志》2014 年第 11 期。

为工具的“东突”恐怖主义[①]，他们以刀斧砍杀、打砸抢烧、驾车撞击、劫持飞机等方式[②]，挑战社会秩序，破坏公共安全。面对新的行政任务[③]，有行政主导传统的我国，依循将政府视为秩序的主要提供者这一制度惯性，逐步加强政府在反恐中的职能。当前，政府的这一定位存在许多不足，急需改进。

一、政府在反恐中的职能定位

所谓政府的反恐职能定位，是指政府根据反恐形势的需要，在一定时期内“对其职责任务的范围、任务、方式的确定”[④]。恐怖主义猖獗的形势形成了迫切的反恐要求，从这种客观环境来讲，它是促成政府反恐职能形成与确定的重要外部因素，而从政府的内在能力方面讲，政府强化其反恐职能有其合理性。

恐怖主义虽然可怕，但在人们生活中却并非有形和常见。人们往往对它们的防范不甚主动，有时甚至无动于衷，再加上搭便车的心理，容易形成“集体行动”的困境。但是，等它们变得严重和显见时，人们就无会地再去行动，因为恐怖事件已经发生，灾难性后果已经形成。相对于社会公众的松散被动，只有政府，才具有全局的防控视野、强大的组织调控能力和规模的资源保障水平；才能有计划、有步骤、全方位地构建防范和打击恐怖主义的制度体系；才能可持续地、有序地推进反恐工作向纵深开展，从而成为反恐的主导力量。所以，不难理解，我国政府在中央层面实施国家安全战略、制定《反恐怖主义法》、建立反恐怖主义情报中心、发展反恐技术和装备以及在地方层面组建反恐突击力量、颁布反恐防范管理规范地方标准[⑤]等的主导意义所在。必须认识到，这些工作是保障社会秩序长期稳定所必需的，它需要巨大的投入，需要强烈的战略意识和宏观思维，有时甚至以牺牲短期的个体利益（例如，烦琐的安检将提高公民的出行时间成

---

① 参见刘仁文《中国反恐刑事立法的描述与评析》，《法学家》2013年第4期。

② 采取“刀斧砍杀”方式的如2014“3·1”昆明火车站事件，采取“打砸抢烧”方式的如2009年的“7·5”乌鲁木齐事件，采取“驾车撞击”的如2013年“10·28”北京金水桥事件，采取“劫持飞机”的如2012年的“6·29”劫持天津航空公司“GS7554”航班事件。

③ 一般认为，“9·11”事件后，世界各国才开始高度重视反恐怖工作。

④ 方世荣、孙才华：《论促进低碳社会建设的政府职能及其行政行为》，《法学》2011年第6期。

⑤ 参见王曦《反恐有了“湖南标准”》，《湖南日报》2015年9月30日。

本），这都是任何社会个体难以主导的，必须由政府来发挥作用。

政府作为社会公益的集成者和代表者，能够以其公正的立场、规模化的专业群体、缜密的反恐计划来开展反恐工作，并以“组织”的存在方式来应对作为其副产品的寻仇、报复和反报复[①]，这被认为是除去政府之外的其他个体和组织所不能实现的。哈特（H.L.A.Hart）也认为，“在缺乏官方垄断的‘制裁’的情况下由自救引起的隐潜的仇恨可能是严重的”，人们“无组织地捕捉和惩罚犯罪的努力”所造成的“时间浪费是巨大的”。[②]为此，世界各国大都成立反恐机构专司反恐事宜。我国亦成立专门机构，对之进行针对性改革。例如，我国2001年成立国家反恐怖工作协调小组，并于2013年更名为国家反恐怖工作领导小组；2002年，公安部成立反恐怖局，承办国家反恐怖工作协调（领导）小组的具体工作；2015年，公安部专门设置副部长级的“反恐专员”，改变之前副部长分管反恐工作的格局，反恐工作的重要性更显突出。[③]上述举措，取得了一定的实际效果，在很大程度上防范和制止了大规模恐怖活动的发生。

二、现行定位的不足

可将上述政府的职能定位概括为“精英反恐模式”，即政府自行制定反恐规则，并主要借助自身的人、财、物力资源去执行反恐规则，虽然有公众参与的因素（例如，将其作为反恐宣传的对象的参与等），但是它没有充分重视，也没有在反恐斗争中规模化地嵌入社会公众的力量。目前这种模式既面临来自外来的挑战，也无法摆脱自身的缺陷。

（一）外在挑战

政府的现行职能定位已经不能满足反恐的现实需要，从我国境内恐怖主义发展趋势来看：（1）恐怖主义首先是以政治诉求为面目出现的，其旨在颠覆国家政权，其行为对象主要在于国家。在这种情况下，国家运用政府资源、充分

① 参见［美］理查德·A. 波斯纳《超越法律》，苏力译，中国政法大学出版社2001年版，第367～368页。
② 参见［英］哈特《法律的概念》，张文显等译，中国大百科全书出版社1996年版，第95页。
③ 参见周宇《刘跃进任公安部副部长级反恐专员》，《北京青年报》2015年12月21日。

调动物理强制力甚至军队开展反恐，有其合理性。(2) 在颠覆国家政权、推翻社会主义制度受挫乃至失败后，又形成了以分裂国家为动机的恐怖主义，其表现形式为：组织、策划、实施分裂国家、破坏国家统一，或者与境外的机构、组织、个人相勾结，组织、策划、实施分裂国家、破坏国家统一。此时，多数恐怖活动不再直指国家政权，而是以国家的各组成机构为攻击对象，这种情形在新疆维吾尔自治区最为典型：例如，2008 年 8 月 4 日发生在喀什的恐怖分子袭击武警边防支队事件、2011 年 7 月 18 日发生在和田市的恐怖分子袭击税务所和派出所事件、2013 年 11 月 16 日发生在巴楚县的恐怖分子袭击巴楚县色力布亚镇派出所事件等。[①] 因为恐怖主义袭击对象主要是国家机器的组成部分，在这种情况下，政府依照精英反恐模式，可以充分发挥体制内的力量，取得反恐效用的最大化，但也有公众参与的必要，譬如公众在提供涉恐线索等方面可以助力反恐效果的提升。(3) 时至今日，随着政府及其组成部门防范恐怖意识和能力的增强，以攻击公安派出所等为袭击对象的恐怖活动已很难得手，恐怖主义便发生了新变化，恐怖分子开始以不特定的社会公众为攻击对象，制造社会恐慌，例如，2013 年“10 · 28”北京金水桥恐怖事件，以及前文列举的在 2014 年发生的“3 · 1”、“4 · 30”和“5 · 22”恐怖事件等。在这种情势下，无辜的社会公众往往成为首当其冲的直接受害者。在一定意义上，可以说，社会公众已经被推至与恐怖主义做斗争的最前线。[②] 是以，如果继续沿循并增强现行职能，不充分重视体制外的力量，其效果便不再理想。

（二）内在缺陷

1. 政府单维力量不足的缺陷

在现行模式下，我国在反恐斗争中较为倚重政府的力量，社会公众的反恐参与明显不足。诚然，如德国学者格林（Dieter Grimm）所言，国家的职能在于“引导和降低风险”[③]，德国学者毛雷尔也指出，“排除危险”乃是国家的法

---

① 《近年暴恐案盘点　新疆每年发生上百起》，载腾讯网，2014 年 7 月 29 日，http：//news.qq.com/a/20140729/031775.htm。

② 这种趋势在我国境内表现得较为明显，在世界其他地区亦有此表征。例如，有学者分析欧洲近期恐怖活动的发展趋势时，认为其特征之一就是“不再锁定政府为恐怖攻击目标，改以各地制造恐怖氛围为目的”，参见燕光磊《从欧盟反恐视角检视共同外交与安全政策的发展与挑战》，《西南政法大学学报》2015 年第 3 期，第 56 页。

③ 参见［德］迪特尔 · 格林：《国家的任务》，于安等译，《德国行政法读本》，高等教育出版社 2006 年版，第 53 页。

定的和不可变更的任务[①]。我国立法也习惯于确保政府对反恐执法的垄断权，例如，2006年的《应对法》第七条将应对包括“恐怖袭击事件”在内的突发事件之职责赋予了县级以上各级人民政府[②]；2011年的《反恐决定》第三条确定了一元主体、多元参与的反恐机构建设，但一元指代的是国家反恐怖工作领导机构，多元指的是包括公安机关、检察机关、人民法院、国家安全机关、军队等在内的有关政府部门之参与，没有公众参与的身影；2015年的《国家安全法》第二十八条规定“国家”要加强防范和处置恐怖主义的能力建设，亦是遵循单维反恐路径。

但是，从历史经验和现实情况来看，“国家对于暴力的垄断也仅仅是名义的”[③]。即便是在现代社会，社会公众在法律执行中扮演着构成性角色：非行政机关的自然人、法人、非法人组织参与或协助警察任务的执行、私人“收债公司”帮助债权人收回所欠债款、私人监狱的兴起、治安外包的繁荣、小区居民的业主大会参与承担“社会治安综合治理”的任务等，不胜枚举。可见，私人力量在行政执法中发挥着重要作用。而且，恐怖袭击对象往往是不特定的人群，如果仅仅以政府单维反恐为路径，垄断反恐执法资源，使社会公众的力量在反恐场景中彻底离场，势必造成诸多政府鞭长莫及的微观领域的“失序”，而恐怖分子正是利用公权力无法触及的国家治理中的微观领域之困境，而砍杀不特定人群，制造爆炸事件，最大限度地营造恐慌气氛。可以看出，这种现状一旦生成，将挑战精英反恐的绩效，进一步使得政府作为良好秩序——这一公共善品——的供给者，失却其治理权威。

2. 科层架构反应迟缓的缺陷

从公共行政发展的基本轨迹来看，国家行政机关层级架设深受泰勒（F.W.Taylor）的科学管理理论、亚当·斯密（Adam Smith）的分工理论以及马克斯·韦伯（Max Weber）的科层官僚理论之影响，形成了以科学管理为基础，以职能分工、条块分割为构成，以官僚理性为体系的诉诸权威的精英主义

---

① 参见［德］毛雷尔：《行政法学总论》，高家伟译，法律出版社2000年版，第17页。

② 关于突发事件包括“恐怖袭击事件”的概念演绎，参见郭永良《论中国反恐立法的基本轨迹》，《太平洋学报》2015年第8期。

③ Donald Black，“Crime as Social Control，in Donald Black”，In Essays in Toward a General Theory of Social Control，Vol.2，Salt Lake City：Academic Press，1984，p.15. 转引自桑本谦《公共惩罚与私人惩罚的互动——一个解读法律制度的新视角》，《法制与社会发展》2005年第5期。

和国家中心论组织结构。[①] 在传统上，作为一种科学的组织体系，科层架构具有无与伦比的优势，使之成为占据政府机构主导地位的组织形态，并对国家的发展、社会的稳定起到了举足轻重的作用。检视我国政府颁布的涉及反恐的法律文本和规范性文件，可以发现重点在应急行政、刑事侦查、军队建设和对外交往要求政府增强防范和打击恐怖主义的能力。在应急行政领域，强调在应急预案编演中将“恐怖袭击事件”纳入社会安全事件中一并考虑[②]；在刑事侦查领域，将恐怖活动作为犯罪的一种表现形式进行惩治，尤其重视在恐怖融资领域制定系列规范性文件[③]；在军队建设中，主要是对武警力量的现代化建设提出要求，将执勤处置突发事件和反恐维稳进行通盘考虑[④]；在对外交往中，则主要是国家反对一切形式恐怖主义的宣示、就反恐国际合作的表态[⑤]，以及要求驻外机构收集“恐怖主义活动”信息的工作部署[⑥]。上述职能分工取得的绩效，在很大意义上反映了基于传统理论所建构之组织具有的合法性。

然而，随着恐怖主义的发展，恐怖活动由组织性、计划性、规律性发展为“独狼式”、游击性和随机性，恐怖行动的离散化和碎片化加大了以科层架构为组织结构防范和打击恐怖主义的难度。事实表明，在现如今的恐怖主义形势之下，以职能分工、条块分割为构成的组织结构严重影响反恐效率，也不利于反恐机构体系的形成和运作，甚至还可能出现如德国社会学家贝克所说的“有组织的不负责”之荒唐现象。[⑦] 具体来说，现行反恐主体架构存有两方面缺陷：一是由于各反恐部门根据自身所负责的反恐职责进行专业工作，导致各行政机关之间资源重复且分散。当发生恐怖事件时，无法有效整合以发挥整体优势。即使在层次秩序关系中整合成为可能，但是由于部门林立，信息在部门之间传递有失

① 参见姜杰主编《西方管理思想史》，北京大学出版社 2011 年版，第 34 ～ 35 页。

② 例如，《国务院办公厅关于印发〈国务院有关部门和单位制定和修订突发公共事件应急预案框架指南〉的函》（国办函〔2004〕33 号）规定：“突发社会安全事件……主要包括……恐怖袭击事件……”

③ 例如，《证券期货业反洗钱工作实施办法》（中国证券监督管理委员会令〔2010〕68 号）要求证券期货业“防范……恐怖融资风险”。

④ 例如，《2014 年政府工作报告》表述为：“加快建设现代化武装警察力量。坚决完成抢险救灾、反恐维稳、维和护航和处置突发事件等任务，积极参加和支援国家经济建设”。

⑤ 例如，《关于执行联合国安理会第 1373 号决议的通知》（外发〔2001〕18 号）等。

⑥ 例如，《国务院办公厅转发商务部等部门关于加强境外中资企业机构与人员安全保护工作意见的通知》（国办发〔2005〕48 号）规定：“外交部、公安部、安全部、商务部等部门及驻外使领馆等驻外机构要加强对安全问题突出的国家和地区有关……恐怖主义活动等信息的收集工作”。

⑦ 参见〔德〕乌尔里希·贝克《从工业社会到风险社会（上篇）——关于人类生存、社会结构和生态启蒙等问题的思考》，王武龙编译，《马克思主义与现实》2003 年第 3 期。

真甚至扭曲的危险，导致反恐政策或反恐行动产生“执行梗阻”及“钝化效应”。二是由于恐怖主义的复杂性，需要政府多个部门的参与应对，容易造成各个主体之间的职权交叉重叠。理论上虽“谁都有责任，谁都有权力负责”，但事实上“谁都没有能力或愿望”来负责，[①] 进而导致反恐行动迟缓、效率低下。作为对科层组织“反应迟缓”问题的反思，整体式治理（holistic governance）[②] 开始从宏观上研究公权力主体之间的跨部门协作乃至公私合作问题，强调预防导向和效率问题，有望成为治理官僚体系部门利益梗阻、提升反恐绩效、支撑反恐公私联动模式的理论基石。该理论的提出既根源于科层官僚本身的缺陷，又根源于日益复杂的外部形势和制度环境。其中，合理压缩政府的权力单位和多元参与是该理论的核心，其关键在于如何确立社会公众的地位，使之成为跨组织的结构成员。

3. 隐蔽执法的封闭性缺陷

在传统视野下，反恐与国家安全密不可分，而国家安全工作极其强调保密性。从反恐现状来看，政府主要将反恐视为维护国家安全工作的当然组成。在国家安全话语体系中，政府的反恐执法大都是隐蔽的，隐蔽的优长在于：它以“信息不对称”造成对恐怖分子的情报优势，便于对潜在恐怖活动的预防和惩治。但是这种隐蔽策略也带来了副作用，即：为了确保安全，反恐秘密执法对其对象——恐怖组织和恐怖分子——保密的同时，也造成了对社会公众的保密。这种方法，一方面，由于保密行为的自我指涉性，秘密执法的权力容易在行使中自我膨胀、自我递增。对于一种秘密的自我指涉的权力，外部的不同质的权利制约因为信息的不对称而无能为力。“信息就是权力”，这种权力一旦被垄断，该权力主体将会蔑视其他权利，容易把自己横加于其他权利之上，造成公民合法权利的潜在损害（例如，公安机关搜集反恐情报的同时可能侵犯到公民的隐私权等）。况且，对于保密行动，外部审查无从入手，而内部审查容易导致在压力情况和官僚体系惯性的驱使下，使“监管流程转变为简化的手续办理活动，流于形式”[③]。另一方面，保密会造成政府反恐的自我封闭和“孤岛效应”，公众对政府的反恐行动不了解、不知情，无法融入政府的反恐执法之中，反恐合力

① 参见戚建刚《非常规突发事件与我国行政应急管理体制之创新》，《华东政法大学学报》2010 年第 5 期。
② 参见盛明科、郭群英《公共突发事件联动应急的部门利益梗阻及治理研究》，《中国行政管理》2014 年第 3 期。
③ 刘铭：《大数据反恐应用中的法律问题分析》，《河北法学》2015 年第 2 期。

更无从谈起。

笔者认为，适度的开门反恐是可行的：一是，适度公开有利于保护核心反恐行动和关键情报的安全。无论是政府还是社会组织，它们的理性和资源都是有限的，不可能全面顾及所有事情。在资源有限的情况下，对于一些次要事项的适度放手，留给社会公众以参与空间，可以让政府有更多“精力”（人、财、物）去执行核心领域的反恐行动。二是，反恐执法的适度公开可以威慑潜在恐怖事件的发生。告诉潜在恐怖组织和恐怖分子反恐执法的实然运作，是一种负面激励的信号机制，其潜在逻辑就是“国家已经掌握了涉恐情报”，逼迫恐怖嫌犯考虑其行为实现的可能，有利于降低恐怖事件发生率，进而促进社会治安总体形势的好转。事实上，我国建立国家反恐怖主义情报中心，这一举措本身就是对恐怖主义活动进行威慑的信息工具。三是，适度的公开可以实现政府和社会公众的合作，形成反恐合力。反恐执法的公开便于社会公众了解政府的反恐动向，感知恐怖活动的类型、特质、方法、分布状态以及可能对自己造成的危害，以促使其参与其中。正如福柯的“全景敞视主义”[①]效应，当政府和社会公众都成为反恐斗争的结构性成员之时，就会成就恐怖分子“老鼠过街、人人喊打”的局面，这会使得反恐执法的边界和深度发生显著变化，反恐效能也将大幅提高。

三、改进的方向

可以看出，在精英反恐模式中，社会公众要么是作为被政府保护的安全利益而静态置放，要么是被视为恐怖活动侵害的法益而被动存在，并没有发挥其主观能动性，更没有被作为法律关系的“主体”。在这种反恐模式下，其组织结构呈现出“一元单中心”的形态，其行为特点是以集权实现资源调配的高效。该模式无法有效融合社会资源，也无力达成微观领域的“有序”，甚至造成“有组织不负责任”现象的发生。况且，精英反恐模式往往视国家安全为首要目标，“‘安全’是超越一切政治规则和政治结构的一种途径，实际上就是一种所有政治之上的特殊政治”，即反恐一旦被提上日程，立刻就会变得比国家的其他任何

① [法] 米歇尔·福柯：《规训与惩罚》，刘北成、杨远婴译，读书·生活·新知三联书店 1999 年版，第 219 页。

议题都重要，并因此获得绝对优先讨论的地位。它背后的潜在逻辑是：如果不解决这个问题，所有别的问题都没有谈的必要或者没有机会谈别的问题。故而，“要求一项以非常方式处理问题的权利，以便打破常规的政治规则”。[①]这样一来，政府只需通过强调安全，就可享有合法动员或使用武力的绝对理由，那么，通过强调恐怖主义的现实威胁性就可轻易打碎业已建立的政治规则和法律制度，长此以往，权力将高度聚合，有悖法治的世界潮流。事实上，这种趋势已在显现。例如，以“民主样本”自居的美国，因为精英反恐模式的大力推行，使其民主宪政的基本结构受到显著影响，三权分立构造发生大幅倾斜。美国政府采取的单边主义和冒险主义策略，使其在国内和国际上失去信任，政府形象受损严重，尤其是将少数派（穆斯林）从人民中分离出去，成为受歧视的对象，大大降低了民主国家在打击恐怖主义时的道德要求。[②]“恐怖主义所攻击、所反对的价值正在被反恐怖主义的行动所摧毁”。[③]

正因为此，为改善精英反恐模式，很多国家都在“权力”中注入“权利”，在补强权力利于反恐的同时监督权力。仍以美国为例，“自上而下”而言，2001年“9·11”事件后，国会为了便于国家打击恐怖主义，通过了爱国者法赋予行政机关广泛不受司法审查的监听权力，实现政府反恐权力的高度集中，强化精英反恐模式；然而，时间延至2015年6月后，公民权利在庞大的国家反恐权力前日趋孱弱，国会议员之间存在广泛的意见分歧，导致爱国者法失效，政府不再有权大量搜集情报信息，精英反恐模式式微明显。[④]“自下而上”而论，精英反恐模式的主动性、积极性甚至狂热性使得美国那些极其重视人权的以及那些认为他们自身权利受到侵害的人，提起了诸多“反对反恐之诉”（counter-counter-terrorism via lawsuit）。[⑤]学者大卫·扎林（David Zaring）认为：在那些广为人知的案例中，赢得官司与在国家管理中注入个人政治意图相比起来，后者的目的似乎更为准确。[⑥]如果说这些“反对反恐之诉”的案件不具实质

---

① ［英］巴瑞·布赞、［丹麦］奥利·维夫、［丹麦］迪·怀尔德主编：《新安全论》，朱宁译，浙江人民出版社2003年版。

② 罗刚：《反恐对策：美国经验与中国选择》，《政法论丛》2014年第5期。

③ 李明：《恐怖主义时代的紧急状态与酷刑》，《西部法学评论》2015年第1期。

④ 罗刚：《反恐对策：美国经验与中国选择》，《政法论丛》2014年第5期。

⑤ George D. Brown，“Counter-Counter-Terrorism via Lawsuit——the Bivens Impasse”，82 S. Cal. L.Rev.（2008），pp.841-912.

⑥ See David Zaring，“Personal Liability as Administrative Law”，66 Wash. & Lee L. Rev.（2009），p.332.

意义的话，它们更具有象征意义，它们的目的不是指向判决，而是指向对反恐政策制定者的挑战。可见，美国已显现了异于精英反恐模式的诸多表征，可以说是新的反恐模式的制度雏形。

第二节　公众参与反恐的正当性论证

基于对政府当前定位不足的洞察，我国《反恐怖主义法》对公众参与进行了原则性规范，奠定了我国反恐模式转型的立法基础，也为新的参与模式提供了合法性来源。但一种模式的整体性变化，涉及问题多、关系复杂，需要对与其关系密切的因素进行正当性论证，尤其，在国外可用的模式是否同样适用于我国环境，在我国是否必要和可行，这都需要进行充分的说理和证成。

一、两种模式的异同

根据反恐中政府定位的不同，可将反恐模式概括为精英反恐模式和全民反恐模式。所谓全民反恐模式，是指国家和社会共同防范和打击恐怖主义，相较于精英反恐模式，它更强调社会在反恐行动中发挥结构性的作用。根据政府与社会关系的不同，全民反恐模式可以具化为“参与式”全民反恐模式和“合作式”全民反恐模式（见表 1）。[①] 在精英反恐模式下，政府主要以“一元单中心结构”实现秩序的强力形成，它的行为方式主要是集中性的支配和命令。而在“全民反恐”模式中，政府的定位发生了变迁：参与模式旨在通过向社会的适度授权，形成政府主导、社会参与的“中心—边缘结构”样态，以促进反恐任务的完成；合作模式则是通过分散、共担反恐任务，建构政府与社会“多中心”反恐的网

① 需要说明的是，为研究的方便，这里运用了马克斯·韦伯的“理想类型”分析方法，参见魏峰《韦伯传》，中国广播电视出版社 2003 年版，第 197 ～ 203 页。

状结构，以公（权力）私（权利）合作的进路开展反恐斗争。

表 1　精英反恐模式与全民反恐模式的比较对照表

模式	精英反恐模式	全民反恐模式	
		参与模式	合作模式
反恐力量	政府的公权力	政府的公权力＋社会公众的参与权利	政府的公权力＋社会公众全面的私权利
组织结构	一元单中心结构	中心—边缘结构	多中心—网状结构
行为特点	集中、支配	授权、参与	分散、合作

在公民社会较为成熟、社会力量比较强大的国家，一般采取合作模式来补强或制衡精英反恐模式。以美国为例：一方面，美国的非政府组织比较成熟，有规模化的组织力量，公私部门之间合作进行反恐有很大的可行性，而且美国认为恐怖主义多来自境外，遍布全球的企业、非政府组织等有发挥作用的空间，而在境内居住的公民个体之参与范围极为有限，加上在美国活动的恐怖分子多采用“热兵器”进行恐怖活动，赤手空拳的个体在现代武器面前注定没有多大作为（在反恐实践中，政府通常通过向公众发放反恐小册子等告诉公民恐怖事件发生之时，如何逃生和自救）；另一方面，在资本主义国家，私营部门是国家物资、基础设施和服务的所有者、运用者和提供者，不与私部门合作，公权力寸步难行。例如，美国为了阻止恐怖分子入境，在机场实施了“旅客姓名记录”（Passengers Name Records）项目，利用该项目，美国可与欧盟共享信息，事先获知到达和离开美国的旅客信息，并对这些信息进行分析研判，而这些信息基本都来自美国的各大航空公司收集的旅客信息，因此美国国家安全部门与航空公司的反恐合作成为必然。[①] 可见，美国的全民反恐模式，多强调以法律手段固化、强化社会组织与政府部门的合作为进路，不强调社会公众的个体参与。

这与我国情况不同：一是，我国的恐怖活动多来自境内的“东突”组织之手，社会公众有接触到恐怖分子及获取涉恐线索的自然条件；二是，恐怖分子在我国主要采取“冷兵器”进行恐怖活动，刀斧等只能在近距离才具有杀伤力，如果公众充分参与到反恐预案演练之中，在抵抗恐怖侵害时措施得当，是完全可

① 参见胡建奇《美国反恐斗争中公私部门间的合作及其对我国的启示》，《中国人民公安大学学报（社会科学版）》2010 年第 1 期。

以实现自卫的[①]；三是，传统上，我国公权力强势、传统行政管理手段盛行、市民社会稚嫩、社会组织羸弱、社会信任度低下等，使得社会公众依赖国家“家长”般地提供公共安全[②]。相对于国家，社会没有得到充分发展，而“多中心”的模式要求摒弃政府的中心性和主导性要素，[③]不符合我国现阶段之国情。由此，研究如何促使社会公众参与反恐，即参与模式更具现实性。进一步，有必要结合我国具体情形论证该模式的必要性和可行性。

二、公众参与反恐的必要性

（一）从公众参与反恐的功能来看，社会公众可以弥补政府的内在缺陷

一是公众参与反恐具有全面性。政府在打击恐怖主义中，其优势在于，可以集中专业队伍对恐怖分子进行毁灭性打击；但是在防范恐怖主义中，它囿于自身人财力的有限性，只能就特定范围的进行安全防范。[④]即，政府的优势在于“点”状打击，缺陷在于“点”状防范。但是社会公众则恰好可以弥补政府的这一缺陷，人们往往在一个宽泛的社会“面”上离散化地开展生产生活活动，他们与恐怖主义的距离最近，对其有着直接感知和“天然触角”，他们“甚至可以在不耗费任何资源的情况下为行政主体提供需要行政机关依法履行职责的违法信息”。[⑤]一旦发现涉恐信息，社会公众可以通过电话、网络等多种方式通知政府开展“点”状精准打击。简而言之，公众参与可以实现“点”、“面”结合，弥补政府缺陷，实现优势互补。二是公众参与反恐具有基础性。恐怖分子往往藏匿于社会公众之中，拿起砍刀、棍棒、炸弹就是暴徒，放下凶器从表面上看和普通群众无甚异同。如果仅仅依靠政府力量来防范和打击，无法深入到社会

① 例如，在2014年的“6·15”新疆维吾尔自治区和田棋牌室恐怖事件中，现场监控显示：当一名恐怖分子持斧头砍杀现场一名女性时，一名男子从其左翼迅速上前持椅子猛击其头部。与此同时，另一名群众持木棍从背后对其袭击，正是这种互相扶持有效遏制了恐怖分子的疯狂势头，避免了伤亡的扩大。参见李兴海《“6·15”案件对防范和控制刀斧砍杀暴恐袭击的启示》，《公安教育》2015年第10期。

② 参见胡敏洁《合作行政与现代行政法发展的新方向——读〈合作治理与新行政法〉》，《行政法学研究》2012年第2期。

③ “多中心”理念由2009年获得诺贝尔经济学奖的奥斯特罗姆夫妇提出，提倡公共行政中公私的绝对平等。关于该理念的系统阐述，参见［美］文森特·奥斯特罗姆、罗伯特·比什、埃莉诺·奥斯特罗姆《美国地方政府》，井敏等译，北京大学出版社2004年版。

④《反恐怖主义法》第三十一至三十六条也只是对“重点目标”的安全防范进行了规定，没有涉及社会所有面的防范。

⑤ 汪燕：《选择性执法及其治理研究》，武汉大学博士学位论文，2010年，第183页。

的方方面面和细枝末节。而公众遍布社会各个角落，如果其能够力所能及地开展基础性工作，不仅可以帮助政府辨别涉恐嫌犯，而且可以最大限度地减少和降低恐怖主义造成的恐慌，还能挤压、消除极端主义思想的生存空间。例如，社区居民能够及时发现并教育身边有极端倾向的人，这种“言传身教式”的基础性宣传教育更具有针对性和可接受性，能够补充政府宣传教育的不足。三是公众参与反恐具有及时性。鉴于现行的恐怖袭击多针对无辜群众，而政府从获取恐怖袭击信息到派遣专业力量至现场都需要过程和时间。在这段政府缓不济急的空白期，如果公众能够以规模化的压倒性优势对恐怖分子进行打击，无疑将在很大程度上降低人员伤亡和财产损失，同时为政府出场赢得时机。从这个意义上讲，公众参与“起到了临时替代行政机关履行责任的作用”①。可见，公众参与反恐可以弥补政府的及时性之不足。不难发现，从功能上看，公众参与反恐有很强的必要性，这也是之所以国家领导人多次强调要纳入群众力量的原因所在。

（二）从政府反恐资源的配置来看，公众参与反恐能实现资源的更优配置

在法经济学的视野中，传统上反恐之所以被认为必须由特定的代表国家的行政组织实施，在于反恐行动就其性质而言是经济学理论中的公共产品。公共产品有两个基本特征，即消费上的非竞争性和使用上的非排他性。前者意味着增加一个人的消费并不减少其他人的消费；后者意味着因技术上难以把不付费的人排除在外使之无法收益，或者谁都可以这样做，但成本过高而不值得。②类似的例子如国防、警察等。但实际上，公共产品由政府供给并不必然意味着该类产品只能由政府自己生产。由于产品生产的分工体系会因外部条件而发生变化，可能会出现原先完全由政府供给的产品，其部分环节由政府以外的其他组织或个人完成更为有效率，典型的例子如治安外包。因此，公共产品必须由政府供给，只是意味着政府是产品供给的最终负责人，其具体的生产环节在适当

---

① ［日］田中英夫、竹内昭夫：《私人在法实现中的作用》，载《为权利而斗争》，中国法制出版社 2000 年版，第 474 页。
② 参见许彬《公共经济学导论——以公共产品为中心的一种研究》，黑龙江人民出版社 2003 年版，第 48 ～ 52 页。

的条件下可以由其他组织或个人完成。[①] 因此，在这个意义上，反恐也存在其部分环节可以由政府以外的社会公众来完成的可能性，而不必完全由政府自己来完成公共产品的生产。而且随着风险社会的来临，政府执行行政任务在事实上与财政上已经被过度苛求。例如，因为承担过多的行政任务而产生大量的执行赤字；因为行政组织体制上的不合理导致行政效率普遍低下；因为国家财政拮据的冲击，以致行政机关无法独立负责执行行政任务所需的财政支出。[②] 而在社会领域，政府通过大力培育社会中介组织，并逐步将权力向社会转移已见端倪。事实上，许多任务已经无法单独由政府完成，政府未必具有绝对优势的专业知识、能力、经验、时间、人力、物力以及财力。从效率与成本的观点来看，将反恐中的宣传教育、预案编演等环节纳入社会公众的参与，可以提高行政效率，促进安全产品的多样化与高质量化供给。[③] 基于这一视角的观察，反恐中的公众参与可以视作解决政府资源有限、安全产品提供不足的良方。

（三）从风险社会责任的分配来看，整体主义社会责任观[④]要求全民反恐

在“风险社会”之中，由于难以找到有效控制风险的制度性手段以及还原主义科学研究的缺陷，整个社会因“未知”而惶恐不安。在这种社会背景下，人们对传统社会的基本假设提出了质疑，反恐专家对知识和理性的垄断被打破，一种被称为主观建构的感性逻辑在展开。由于各种恐怖风险性质不同以及动态变化的现实特征，反恐防控既需要政府主导，亦需要社会配合，还需要个体参与。在传统上，政府应对包括恐怖主义在内的风险是各国选择的基本模式。政府代表人民行使职权，掌握国家资源，有能力动员、调配各方力量。但是在现如今，面对随时来临却又无法确定的恐怖主义风险，我们必须以整体主义社会责任观来强调反恐的效能，实现从精英反恐向公众参与的过渡。首先，在风险社会中，“不明的和无法预料的后果成为历史和社会的主宰力量”[⑤]，政府并不比社会公众具有

---

① 参见吴义龙《信息成本下的公共执法与私人参与——从“钓鱼执法”事件切入》，《法律和社会科学（第8卷）》，法律出版社 2011 年版，第 146 ～ 147 页。

② 参见陈铭聪《公民参与行政任务研究》，苏州大学博士论文，2013 年，第 4 页。

③ 参见高秦伟《私人主体的行政法义务》，《中国法学》2011 年第 1 期。

④ 参见［澳］皮特·凯恩《道德与法律中的责任》，罗李华译，商务印书馆 2008 年版，第 35 页。

⑤［德］乌尔里希·贝克：《风险社会》，何博闻译，译林出版社 2003 年版，第 20 页。

更强的恐怖风险感知和防控能力。其次，恐怖主义风险一旦演化成事件，其灾难性后果是难以弥补的。而精英反恐强调对政府反恐责任的事后追究缺乏及时性①，整体主义社会责任观强调全民的反恐参与更具现实适应性。第三，由于社会公众都被暴露在恐怖主义风险之中，高压的心理态势促使每个个体都主动去改变处境、积极防范恐怖风险，而不只是被动等待政府提供“反恐”答案。并且，一旦政府的反恐行动稍有懈怠，个体心理恐惧感将伴随恐怖事件的发生而激化对政府的不信任感，反过来影响政府的反恐行动的改善。由此可见，与风险社会来临相伴随的是社会公众“反恐责任感”的增强，而这正是其参与反恐的一种重要正当性所在。

三、公众参与反恐的可行性

（一）现行精英反恐中已有零星的公众参与实践，并取得了一定绩效

例如，2014 年“6·15”新疆和田棋盘室暴恐案中社会公众对恐怖行为的抵抗，2014 年“7 · 28”新疆莎车县恐怖事件中社会公众参与搜捕恐怖嫌犯，由社区治安志愿者、党员巡逻队、专职巡逻队、义务巡逻队、治保积极分子等组成的北京朝阳群众的治安参与等。这些公众参与反恐实践，取得了实际的效果。在“6·15”和田棋盘室恐怖事件中，被逮捕的恐怖分子木尔扎提称“没想到群众会奋力反抗，一下就怕了”；在“7 · 28”莎车县恐怖事件中，被逮捕的恐怖分子艾则孜 · 居马克称“从没想到会被农民抓住”；北京朝阳群众广泛参与安全治理并“屡立奇功”，学者称之“是公共安全治理走群众路线、拓展人民群众参与公共安全治理的成功范本”。鉴于此，诸多学者提出要加大公众参与力度。例如，中国人民大学王宏伟提出，“反恐不能仅依靠政府和军队，必须让社会公众参与，开门反恐，科学反恐”②；中国人民公安大学王大伟认为，“中国特色的群众路线在世界范围内都是一个‘法宝’，我国和恐怖主义打全民战争，这是中国反恐最有效的武器之

① 例如，博尔塔拉蒙古自治州《各级领导班子和党员领导干部在反恐维稳工作中失职渎职责任追究暂行办法》第六条以后果的严重性为追责依据，规定了检查检讨、经济处罚、一票否决、组织处理、纪律处分、司法处理等多种追责方法。

② 汪红：《反恐应让公众科学参与》，《法制晚报》2014 年 10 月 15 日。

一”[1]；中国现代国际关系研究院反恐怖研究中心李伟强调，“民众是恐怖活动的最大受害者，也是反恐的重要基础力量和依靠力量”[2]；中国人民公安大学反恐怖研究中心梅建明提出，“所谓全民反恐，是指每个公民都有反恐的义务，配合政府的反恐工作”[3]；等等。可以说，上述参与实践的绩效和学者的呼吁为全民反恐模式提供了实证支持。

（二）现行法律体系中有公众参与反恐的规范表达，其为全民反恐模式提供了法律支撑

原则上，公民参与得到了现行宪法的确认，从宪法第二条可以看出端倪。该条第一款叙明国家权力的来源是人民；第二款表明人民在宏观国家管理中有间接的参与权利；第三款说明人民在微观管理领域有直接参与权利。在上述“不可缺少的、不可替代的、不可转让的、稳定的具有母体性的”[4]宪法基本权利中，宪法文本同意公民个体以及联合体以形式多样的法律规定之方式参与宏观领域的间接管理和微观领域的直接管理。反恐作为公共安全情形之一，属“国家事务”自不待言，因此在宪法层面，公众有参与反恐的权利。但是宪法条款只是有关任务的宣示和原则的抽象，如进一步落实，尚需观察立法机关按照宪法意图制定的更为具体的法律规范。《反恐怖主义法》第九条规定，“任何单位和个人都有协助、配合有关部门开展反恐怖主义工作的义务，发现恐怖活动嫌疑或者恐怖活动嫌疑人员的，应当及时向公安机关或者有关部门报告。”从上述条款可推测，现行立法思路是以国家机关反恐为核心，公众参与辅助反恐工作的开展。虽然公众参与反恐的范围有限，但参与的理念得到了立法机关的认可。

（三）世界各国大都推行全民反恐模式，充分证明了其可行性

例如，英国内政部2002年发布反恐预防战略，一方面鼓励社会公众积极参与反恐，另一方面建立一套以社区为主体的干预机制，对易受恐怖主义思想蛊惑的群体提供咨询和精神疏导[5]；俄罗斯联邦安全委员会主席索伯列夫2009年撰

---

① 李赫然：《王大伟：中国式反恐的全民战争》，《中国新闻周刊》2009年4月6日。
② 明海英：《民众是反恐最重要的依靠力量》，《中国社会科学报》2014年8月1日。
③ 汤瑜：《反恐立法迫在眉睫》，《民主与法制日报》2014年6月23日。
④ 徐显明主编：《公民权利义务通论》，群众出版社1991年版，第133页。
⑤ 李捷、李强：《反恐与公众参与》，《兰州大学学报（社会科学版）》2008年第2期。

文认为“反恐的道路还很漫长，俄罗斯身上的担子很重，必须注重加强军民一体、多国联合反恐”[①]；新加坡2012年推出社区巡逻制度（COPS）[②]，至今已在全岛35个邻里警岗推行，社区巡逻制度正在改变新加坡警察执行任务的方式，使居民成为防范恐怖主义的一分子，从目前看，居民的参与度已有大幅提升，在社区治安情况较好的情况下，政府能腾出更多宝贵资源集中力量来应对关键的恐怖主义威胁[③]。以上各国全民反恐模式下的具体举措，值得我国予以移植和借鉴。

第三节　公众参与反恐模式的构建

参与模式在我国不仅具有合法根基，而且必要、可行，接下来的问题就是如何对它进行构建。异于精英反恐模式，参与模式是一种由广大社会公众参与政府开展的反恐行动并对提升反恐效果发挥积极作用的制度模式。其中，对其起决定性作用的是社会公众的反恐参与权。原因在于，没有反恐参与权，社会公众就没有参与的权利能力；没有参与的权利能力，就形不成政府的保障义务，参与反恐就有可能落空。那么，什么是反恐参与权以及如何保障反恐参与权就成了该模式的逻辑起点和主要内容。

一、反恐参与权的内涵

所谓反恐参与权，是指社会公众依法参加反恐行动，以法律规定的方式，帮助政府防范和打击恐怖主义的一项综合性权利。

---

① 吕正卿、许德斌：《从美国“全民反恐战略”说开去》，《中国国防报》2009年10月12日。
② 卢文刚、蔡裕岚：《新加坡的全民反恐及其启示》，《中国应急管理》2015年第5期。
③ 参见卢文刚、蔡裕岚《新加坡的全民反恐及其启示》，《中国应急管理》2015年第5期。

（一）反恐参与权的运用主体是社会公众

这里需要将公众与群众作一区分。在反恐工作中，一般将它具象化为“专群结合、群防群治、综合治理”[①]。应当承认，上述概括与“公众参与反恐”在内涵上具有极大的相似性，但基于法学理论研究的必要，需要对二者进行一定的话语转化。一方面，“依靠群众”呈现出较强的政治色彩。“‘依靠群众’是党在长期的革命和建设实践经验基础上提出的政治口号”。[②] 在我国构建现代法治国家的进程中，法学视域里的政治色彩正在褪却。在此种情况下，应排除政治话语在法律中的体现。况且，“依靠群众”强调的是将群众作为“依靠”的对象，其意在强调政府的主动性和群众的被动性，公众参与则是强调公众的使能性或者说主动性。消极被动地被“依靠”的必将是松散的需要动员的群体力量，无法形成结构化的规模化的积极反恐力量，而“参与”的表达体现了社会公众的能动性蕴意。可见，用公众参与更能全方面体现二者的互动关系。

（二）运用反恐参与权目的主要是“助力”反恐任务的达成

反恐参与权的主要目的是实现、保障或恢复公众的安全权利。就此而言，它与政府的反恐权力无本质区别，只不过反恐权力还肩负着维护国家安全和社会秩序的重任，而社会公众的反恐参与权主要是从自身的角度出发实现安全权利。但社会由一个个个体组成，通过个体亦可连贯整体目标。社会公众的反恐参与虽通常与实现自我的安全权利相关联，但也可能救济他人权利乃至社会公益。事实上，在反恐行动中，如果不“考虑调动私人与国家共同执法的可能性”，则将“耗费更多的国家资源，却更难实现立法目的”。[③] 从这个层面上讲，当前，社会公众参与反恐是帮助政府完成反恐任务。当然，在未来，鉴于政府反恐权的自我封闭、自我膨胀和自我指涉性，应警惕政府以反恐为名，侵害公民合法权益情形的发生。

---

① 例如，2015 年 11 月 15 日国家反恐怖工作领导小组组长郭声琨在全国反恐怖工作专题视频会议上强调，“要紧紧依靠群众、依靠基层，坚持专群结合、群防群治、综合治理，着力打好反恐怖人民战争”。参见周栋梁《郭声琨在反恐怖工作专题视频会议上强调：坚持人民群众生命财产至上，扎实做好反恐怖防范应对工作》，《人民公安报》2015 年 11 月 16 日。

② 陈卫东：《公民参与司法：理论、实践及改革——以刑事司法为中心的考察》，《法学研究》2015 年第 2 期。

③ 徐昕：《法律的私人执行》，《法学研究》2004 年第 1 期。

（三）反恐参与权有多种运用方式

参与权的行使需要有一定方式，没有法定方式的参与会让人难以把握。我国在各种参与实践中规定了参与权的具体行使形式，例如，治安防控中，社会公众可以以“辅警”、“治安外包”、社区矫正等形式参与等。具体到反恐参与权，它的方式有：参与反恐宣传教育、参与反恐预案编制演练、举报涉恐线索、抵抗恐怖侵害、参与恐怖现场救助、参与恐怖事件事后重建、参与搜查、扭送恐怖分子，等等。显而易见，社会公众有多种方式参与反恐，这在定义参与权时难以穷尽列举，而《反恐怖主义法》对公众参与也仅是原则性规定，没有对公众如何具体地参与到反恐之中予以明确，亟须对其进行类型化研究。

（四）反恐参与权具有综合性权利属性

作为“权利束”[①]，“综合性权利”表明并非只要社会公众参与到反恐行动中就算行使了这一权利，而是强调社会公众要发挥实质性的作用。若欲发挥作用，就要结合反恐行动的不同环节来开展，参与环节不同，对应的参与权的权利内容也不尽相同。那么，反恐参与权就是这种不同环节权利的综合和集中表达。反过来讲，如果反恐参与权是一种单一性的权利，那么它唯有高度抽象才能容纳其所承载的权利内容，“抽象表达之优长，在于有比具象表达更强的对具象变化的包容能力和适应能力”[②]，但是如果只是笼统地介绍反恐参与权，将导致权利内容的概括、模糊，再加上现行法律没有具体、明确地规范参与权的内容，这容易导致社会公众无法预测自己的参与效果，有损反恐参与所蕴含的功能和价值。

二、反恐参与权的权能

研究“反恐参与权是什么”仅限于内涵界定是不够的，内涵解释了反恐参与权的基本特征，研究反恐参与权的重点在于社会公众如何运用反恐参与权以及如何对它的运用进行保障，回答上述问题的前提是要弄清楚反恐参与权由什

① “权利束”理论由美国法学家霍菲尔德首创，后被学者所推广。参见［美］霍菲尔德《司法推理中应用的基本法律概念（上）》，陈端洪译，《环球法律评论》2007 年第 3 期。

② 夏勇：《中国宪法改革的几个基本理论问题》，《中国社会科学》2003 年第 2 期。

么构成。分析反恐参与权的具体构成，需借助一定的分析框架，以明了其包括什么具体权利、为什么包括这些权利以及这些具体权利是如何排列组合的。循此思路，民法学上“权能”的分析框架为回答这一问题提供了启示，可资借鉴。

（一）反恐参与权的权能分析

权能指权利的内容，它是从权利的内在构成部分对实现权利目的所具有的职能来认定的，即它们都是为实现权利目的所需要、并由法律加以规定的各种手段和措施（即各种具体权利）。[①] 从这一标准出发，可从实现反恐参与目的的各种需要来观察社会公众反恐参与权应具备的权利内容。社会公众参与反恐的目的就是助力政府开展反恐行动，那么，就有必要分析政府的反恐行动都有哪些。

结合《反恐怖主义法》第三条第一款的规定，从过程论的视角出发，可将恐怖主义定义为通过暴力、破坏、恐吓等手段，制造社会恐慌、危害公共安全、侵犯人身财产，或者胁迫国家机关、国际组织，以实现其政治、意识形态等目的的动态过程。作为一个过程，恐怖主义首先表征为一种“不确定性”，即恐怖袭击发生的时间、地点以及造成的灾难性后果等不确定；其次，恐怖主义表现为一种“须紧急处置性”，即恐怖袭击一旦发生，其必然会造成一定范围的人员伤亡和财产损失，且给人们以“恐慌”，因此必须尽快处置；再次，恐怖主义体现为一种“可追责性”，即恐怖主义的行为主体必须得到法律的制裁。简言之，恐怖主义具有“风险”“事件”“行为”三维属性。需要说明的是，上述三种属性是从理想类型分类方法出发，三者并非决然割裂存在，而是相互依存。三者的关系是：风险既可以是恐怖事件的风险，也可以是恐怖行为的风险，它以行为为载体最终指向事件的发生，实现恐怖分子“让更多人死，也让更多人看”的目标；事件是风险演化的结果；行为以风险为征兆，以事件为追责依据。那么政府的反恐行动可以具体化为防范恐怖风险、制裁恐怖行为、处置恐怖事件。为实现帮助政府完成反恐任务的目的，公众便可以介入政府开展的上述活动之中，享有参与防范、制裁、处置等活动的权利。进一步，为了引导和规范公众正确运用反恐参与权，需要明确该权利内部的排列组合。

---

① 方世荣：《论行政立法参与权的权能》，《中国法学》2014 年第 3 期。

（二）反恐参与权的权能结构

首先，理想的反恐应止于恐怖风险防范。对于风险防范而言，一方面，通过在社会公众和国家之间自由切换对恐怖活动监视的权力（利），将恐怖主义置于一个福柯意义上的“被看”空间，并且这种“看”的力量，不是以明确的“身着制服”的公权力体现，遍布的弥散化的“监视的眼睛”，成就“全景敞视主义”效应，恐怖活动被查处的概率将大为提升；另一方面，社会公众通过培训、教育和演练掌握了应对恐怖风险的技能，将大大降低恐怖活动发生之时造成的伤亡，这将给国家公权力及时出场、制服恐怖分子创造宝贵时机。因此，社会公众应享有“举报涉恐线索的权利”、“参与巡逻警戒的权利”、“参与反恐预案编制演练的权利”、“参与反恐宣传教育的权利”等参与防范恐怖风险的权利。

其次，在上述参与不奏效之时，恐怖活动从风险演变成实然，它一般以恐怖行为为媒介达成恐怖事件。鉴于恐怖行为的极端暴力性，在其实施过程中，应由政府进行强力压制，社会公众提供必要的配合，在政府力量缓不济急的情况下公众有权进行自力救济。如果恐怖分子被击毙，针对恐怖行为的反恐行动就告结束。如果恐怖分子逃跑，社会公众有“参与搜查”或者“扭送”的权利。在刑事诉讼过程中，社会公众有“作证”、“求偿”等参与制裁恐怖行为的权利。

再次，对于恐怖行为导致的恐怖事件，它必然会给当地秩序造成一定的影响。而这种影响分为恐怖事件现场的影响和恐怖事件过后的影响。对于恐怖现场处置，社会公众有“参与维持现场秩序的权利”、“参与现场救助的权利”。社会公众在“跑”和“躲”均不能发挥作用的情形下，有“暴力抵抗恐怖侵害的权利”。在事后，社会公众有“参与恐怖事件现场的恢复重建的权利”。

依上所述，可以将社会公众的反恐参与具体化为防范恐怖风险的参与、制裁恐怖行为的参与、处置恐怖事件的参与。鉴于社会公众对恐怖行为的制裁之参与一般发生在事后的刑事诉讼中，只有极端情况下才直接参与到对恐怖行为的直接抵抗中，在更多的状态下主要是参与防范恐怖风险和处置恐怖事件，因此社会公众的反恐参与权的具体权利样态及其逻辑先后关系应为：防范恐怖风险参与权、处置恐怖事件参与权、制裁恐怖行为参与权。

进一步要问，上述权能是否包括了反恐参与权的所有内容？如果公众在不知道相关信息下参与反恐，只是作为“旁观者”的参与，这种形式上的反恐参与，虽然会给恐怖分子以“人多势众”的压迫感，但是它参与的力量微乎其微。波斯纳在解释“见义勇为”时说，旁观者越多，每个旁观者站出来救助他人的预期收益就会减少，因此，每个旁观者都会袖手旁观。[①] 相同的逻辑可以运用到反恐参与中来，在一定意义上讲，恐怖分子就是利用人们“集体行动”的困境，而“为所欲为，无法无天”的。如果凸显公众参与的效果，就必须让社会公众有知悉反恐信息的权利。只有知悉反恐信息，社会公众才能根据自己的实际情况判断自己是否参与其中。如果不了解最基本的信息，社会公众极有可能因为不了解情况而不参与，或者盲目参与，达不到应有效果。

强调社会公众知悉反恐信息的权利意义重大。在反恐情境中，我国极其注重其秘密性和隐蔽性，有限的信息披露仅以反射利益的面目呈现在公众面前，国家总体上弥漫着一种家长式的“安全供应商”心态，社会公众的参与被排除在反恐行动之外，导致现行的反恐信息公开呈现出事后性、保守性、单向性的特点。那么，要在我国反恐工作的保密传统中，注入社会公众的力量，就必须考量保密与公开的关系。在一定意义上讲，为了阻却恐怖行为的发生、避免恐怖事件的形成，国家必须对恐怖主义行为者造成信息上的优势，利用保密手段来维持信息不对称是一种较为可行的途径。正因为此，各国多在反恐行动中强调其秘密性。但是，这种保密策略又会导致社会公众帮助政府完成反恐任务的乏力。这样，就要求在保障公众参与所需信息之公开的同时，避免恐怖主义利用同样的信息对反恐行动进行规避。这就形成了有限的信息公开理论。美国最高法院史蒂芬·布雷耶大法官从信息公开发生作用的角度谈及信息公开：“只有公众能够理解被披露的信息，或可以以信息为依据自由地选择，或者相信信息与选择之间具有实质的关联时，披露才有可能起作用。”[②] 循此逻辑，对社会公众的反恐信息知悉权的满足，就应该做到：该权利中的“信息”应以提醒公众警惕恐怖活动，或帮助公众介入反恐行为为限，而不能用来供恐怖组织和恐怖分子逃避防范和打击使用。

通过以上论述，可以发现，在反恐参与权之目的指引下，反恐参与基本上是四个关键环节的递进过程，即社会公众知悉反恐信息、参与防范恐怖风险、参与处置恐怖事件、参与制裁恐怖行为。为此，反恐参与权在上述四个环节都应有必需的权利手段来发挥功能。这就是社会公众要有权知悉反恐信息、有权参与风险防范、有权参与事件处置、有权参与行为制裁（为便于论述，以下分

---

① 参见［美］理查德·A. 波斯纳《道德和法律理论的疑问》，苏力译，中国政法大学出版社 2001 年版，第 34 ～ 35 页。
② ［美］史蒂芬·布雷耶：《规制及其改革》，李洪雷等译，北京大学出版社 2008 年版，第 241 页。

别简称为知悉反恐信息权、防范恐怖风险参与权、处置恐怖事件参与权和制裁恐怖行为参与权，参见图 1)。这些权利手段都对反恐参与权的目的必不可少。在理想状态下，如在完成反恐参与权的前两个权能即知悉反恐信息权、参与防范恐怖风险权，就能阻却恐怖行为、避免恐怖事件，这就较好地实现了社会公众参与反恐的效果。但是在现实中更多的情形是上述四个权能均要发挥其效用，以实现恐怖活动造成损失、伤亡的最小化。

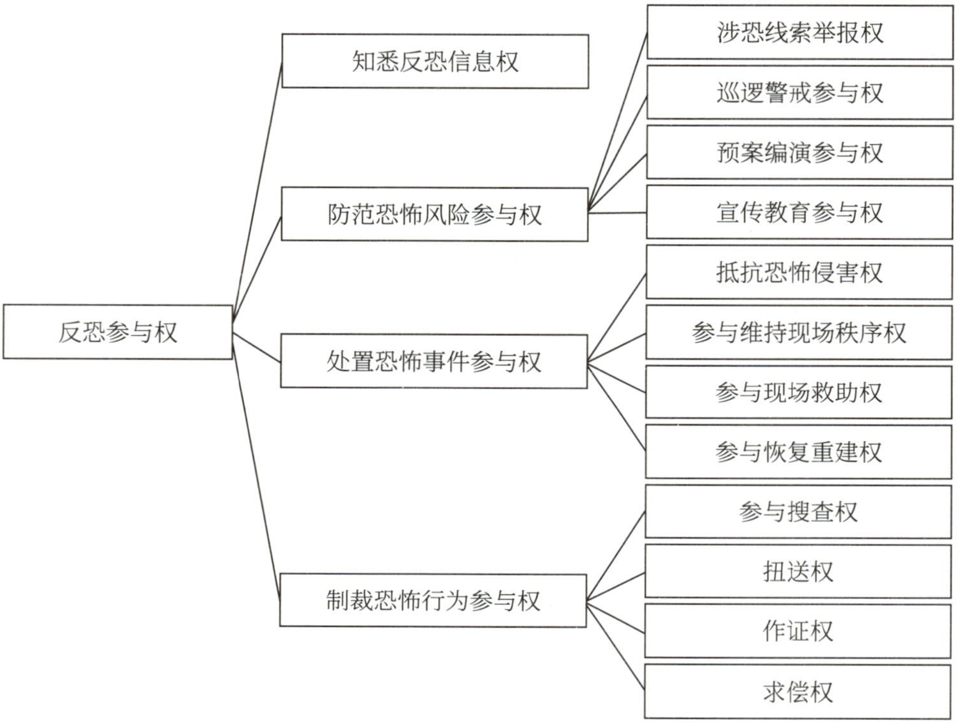

图 1　反恐参与权的权能结构图

三、反恐参与权的保障

反恐参与权对应着的是政府义务。首先表现为政府的尊重义务，即将社会公众作为参与的“主体”予以对待，政府不得阻挠、妨碍或者以其他方式阻止其参与。其次表现为政府的告知义务。例如，在防范恐怖风险时，要告知社会公众反恐预案演练的方式、时间、地点和法律后果等；在搜捕恐怖嫌犯时，要为社会公众参与搜查提供便利等。再次，表现为政府的保障义务，为参与反恐行动者提供给付和保护等。

需要指出的是，由于反恐参与权的配合性、从属性、依附性等特征，容易造成政府对社会公众角色的制度性轻视，再加上政府反恐惯常于封闭、秘密的传统，社会公众的参与很可能无法得到保障，因此，必须在立法中对社会公众的反恐参与权进行明确。同时，要重塑由参与反恐导致的法律责任，扫清公众行使反恐参与权的反向障碍。

（一）明示权利的存在

权利对应的是义务。如果不对权利进行明示，义务很可能无法得到履行。对于政府来说，不明示公众的反恐参与权，容易为其“保障不作为”提供空间，责任制度势必无法构建。对于社会公众来说，社会公众对关涉自身人身和财产安全的权利，往往能够积极运用，但是对那些与本人关联不大的权利则怠于行使。如果不对怠于行使的权利进行明示，社会公众在潜意识中不认可自己享有参与权，积极性会大打折扣，而且，没有得到明示的权利，公众对判断和预测参与行为的法律后果，抱着“多一事不如少一事”的想法，无形中会给恐怖主义以发展空间。

但是目前《反恐怖主义法》并未对社会公众的反恐参与权进行规定，该法只是规定公众应参与涉恐线索举报（第九条）、反恐秘密保守（第四十八条）、信息材料提供（第五十一条）以及行政征用（第七十八条）等活动，但在反恐预案演练、宣传教育、巡逻警戒、现场处置、恢复重建等却没有提及公众。因此，建议未来在制定《反恐怖主义法》实施细则或者专门的行政法规中，明确规定“社会公众有权参与反恐”，并就反恐参与的范围进行认定，即“本细则（法规）所称的反恐参与，是指为维护国家安全、公共安全和人民生命财产安全，社会公众参与到恐怖风险防范、恐怖事件处置、恐怖行为制裁等活动之中的行为”。

（二）重塑责任的分配

社会公众在运用反恐参与权时，有可能危及恐怖分子的性命（例如在“6·15”和田棋牌室恐怖事件中，社会公众运用抵抗恐怖侵害权，造成了3名恐怖分子两死一伤），还有可能侵犯其他公民和组织的合法权益（仍以“6·15”和田棋牌室恐怖事件为例，在抵抗恐怖侵害行为时，社会公众就地取材，随手拿起椅子、灭火器等公民的个人财产对恐怖分子进行攻击，一旦损害，势必侵犯公民的财产权）。社会公众既无权剥夺他人生命，亦无权侵犯他人的合法权益。依照法律上的因果关系理论，反恐参与者需要为其行为承担相应的刑事责任和民事责任，这就造成了反恐参与权的运用困境。那么，就应重新分配社会公众在运用反恐参与权时所导致的法律责任。

对刑事责任而言，本文以反恐参与权的权能之一——抵抗恐怖侵害权为例进行论述。该权利的行使至少应满足一个条件：社会公众处于被恐怖活动袭击的危急状态。判断该要件是否成立，对于司法实践是个严峻考验。面临一个持刀斧砍杀的恐怖分子，如果不赋予社会公众对他进行暴力抵抗的权利，甚至对他们运用抵抗恐怖侵害权的限度进行进一步的量化和格化，不在限度内进行抵抗就要负法律责任，势必无助于对恐怖行为的排除和阻却，反恐参与权也没有存在之必要。易言之，必须规定反恐参与者造成正在实施恐怖行为的不法侵害人死亡的，不负刑事责任。在认定这一行为时，建议采取主观标准，主观标准意味着抵抗恐怖侵害权的行使者的“认知错误”能作为排除或减轻其过错的合理抗辩。

对于民事责任而言，社会公众的反恐参与体现的是政府“延长之手”的作用，其对反恐参与权的运用，在功能上看，起到了帮助或者临时替代政府履行职责的作用，因此不能单纯地以民事关系来看待参与反恐的社会公众与其他公民和组织的法律关系，必须转化为行政法律关系。反恐中社会公众的参与类似于德国行政法理论上的行政辅助人，“对于行政辅助人行为的法律效果，直接归属于国家”[①]。当社会公众以行政辅助人地位参与反恐任务的执行时，只是表明某些特定情形下的任务由社会公众承担，反恐的职能、责任等仍归属行政部门。对于社会公众参与反恐时造成对其他公民和组织合法利益的损害，应当以行政责任来看待，即国家根据合法权益受损情况进行赔偿或补偿，免除社会公众的赔偿责任。当然，如果社会公众存在“重大过失”导致第三人合法权益受到损害的，应由其承担赔偿责任。需要说明的是，社会公众的赔偿责任只是限定在“重大过失”的范围之内，这等于免除了反恐参与中“一般过失”的赔偿责任，与侵权法上的过错责任和严格责任存在极大不同。

---

① 李洪雷：《德国行政法学中行政主体概念的探讨》，《行政法学研究》2000 年第 1 期。

对于这一点,《反恐怖主义法》亦未作出规定。建议未来在完善时,规定"公众参与反恐,造成正在实施恐怖行为的不法侵害人死亡的,不负刑事责任;对其他公民和组织的合法权益造成损害的,由国家代为赔偿、补偿,存在重大过失的除外"。

第四节 促进公众参与反恐的途径

我国现在处在精英模式向参与模式的转型之中。鉴于反恐任务的现实紧迫性,需要加快反恐模式的转型,其途径可从激励社会公众积极行使反恐参与权入手。明示权利的存在或者重塑责任的分配是实现参与模式的前提,而激励才是促使社会公众充分运用反恐参与权的关键。激励的目的是通过政府义务的强调和法律规则的导引,使社会收益转化为反恐参与者的私人收益,通过个体参与权的积极行使实现更为良好的社会治理状况。目前我国已有激励实践,但是存有缺憾,需要构建全方位的奖励制度。

一、激励权利的积极运用

就一般意义上的权利原理而言,权利的积极运用和消极放弃本身都无可厚非。"但是,当一国公民普遍染上权利行使冷漠症之后,权利就可能永远停留在纸面上而无法成为活生生的现实"[①]。尤其是参与反恐往往被认为是一种高风险的行为,社会公众趋利避害的本能会导致反恐参与的不能。根据法经济学理论,当参与反恐的收益不能补偿参与的成本的时候,参与就不会发生。反恐参与的收益是:(1)因公众普遍参与反恐,恐怖事件发生的概率降低,包括参与者本

① 章志远:《食品安全有奖举报制度之法理基础》,《北京行政学院学报》2013年第2期。

人在内的社会公众之安全感普遍得到增强，生活质量得到提高；(2) 有可能获得来自政府的丰厚物质性奖励，例如，2014 年 8 月新疆维吾尔自治区决定，拿出 3 亿余元奖励所有参与近期围捕专项行动的群众及相关人员[①]；(3) 参与行为得到国家和社会的认可，提升参与者精神上的满足感和成就感。反恐参与的成本是：(1) 参与者的健康和生命风险；(2) 参与者的劳务成本和时间成本。对公众参与反恐进行法律干预，应当着眼于提高参与的收益、压缩参与的成本。所谓"重赏之下，必有勇夫"，在此逻辑下，法律对策可设置为：向参与者提供行政奖励。

事实上，扩大私人收益的路径，在现阶段具有很强的可行性。"在一定意义上，立法和与之不可分离的司法和执法都是一种经济活动；而经济活动就是要寻求社会资源的最优化配置。"[②] 国家资源来自全体纳税人均摊，国家只需取出很少一部分资源去奖励积极运用反恐参与权的社会公众，譬如激励公众积极举报涉恐线索，就有可能大幅度减少大规模恐怖事件发生的概率，进而降低恐怖事件实然发生后整个国家人力、物力、财力的资源损耗，这样一来，政府可以把节省出来的更多的资源用于进行福利行政，提高人民生活水平，减少恐怖主义生存的土壤，这就会形成一种法经济学意义上的良性循环。

二、我国现行实践的缺憾

我国自 2014 年起，渐趋意识到需要激励公众参与，以弥补精英反恐模式的缺陷。但现行实践只是强调对反恐参与权的权能之一——涉恐线索举报权运用的奖励。尤其在 2014 年 6 月公安部下发《关于公安机关建立完善暴力恐怖犯罪活动举报奖励机制的通知》对公安机关建立完善暴力恐怖犯罪活动举报奖励机制提出要求后，全国各省、自治区、直辖市以及市、县级地方政府大都建立了奖励机制，拼织成了全国性的举报涉恐线索奖励制度（以省、自治区、直辖市级的奖励制度为例，参见表 2）。可以说这是促成反恐模式变迁的制度雏形，但是，除却涉恐线索举报权外，对于反恐参与权的其他权能，国家还没有全面的具体

① 参见隋云雁、张雷《新疆 3 亿余元重奖围捕暴徒的群众》，《新疆日报》2014 年 8 月 4 日。
② 苏力：《法治及其本土资源》，中国政法大学出版社 1996 年版，第 98 页。

的激励措施。

表 2　2014 年各省、自治区、直辖市制定的奖励举报涉恐线索办法统计表

名称	条文数量	奖励等级
北京市公安局群众举报涉恐涉暴线索奖励办法	11	3
天津市公安局关于对举报暴力恐怖犯罪线索实施奖励的通告	7	3
山西省公安厅群众举报暴力恐怖犯罪线索奖励办法	6	3
浙江省公安厅关于对举报涉恐违法犯罪活动有功人员实施奖励的公告	10	4
江西省公安厅关于公民举报暴力恐怖犯罪活动线索的通告	8	未分级
山东省公安厅公民举报暴力恐怖犯罪活动线索奖励办法	7	未分级
河南省公安厅举报暴力恐怖违法犯罪线索奖励办法	10	4
广东省公安厅关于公民举报暴力恐怖违法犯罪活动线索奖励办法	14	3
广西壮族自治区公安厅关于公民举报暴力恐怖犯罪活动线索奖励办法	9	2
海南省公安厅群众举报暴力恐怖犯罪活动线索奖励办法（试行）	10	3
重庆市公安局群众举报涉恐涉暴线索奖励办法	17	3
四川省公安厅关于公民举报暴力恐怖犯罪线索奖励办法（试行）	20	3
贵州省公安厅群众举报涉暴涉恐线索奖励办法	11	4
云南省公安厅群众举报暴力恐怖犯罪线索奖励办法	8	5
陕西省公安厅关于暴力恐怖犯罪活动举报奖励工作实施办法	4	未分级
甘肃省公安厅公民举报涉恐涉暴线索奖励办法	14	3
宁夏回族自治区公安厅公民举报暴力恐怖违法犯罪线索奖励办法	14	3
新疆维吾尔自治区公安厅关于群众主动上交危爆物品和举报涉危爆物品违法犯罪线索奖励办法	11	6

即便对激励社会公众积极运用涉恐线索举报权的制度有所建构，但是也不尽系统、不够完善。特别是各地的涉恐线索举报制度各不相同，无论是奖励主体、奖励范围、奖励原则、奖励标准、奖励程序和相应的法律责任，都存在较大差异。在此，以法律责任为例予以说明，我国各地的奖励制度大都没有对政府机关泄密的责任进行细致规定，多是在原则上要求“保障举报人安全，对举报人信息严格保密”，或者简要提及“对举报人信息严格保密”，或者干脆不作规定。这将提高社会公众的参与成本：反恐参与者很有可能因为担心泄露个人信息导致报复而拒绝参与。所以，我国反恐法律制度应有改变，对政府机关工作人员从行政责任、刑事责任等层面设立责任机制，执行刚性的泄密追责制度，以充分

完备的不利后果承担来消除泄密激励。[①]

从2014年国家层面倡导“建立健全”涉恐线索举报奖励制度以来，我国的制度激励实践才不过数年，对于如何定位该制度，政府尚处在探索阶段。在具体操作中，制度激励保持了与社会动员和责任共担逻辑的共生和延续。当前激励制度的逻辑起点是着眼于提高政府反恐情报信息的获取能力，将公民定位为“信息员”的地位。这样虽可以在短期内拓展政府对线索的掌控范围，但是从长远来看，由于忽略了建设公民参与能力方面的激励，势必导致公民防恐反恐能力的萎缩，不利于国家—社会的反恐能力的均衡、协调发展。尤其，当前的制度已经逐渐陷入了“工具主义”的误区。通过分析各地的暴力恐怖犯罪活动举报奖励机制，可以发现，政府往往将举报作为反恐工具箱内的措施之一，设计思路围绕“及时发现、有效打击恐怖活动”进行，这将从根本上导致公民参与的依附性和次要性。但是，参与者为举报涉恐线索，需要付出各种成本。如若保障措施缺席，势必会让公民望而却步。长远看，它会恶化政府获取线索来源和信息汲取的能力。由此，未来应对“工具主义”的认知有所改观。“稳定压倒一切”是我国治理模式变迁的基本原则，这就决定了我国各项工作的开展遵循“渐进改革”或“增量改革”的途径，在改善进程中不时会有一些突破性的举措，但整个治理局面不可能发生整体性的变迁。在反恐怖斗争中，上述三种逻辑也并非升级换代，而是主次有别、并行不悖，新的行为逻辑孕育于旧的反恐实践之中。即，制度激励是在责任共担基础上的逻辑推演和实践转向。质言之，我国制度激励的目的是激励公民反恐怖责任的承担，或者说义务的履行，而非激励公民反恐参与权的行使。可将我国激励制度概括为围绕“激励义务的履行”主线展开的制度构建。该制度主线存在一些不可避免的弊病：一方面，责任共担逻辑下，参与反恐虽然也属公民责任范围，但是如果只是单维度强调并激励公民履行义务的维度，容易造成政府反恐职责向社会的转嫁。另一方面，强调并激励义务的履行，将减损反恐参与者的道德含金量，使公民在反恐中成为消极的被动存在，降低公众参与反恐的主观能动性，无法充分发挥公众的主动性、积极性和创造性。如果公民不是主观上自主、自为、主动积极地参与到反恐之中，其参与行为的效果必将大打折扣。即便政府在激励实践中，立基于强化理论，

① 对于我国现行奖励实践的不足，限于篇幅，笔者另撰文分析。

致力于将“一旦举报涉恐线索，将获得国家的大额奖励”塑造为公民的操作性条件反射，但是如果将这种条件反射界定为履行义务之后的简单反应，那么将完全漠视公民参与的主人翁意识和精神层面的“共和国公民”热情。在政府重奖、多奖、快奖以及奖励额度“上不封顶”的逻辑下，公民将他们的举报行为势必等同于奖金的获取。这种对物质利益的过度的关注胜过了对参与行为本身的关注。这种情况已经显现。例如，2016 年 4 月，笔者在某地调研发现，有为数不少的公民表示：“如果能发现并举报几个涉恐线索，可以赚几十万，这样一年生意（工作）就不用做了。”可见，国家单纯对物质奖励的强调，已有引导公民不问恐怖行为的危害性而只在意涉恐线索的巨额利益性的潜在倾向。如果单纯物化参与价值并以此为激励取向，忽略精神层面的关怀和极端主义思想的祛除，将会在一定程度上造成“随着奖励增加而导致个体态度逐渐积极，随着奖励减少而导致个体态度逐渐消极”的“阿伦森效应”。

在“工具主义”的制度定位和激励义务履行的制度设计思路指引下，我国激励公民参与反恐怖斗争的制度限定在了涉恐线索举报领域。诚然，遵循以“赏”为激励举措的涉恐线索举报制度，可以有效整合弥散化的社会力量，从而形成国家与社会之间互融互通的信息通道，有助于提高对恐怖行为的发现、查处概率。但是，这种立基于激励义务履行思维的“工具主义”路径，容易限制或排除公民参与反恐怖斗争的诸多空间。事实上，只有那些无法由政府组织开展的、必须由公民配合实施的行为，立法才给其设定义务。当前，我国激励制度的内容和框架主要围绕线索举报，也是这种激励义务履行逻辑和“工具主义”观念之下的无奈之举。反过来讲，如果将参与反恐视为公民的权利，并为它设计激励措施，则可以在激发公民“主人翁”主体自觉的同时，大大拓展公民的参与空间，实现“反恐要我参与”的消极处境向“我要参与反恐”的积极作为转型。

三、构建激励制度的建言

理想的制度构造应是借助激励机制实现政府与公民防恐反恐意识能力的协同增长、互动提升。为此，应在对公民消极配合者和积极参与者双重角色深刻洞察和对公民的参与权利进行充分说理和证成的基础上，以激励反恐参与权之积极行使为制度原点、以能力建设为制度目标、以扩大收益为制度路径、以降低参与风险为制度保障，重构现行的激励机制。

（一）以公民参与权利作为激励制度设计之起点

传统上，我国的制度激励逻辑是在责任共担逻辑之上的共生和延续。在责任共担逻辑下，我国强调政府和社会要共同对反恐怖斗争负责。激励机制运行的主要目的是对责任落实良好的奖赏，而不是权利行使积极的激励。例如，2014 年 9 月，《乌鲁木齐市群众举报暴力恐怖犯罪线索奖励办法》《乌鲁木齐市各类维稳安保人员责任落实奖惩办法》《乌鲁木齐市辖区所有单位落实维稳措施责任查究办法》同步实施。上述三个办法，分别从普通群众、安保人员、辖区单位三种不同力量入手，结合其所肩负的职责、能力、范围，分别对其持“奖励”“奖惩”“追究”态度。① 可以看出，政府激励话语体系的核心在于责任（义务）的承担（履行）。当前制度实践的局限性，在于理论界和实务界过于强调反恐是全社会的共同责任，过于重视政府反恐权力的行使、公民配合义务的履行，而对于公民如何积极行使反恐参与权、政府如何激励公民行使，却没有系统的探讨。这种现象与我国强调政府的全能性的治理传统和行政习惯密切相关。在一定程度上，导致我国的激励实践走向了误区。如果任凭在此误区发展，会有两方面的不良后果：一方面，由于政府关注公民参与反恐的工具价值大于权利价值，势必会忽略公民的能力建设。这样一来，即便公民参与线索举报，也是能力不足前提下以获得奖金为目标的低劣参与。低劣的参与会导致政府无法获取战略性、内幕性、预警性的线索，在有些情形下，甚至沦落到疲于处理“太多的信息、太少的情报”的境况之中，无益于反恐怖斗争的深入开展。另一方面，对公民消极参与的片面认知，会导致去极端化工作的困境。尤其，在当前恐怖组织通过社会矛盾传播、实施极端主义思想及恐怖风险与社会矛盾相互交织、综合化趋势增强、“蝴蝶效应”加大的情况下，如果只将公民定位为消极配合的层面上，将无法挤压、消除极端主义思想的生存空间。事实上，公民有消极配合者和积极参与者双重角色，政府在洞察其消极配合者角色的同时，也应对其积极参与者的角色有清醒认知。毕竟，如果能够充分挖掘公民积极参与者的角色，使公民自发对恐怖主义持反对态度并采取抵制行动，那么恐怖组织的宣传鼓动就无

① 吴杨：《构建“点线面”结合反恐维稳大格局》，《乌鲁木齐晚报》2014 年 9 月 11 日 A2 版。

法形成效应，这无疑将有利于反恐怖斗争的进行，乃至极端思想的消弭。由此，长远来看，片面认识公民的消极功能，并在此基础上构建的激励机制将导致战略上的短视局面、能力上的短板效应、制度上的短缺现象，无法达成习近平总书记提出的反恐要“标本兼治”的战略布局。事实上，我国提出的治理能力现代化指代的公民“不再简单是公共治理客体”，“在现代社会中，公共政策的制定和执行越来越依赖于国家与社会领域中多元主体之间的双向互动”。[①] 公民越来越成为国家治理不可或缺的组成部分，国家治理中要善于运用各种制度、规则去引导、规范和激励公民有序有效参与。由此，唯有在政府与公民的互动合作中，深刻洞察公民在反恐中的角色、处境和行为逻辑，明示公民维护自身安全的权利、参与反恐怖斗争的权利，并对公民在反恐中的主观意愿、客观能力、面临风险以及需要的制度保障措施等进行体系化梳理，排除制约公民参与的主客观障碍，引导、调控和规范公民的有序参与，方可真正实现反恐维稳力量在于人民的政治意涵。从规范层面讲，即要在双方互动中，搭建政府与公民的合作平台，全面认知公民的双重角色，激励公民积极行使、运用反恐参与权，围绕权利精细地设计制度体系，是完善乃至重构科学有效的激励机制的“阿基米德支点”。

（二）制度证成：参与行为的双重属性及其制度激励

鉴于当前的制度实践主要是围绕激励公民配合政府开展反恐怖斗争的“义务”维度开展的，在此，有必要为公民参与反恐怖斗争的权利维度及其制度激励进行一定的说理和证成。

公民参与反恐怖斗争的行为既有行使权利型的行为，又有履行义务型的行为。要一分为二地看待公民的参与行为。与其强调某些权利的义务属性，倒不如将精力投注在如何经营一个安全的举报环境之中，唤醒公民的自觉意识，让公民出于良心自由而愿意去行使权利。

唯有授予、明确权利并激励权利的行使，才有可能实现他治向自治的转型。他治的最大缺陷是容易导致公民参与反恐义务的“温水煮青蛙”式扩大。当法律规范满足奖励对象的“优势需要”时，就不再具有激励上的积极决定作用或

---

① 吴汉东：《国家治理能力现代化与法治化问题研究》，《法学评论》2015 年第 5 期。

组织作用了。如果要削弱这一法律激励规范，就会使激励对象产生与激励目标相反的心理效果。为了避免“阿伦森效应”的发生，法律激励规范的内容必然要得到保留。但是，被保留下来的法律激励规范不再具备此前的激励能效，而是逐渐地演变为法律激励上的“保健因子”，在这一过程中，一些原本以规范和褒奖为主的激励规范经过权利义务关系的转化逐渐被转译成以设定义务和惩罚为主的约束规范。而在全民反恐中，“法律的首要目的是通过提供一种激励机制，诱导当事人事前采取从社会角度看最优的行动”①，国家并非要借用法律对公众进行管控和约束，而是通过法律进行自我激励，实现人民群众主体地位。即反恐中的激励的最终目的不是他治而是自治。他治是指国家借助并通过外在刺激发挥、挖掘公众信息源的作用，进而延长和提升自己的反恐信息汲取能力和反恐管控能力。而自治则是公众通过自我激励，实现去极端的主体自觉意识、自身防范意识和在恐袭发生后逃生、躲藏以及自救互救能力的提升。事实上，通过激励机制，如果能够使公民深入地认识到恐怖主义的危害，内心自发对恐怖主义持反对态度，他们会更有动力去向政府提供线索。如果将上述行为理解为“义务”，则只能停留在他治层面，无法实现向自治的转型。不难理解，如果公民没有积极的权利行使观念，反恐只能实现“治标”，而无法实现“治本”。

在学理上，激励公民参与至少有两条路径：一是注重外在激励的“成本—效益”之经济学道路；一是注重内在激励的“需要—动机”之心理学道路。鉴于恐怖主义的影响在逐渐扩大，甚至已经渗透人类生活的方方面面，“挑战、冲击和侵蚀”人类文明，凭某种激励的效果并不理想。当前，随处可见的安检设备、巡逻警车和摄像头，昭示着恐怖主义对人类生活秩序和安全感的持续、长久挑战。不难理解，外在激励不是最优选择。尤其，恐怖分子秉承信念伦理②，他们不仅不认为他们的行为是反人类伦理的，反而将恐怖主义视为“事业”。他们并非只有实体形式，还有理念体系，即便政府制裁其行为，也无法根除其信念。由此，我们开展全民反恐，必须在内在激励上下功夫。从这个方面来讲，法律制度要通过“诱导”，设定个人行为的规则(约束条件)，改变个人的偏好(效用函数)，协调人们的预期。③通过公民的内在激励，达成个人防范意识的增强和参与能力的提高。

---

① 张维迎：《信息、信任与法律》，生活·读书·新知三联书店 2003 年版，第 66 页。

② 冯钢：《责任伦理与信念伦理：韦伯伦理思想中的康德主义》，《社会学研究》2001 年第 4 期，第 36 页。

③ 张维迎、邓峰：《信息、激励与连带责任》，《中国社会科学》2003 年第 3 期，第 101 页。

（三）制度构造：围绕激励来设计公民参与反恐制度

激励机制构建的核心不应基于公民的工具价值，单维度强调公民配合政府反恐执法“延长线”的功能。面对恐怖主义长期存在而且暴力手段不断升级的现实，寻求“政治支持最大化”的国家，应通过制度手段实现政府和社会反恐意识和反恐能力的协同、互动增长，避免政府在反恐中“反应过度”、反恐能力的单维度增强，造成公民被动等待政府反恐“答案”而形成的“反应不足”和参与能力萎缩的局面。由此，应视公民为主人翁，将参与反恐主要理解为每个主体的权利，并采取制度化的手段激励其行使。该权利既来自于自身安全利益的需要，也来自于命运共同体存续的需要。虽然在理论上，“公民……只有在参与中实践了公民的公共性，才能避免公共角色行动的退却所导致的‘公民唯私主义综合征’”[①]，但是，实践中公民之所以选择不参与，原因有多种，或是存有搭便车动机，或是被制度所限制。笔者经过三个月的实地调研、非结构式访谈和问卷调查，系统考察了公民参与反恐的主客观因素，发现公民高度重视自己的参与能力、面临的安全风险和可能获得的收益等三个方面的问题。由此，设计激励制度应在扫清反向度逆向激励因素的前提下，在正向度的激励措施上下功夫，使公民“愿意”“能够”“敢于”参与反恐怖斗争。

要培养公民参与反恐的权利意识。安全的私有化或者孤岛化无法减缓或阻却恐怖主义肆虐的整体态势，为此，在整体上，我国应借助群众路线革命经验和积极公民的政治理论，真正发挥我们国家坚持党的领导的政治优势和坚持社会主义的制度优势，培养公民的公共精神和共和情怀，以激励正能量的话语体系强化公民的参与美德，提升公民运用权利参与国家治理的积极性，实现“中国”这个命运共同体全体公民安全感的螺旋式上升和稳步增强。在局部上，可以借助制度化的手段，在不同场景运用“互惠利他主义”“亲缘选择”以及“信号传递”等具体举措，鼓励和营造利他主义的道德环境，为“反恐没有局外人、人人都是主人翁”的全民反恐局面的形成营造良好的社会氛围。

要建设公民参与反恐的权利运用能力。意识是行动的前提，但是能力是效果的保证。能力低劣的参与行为不仅不会给反恐怖工作带来帮助，而且还会陷参与者个人于危险之中。由此，国家应通过抽奖或者其他物质和精神激励的方法，

① [德]哈贝马斯：《在事实与规范之间——关于法律和民主法治国的商谈理论》，童世骏译，生活·读书·新知三联书店 2003 年版，第 670 页。

促使更多的人主动参与到反恐预案的编制和演练之中。在这里，需要说明的是公民参与反恐怖斗争与政府开展反恐怖斗争的目标有所不同。公民参与的首要目标是保护自身安全，在安全的前提下，才是参与防范恐怖风险、处置恐怖事件和制裁恐怖行为。而政府的首要目标是防范和打击恐怖主义。由此，公民自我防范意识和防恐反恐能力的提高，能够“有效躲避、有效反抗、有效防范”，亦是参与的一种表达方式。对防范工作开展较好、身体力行地远离极端思想和极端行为的公民进行奖励，亦是激励制度的当然内容。

要扩大社会公众运用反恐参与权的私人收益。参与反恐怖斗争是高风险的行为，由此，必须将成本压缩到最低，将收益做到足以激励公民积极参与的程度，并避免激励效果边际效应的形成。要降低公民参与反恐的安全风险。一方面，要构建完善的保护制度，降低公民参与反恐的安全风险；另一方面，要有稳定公民信任预期的责任追究制度。因为反恐怖斗争诸多事宜有一定的隐蔽性，隐蔽会导致公民信任预期受到影响。信任与主体间的熟悉 / 陌生程度相关，是一种差序格局。在陌生环境中，人们之间的信任最为薄弱。在这个领域中，要特别注意以明示的、确定的、稳定的条款向公民传递国家降低公民参与风险的制度信任，以弥补特殊纽带（血缘、情感等）的缺失带来的不利影响。

在反恐法制中明确规定对参与反恐的社会公众进行奖励。这一点在我国《反恐怖主义法》中已有所揭示，该法第十条对参与反恐、并在反恐工作中作出贡献的单位和个人进行表彰和奖励。该条规定：“对举报恐怖活动或者协助防范、制止恐怖活动有突出贡献的单位和个人，以及在反恐怖主义工作中作出其他突出贡献的单位和个人，按照国家有关规定给予表彰、奖励”。但是该条将奖励对象局限在“有突出贡献”的范围之内，并强调对“举报”、“协助”、“制止”等个别权能的奖励，无利于激励社会公众行使反恐参与权的所有权能。笔者建议应概括性规定“国家鼓励公众参与反恐，对参与反恐的个人及其家属，予以奖励、抚恤和优待，并提供保护”，并以行政法规的形式制定具体的奖励实施办法。

在奖励社会公众参与反恐的总体思路下，根据反恐参与权具体的权能结构分门别类地构建行政奖励制度，实现类型化。“类型化处理可以避免我们用一个固定的思维方式去主观地设定规则，从而使我们有可能摆脱顾此失彼的窘境。”[①]

① 江必新：《行政法制的基本类型》，北京大学出版社 2005 年版，第 2 页。

行政奖励制度应实现对参与权各个权能的区别化激励，这样一来，一方面可以实现针对性奖励，避免顾此失彼；另一方面可以论“功”奖赏，减少国家奖励资源的不必要流失。例如，对于积极运用参与预案编演权的社会公众，可以采取抽奖或者其他经济诱因等物质激励方法，促使更多的人主动参与[①]；对于积极行使涉恐线索举报权的社会公众，可根据线索等级进行物质奖励，鉴于需要保护举报人的隐私，不建议采取嘉奖、褒扬、颁发奖章、授予荣誉称号等需要公开授予的精神奖励；对于积极行使抵抗恐怖侵害权的社会公众，则建议以精神奖励和物质奖励结合。例如，新疆维吾尔自治区人民政府授予和田市、皮山县“勇斗暴徒”群体“自治区见义勇为模范群体”荣誉称号，颁发荣誉证书、奖章，分别奖励 30 万元、20 万元[②]等。

构造行政奖励具体制度时，应注重三点。首先，行政奖励制度的原点是社会公众对它的可置信性，即社会公众相信参与到反恐中能够得到政府的重视，这就要求国家要以细腻的符合形式理性的操作规则向公众清晰无误地传递出政府认真对待参与、切实履行奖励承诺的合作信号，凭借确定性的规范体系方能赢得公众的制度性信任。[③]循此，一方面，必须有明确的奖励标准机制。科学确定参与者所能获得的物质奖励和精神奖励，才能在制度上使得社会公众有足够的动力去积极行使反恐参与权。对此，应找到符合相应反恐参与权权能的奖励方法，并对奖励的等级和奖励额度的计算进行明确宣示，避免过度依赖自由裁量的决策带来的诸多随意性。另一方面，必须对违反奖励义务的政府工作人员给出刚性的法律责任规定，明确法律后果，才能稳定公众的信任预期。其次，必须充分降低公众参与反恐的成本。一方面，政府必须履行为参与者保守秘密的义务；另一方面，政府务必尽到保护参与者的责任。最后，必须对奖励的制度边界进行界定。一方面，公民借运用反恐参与权之名故意陷害他人，编造、传播虚假恐怖信息等行为，政府将依法追究其法律责任。另一方面，国家不能以鼓励公众参与反恐为名，使得公众成为实质意义上的反恐主体，而降低政府自身防范和打击恐怖主义的能力。无论如何，公众只是参与反恐，而不是主导反恐。在这一点上，奖励制度必须划定政府奖励的边界。

---

① 我国在实践中，已有政府通过系列措施激励社会公众积极行使权利的成功范例，参见陈东升《温州市办暂住证可抽万元大奖事件真相调查》，《法制日报》2008 年 3 月 25 日。

② 曹志恒、于涛：《新疆授予勇斗暴徒两群体“自治区见义勇为模范群体”荣誉称号》，《光明日报》2014 年 6 月 19 日。

③ 参见吴元元《公共执法中的私人力量——悬赏举报制度的法律经济学重述》，《法学》2013 年第 9 期。

第七章
代结语：对优化《反恐怖主义法》的建议

根据前文的理论探讨，结合已经出台的《反恐怖主义法》，本章主要是对反恐参与权的制度化作些许建言，以使理论研究和立法实践充分结合，裨益反恐法制之完善。

前文已述，我国反恐立法存在着“经验色彩浓厚、内容强调应急处置、反恐主体单一”等特点，由此，在对《反恐怖主义法》进行优化完善时，笔者倾向于以“总体国家安全观”为指引，明确《反恐怖主义法》的综合法属性，重点构建我国反恐法的公众参与模式，以实现静态的维稳思维到动态的维安思维的转变。之所以主要对公众参与反恐模式立法进行尝试，是基于这样一种理论预设：适度的开门反恐是可欲的，也是可行的：一是，适度公开有利于保护核心反恐行动和关键情报的安全。二是，反恐执法的适度公开可以威慑潜在恐怖事件的发生。三是，适度的公开可以实现政府和社会公众的合作，形成反恐合力。反恐执法的公开便于社会公众了解政府的反恐动向，感知恐怖活动的类型、特质、方法、分布状态，以及可能对自己造成的危害，以促使其参与其中。

鉴于《反恐怖主义法》主要是对精英反恐模式的固化和强化，对公众参与的制度化架构不足，建议将其重新调整，改为四个部分，即：第一章总则；第二章政府主导反恐；第三章公众参与反恐；第四章附则。其中，第二章基本沿循现行《反恐怖主义法》的内容，将其总则部分移至第一章，无须再对“政府主导反恐”的内容做大的调整，只需对涉及的条款做更改。

在“总则”一章，结合域外立法经验，重点对我国反恐法的基本原则及其所涉及的相关内容进行反思和构建，增加有关公众参与的原则性内容，主要包括“反恐原则、反恐怖主义参与概念、鼓励参与、公众参与权利列举、公众参与义务列举、适用对象、不鼓励的参与方式”等内容。针对我国《反恐怖主义法》中“基本原则与工作原则相混同、工作原则冗杂混乱”等现实，在优化建议中，第一章第一条增加了“反恐应坚持政府主导、公众参与的原则”。设立本条的目的在于，明确精英主导、公众参与模式相结合，提升公众参与在反恐中的地位，对改变我国在反恐实践中由政府单维反恐的传统模式起到了高屋建瓴的作用。之所以在建议第一条明确公众参与反恐，一方面是因为，在传统的精英反恐模式下，政府主要以“一元单中心结构”实现秩序的强力形成，它的行为方式主要是集中性的支配和命令；另一方面，参与模式旨在通过向社会的适度授权，形成政府主导、社会参与的“中心—边缘结构”样态，以促进反恐任务的完成；合作模式则是通过分散、共担反恐任务，建构政府与社会“多中心”反恐的网状结构，以公（权力）私（权利）合作的进路开展反恐斗争。第一章第二条新增了“反恐怖主义参与”的内涵，将其界定为：“社会公众参与到恐怖风险防范、恐怖事件处置、恐怖行为制裁等活动之中的行为。”以恐怖主义的“风险”、“事件”、“行为”三维属性为起点，能够揭示恐怖主义的过程和本质。此外，与现行《反恐怖主义法》相比，增加了公众参与反恐的具体权利和义务规定，本章第四条、第五条分别以“明示列举+兜底条款”的方式明确了社会公众参与反恐的权利和义务，有利于增强反恐实践中公众参与的可操作性。

在第三章，主要对公众参与的具体内容进行构建。通过梳理我国现行《反恐怖主义法》，不难发现，其中对公众参与作出直接规定的条文甚少。如《反恐怖主义法》第五条确立“反恐怖主义工作坚持专门工作与群众路线相结合”的法律原则；第九条设定公众有“协助、配合有关部门开展反恐怖主义工作”的法定义务；第十条规定国家对“在反恐怖主义工作中作出其他突出贡献的单位和个人”予以表彰奖励等。鉴于此种现状，构建公众参与的反恐模式立法，有必要对公众参与的具体内容进行详细的规定。本章主要包括“反恐信息的公开、防范恐怖风险的参与、处置恐怖事件的参与、制裁恐怖行为的参与、奖励与保护、经费保障”等内容。

在本章第一节，主要规定了“反恐信息的公开”。这是建立在现行《反恐怖主义法》已明确设立了“国家反恐怖主义情报中心”的基础之上，对反恐信息作出的进一步细化。其中，第一至六条分别涉及反恐信息公开内容、方式、途径、保密机制以及程序问题。第一条明确了建立国家反恐信息公开制度，是为了适应反恐的现实需要，由于现代风险社会的不确定性，恐怖主义活动也呈现出新变化，公众参与反恐的前提是获取相关反恐信息，是以，规定反恐信息公开能够为公众参与反恐给予信息源的保障。第五条对反恐信息公开进行例外规定，对反恐信息进行保密审查，考虑到反恐信息极可能涉及国家秘密、反恐情报等内容，一旦公开，不仅不能促进公众参与反恐，反而使恐怖分子有机可乘，加大反恐难度。

在本章第二节，主要规定了“防范恐怖风险的参与”。公众参与反恐不应只是对反恐行动的参与，而应当参与反恐活动的全过程。因此，本节第七条至第十二条分别对立法、教育、宣传动员、警戒巡逻、公众宣传、预案编制等内容进行了规定。其中，第七条新增“立法参与”，明确规定国家鼓励和引导公众参与反恐对策、决策和立法的制定、实施和监督。第十二条新增“预案编制”，明确规定反恐怖主义工作领导机构在反恐预案编制过程中应当广泛听取有关部门、单位和专家意见，与相关的预案做好衔接。涉及其他单位职责的，应当书面征求相关单位意见。对于涉及公众切身利益且无保密需要的，应当向社会公布，征求社会各界的意见;编制单位也可以举行听证会。与现行《反恐怖主义法》相比，新增条款拓宽了公众参与反恐活动的有效途径，使实践中公众参与得以有规可循。本节第十九至二十一条对公众举报进行了详细规定，其中，第十九条确立了国家鼓励举报的原则，规定国家采取措施，调动公民举报涉恐线索的积极性，及时发现、有效防范恐怖活动。涉恐线索的接收、评定、奖励等工作由当地公安局统一负责，并将有价值的线索归口汇总至国家反恐怖主义情报中心。第二十一条规定了公众举报的五种具体方式:（1）拨打“110”报警电话举报;（2）通过各级公安机关的微博私信功能或微信平台举报；（3）通过当地公安网站开设的举报信箱举报；（4）通过信件向公安机关举报；（5）到公安机关或向执勤民警当面举报。此外，由于我国现行《反恐怖主义法》第十条对参与反恐、并在反恐工作中作出贡献的单位和个人进行表彰和奖励。该条规定：“对举报恐怖活动或者协助防范、制止恐怖活动有突出贡献的单位和个人，以及在反恐怖主义工作中作出其他突出贡献的单位和个人，按照国家有关规定给予表彰、奖励”。但是该条将奖励对象局限在“有突出贡献”的范围之内，并强调对“举报”、“协助”、“制止”等个别权能的奖励，无利于激励社会公众行使反恐参与权的所有权能。由此，笔者在第二十二条将举报线索划分为三个不同的等级，第二十三条作为前一条的配套规定，明确了对举报线索的物质奖励方案，即举报线索奖励实行物质奖励方式，按照线索评定等级发放奖金，具体奖金额度由公安部制定实施办法。对举报线索划分等级，由公安部制定具体实施办法，填补了现行《反恐怖主义法》的空白，有利于激发社会公众参与反恐活动的积极性。

在本章第三节和第四节，分别规定了“处置恐怖事件的参与”和“制裁恐怖行为的参与”。本节第二十五条至第三十三条对公众应对恐怖活动的处置方案进行了详细的规定。其中，与现行《反恐怖主义法》相比，第三十二条新增了公众在参与恢复重建中的地位和作用，恐怖事件处置结束后，社会公众可以在当地政府的组织下，帮助受影响的单位和个人尽快恢复工作、生产和生活，稳定受影响地区的社会秩序和公众情绪。国家鼓励社会公众向失去居住和基本生活条件的受害人员及其近亲属及时提供居住和生活的基本保障。国家鼓励社会公众为恐怖事件受害人员及其近亲属提供心理、医疗、法律等方面的援助。第三十三条明确了城乡规划中的社会公众参与，是对现行《反恐怖主义法》第二十七条内容的有机补充。在现行《反恐怖主义法》第二十七条规定中，地方各级人民政府是制定和组织实施城乡规划的唯一主体，这是传统反恐模式和反恐经验的集中反映。新增条款将受恐怖活动影响的社会公众及利益相关者纳入制定和实施恐怖现场恢复重建的城乡规划的主体范畴，能够避免传统精英模式反恐的单向思维，有利于及时、有效地作出具有科学理性和民主理性的反恐城乡规划，从而在一定程度上对恐怖主义起到预防作用。

在本章第五节，主要规定公众参与反恐的“奖励与保护”。本节的设置遵循以下基本理念：首先，增加社会公众参与反恐的可置信性，即社会公众相信参与到反恐中能够得到政府的重视，要求国家要以细腻的符合形式理性的操作规则向公众清晰无误地传递出政府认真对待参与、切实履行奖励承诺的合作信号，凭借确定性的规范体系方能赢得公众的制度性信任。其次，对公众参与反恐进行奖励，必须充分降低公众参与反恐的成本。本节第四十条首先明确了奖励的原则，即公平、公正、公开和及时的原则，同时注重对被奖励者的保护，规定了奖励是否公开，遵从被奖励者的意见。第四十一条明确了国家和地方反恐怖主义工作领导机构的奖励和保护义务，在第四十四条规定设立评审机构，第四十五、四十六条是对奖励具体内容的规定，第四十八条至第五十九条详细规定了对参与反恐社会公众关于人身和财产的保护。可以说，通过上述条款，能够实现对社会公众参与反恐全方位的保护，不仅有参与过程中的事中保护，如第四十九条规定反恐参与者及其近亲属受到威胁而申请保护其人身、财产安全的，司法机关应当及时采取措施依法予以保护；对恐吓、侮辱、殴打、诬告、陷害反恐参与者及其近亲属的违法犯罪行为，应当依法及时处理。因参与反恐，致使本单位、本人及其近亲面临危险的，公安机关、有关部门应当采取下列一项或者多项保护措施：(1) 不公开单位的真实名称、地址或者个人的真实姓名、住址和工作单位等信息；(2) 禁止特定的人员接近本单位、接触本人及其近亲属；(3) 对人身、住宅和单位办公、经营场所采取专门性保护措施；(4) 变更个人及其近亲属的姓名，重新安排住址和工作单位；(5) 其他必要的保护措施。而且也包括了反恐活动结束后的事后保障，如第五十七条规定对符合保障性住房条件的城市反恐参与者及其家庭，地方人民政府应当优先纳入住房保障体系，优先配租、配售或者发放住房租赁补贴。对符合农村危房改造条件的反恐参与者家庭，应当优先给予安排。

在本章第六节，主要规定公众参与反恐的“经费保障”。我国现行《反恐怖主义法》专辟一章对反恐怖活动的保障措施进行了规定。但细读现有保障措施条款，不难发现，条款背后仍由国家反恐精英主义模式占据主导，忽视了对公众参与反恐的经费保障。是以，笔者在第五十九条建议设立“社会资助”条款，拓宽了资金来源，规定保障公众参与反恐的其他资金来源可以是各级人民政府财政拨款；企业、事业单位、福利机构、商业保险机构以及社会慈善机构等公益社会团体的资助；个人的捐赠以及其他合法收入。同时，在第六十条明确规定了资金用途，即反恐资金主要用于：反恐技术发展、反恐宣传教育、反恐预案编制演练等反恐工作；表彰、奖励、慰问反恐参与者；反恐参与者的生活困难补助；反恐参与者的医疗费用补贴；反恐参与者伤残鉴定费用；奖励和保护的其他费用。对公众参与反恐的经费保障进行规定，与本章第五节关于奖励规定共同构成了公众参与反恐的激励制度，能够为在将来实践中公私合作反恐提供坚实的物质基础。

在本章最后一节，规定了公众参与反恐的“法律责任”。通过梳理我国现行《反恐怖主义法》第九章规定的法律责任，不难发现，其内容主要针对恐怖主义活动人员以及有关单位和个人未履行反恐义务而课予的义务，而缺少对公众参与反恐相关法律责任进行规定。是以，作为现行《反恐怖主义法》的补充，笔者在本章主要对公众参与反恐中的奖励责任和保护责任进行了规制。在第六十五条规定了相关负责人的奖励责任，即在奖励举报涉恐线索工作中，反恐职能部门有下列情形之一的，对有关负责人和直接责任人依照规定给予行政处分；构成犯罪的，依法追究法律责任：对举报线索未认真核实，导致不符合奖励条件的举报人获得奖励的；在职务活动中获悉暴力恐怖犯罪线索，安排或者指使他人通过举报的方式骗取奖金的；伪造举报材料，伙同或者帮助他人冒领奖金的；向被举报人通风报信，帮助逃避查处的；因工作失职失误造成举报人人身安全和财产等受到威胁或损害的。在第六十七条规定了相关负责人的保护责任，即有下列情形之一的，由有关部门按照管理权限责令限期改正，并对主管人员或者直接责任人员给予相应处分：拒绝、拖延支付反恐干预者受伤人员医疗费的；拒绝、拖延支付、发放反恐参与者负伤治疗期间工资、奖金和补贴的；对符合伤残等级评定、工伤认定、因公牺牲和追认烈士条件的反恐参与者，不按照国家规定予以确认、追认，不予抚恤优待或者拖延、推诿的；医疗机构及其医护人员对负伤的反恐参与者不及时救治或者拒绝、推诿的；在对反恐参与者的确认工作中，有关单位和个人拒不出具证明材料或者出具虚假证明的。详细规定公众参与反恐的奖励、保护责任，能够在一定程度上确保公众参与反恐奖励和保护权利得以落实，为将来的反恐实践提供相应的法律保障。

修改建议具体内容如下：

我国现行的《反恐怖主义法》的立法架构为：

第一章　总则

第二章　恐怖活动组织和人员的认定

第三章　安全防范

第四章　情报信息

第五章　调查

第六章　应对处置

第七章　国际合作

第八章　保障措施

第九章　法律责任

第十章　附则

调整后的结构为：

第一章　总则

第二章　政府主导反恐

　　第一节　工作机构与职责

　　第二节　安全防范

　　第三节　情报信息与调查

　　第四节　应对处置

　　第五节　认定恐怖活动组织和人员

　　第六节　反恐怖主义国际合作

　　第七节　保障与监督

　　第八节　法律责任

第三章　公众参与反恐

　　第一节　反恐信息的公开

　　第二节　防范恐怖风险的参与

　　第三节　处置恐怖事件的参与

在此基础上，一方面，在现行《反恐怖主义法》的总则部分中，增加有关公众参与的原则性内容，笔者建议应吸纳以下七条：

第一条　【反恐原则】反恐应坚持政府主导、公众参与的原则。

第二条　【概念界定】本法所称的反恐怖主义参与（以下简称反恐参与），是指在法定职责、法定义务之外，为维护国家安全、公共安全和人民生命财产安全，社会公众参与到恐怖风险防范、恐怖事件处置、恐怖行为制裁等活动之中的行为。

第三条　【鼓励参与】社会公众有权参与反恐。

公众参与反恐，造成正在实施恐怖行为的不法侵害人死亡的，不负刑事责任；对其他公民和组织的合法权益造成损害的，由国家代为赔偿、补偿，存在重大过失的除外。

国家鼓励公众参与反恐，对参与反恐的个人及其家属，予以奖励、抚恤和优待，并提供保护。

第四条　【权利列举】在反恐怖主义斗争中，社会公众在反恐职能部门的主导下，享有：

（一）参与国家和地方的反恐立法及反恐政策制定的权利；

（二）参与本人生产生活所在的社区、工作单位和重点目标等的警戒、巡逻、大型公共活动以及突发恐怖事件现场秩序的维持的权利；

（三）参与国家反恐预案编制、演练的权利；

（四）参与反恐宣传教育的权利；

（五）举报涉恐可疑人员、事件、物品、车辆、场所等线索的权利；

（六）参与抵抗恐怖侵害的权利；

（七）在恐怖事件现场开展自救和互救活动的权利；

（八）参与对恐怖活动犯罪嫌疑人搜查、扭送、作证和求偿等的权利；

（九）参与恢复重建恐怖事件现场的权利；

（十）其他参与权利。

第五条　【义务列举】在反恐怖主义斗争中，社会公众应当履行下列义务：

（一）遵守宪法、法律、法规关于反恐的有关规定；

（二）如实提供所知悉的涉及恐怖活动的证据；

（三）为反恐职能部门提供便利条件或者其他协助；

（四）保守所知悉的国家秘密；

（五）法律、法规规定的其他义务。

任何个人和组织不得参与恐怖活动，不得向恐怖组织或恐怖分子提供任何资助或者协助。

第六条　【适用对象】本法所指公众参与，适用于我国公民、法人和非法人组织。

对在我国境内参与反恐的外国人、无国籍人和组织实施的奖励和保护，适用本法。

外国人、无国籍人在境外参与反恐，为维护我国国家安全和公民合法利益作出贡献的，参照本法执行。

第七条　【不鼓励的参与方式】国家鼓励公众以群体的力量参与反恐，不鼓励公民盲目参与、冒险参与。

另一方面，构建第三章“公众参与反恐”的内容，笔者建议有如下六十八条：

第一节　反恐信息的公开

第一条　【公开的内容】国家实行反恐信息公开制度。

公开内容以有利于维护社会稳定、有利于打击恐怖主义、有利于提高公众防范意识和参与能力以及有利于监督政府反恐任务的完成状况为限。

第二条　【公开的方式】反恐信息由国家反恐怖主义情报中心以分类、分级的方式进行公开。

第三条　【主动公开】国家反恐怖主义情报中心对符合下列基本要求之一的反恐信息应当主动公开：

（一）涉及公民、法人或者其他组织切身利益的；

（二）需要社会公众广泛知晓或者参与的；

（三）其他依照法律、法规和国家有关规定应当主动公开的。

第四条　【申请公开】除本法第三条规定的主动公开的反恐信息外，公民、法人或者其他组织还可以根据自身生产生活以及安全的需要，向国家反恐怖主义情报中心申请获取相关政府信息。

第五条 【保密审查】国家反恐怖主义情报中心应当建立健全政府反恐信息发布保密审查机制，明确审查的程序和责任。

国家反恐怖主义情报中心不得公开反恐情报以及涉及国家秘密的反恐信息。

第六条 【公开程序】反恐信息公开的程序和方式、监督和保障，由国家反恐怖主义情报中心参照《中华人民共和国政府信息公开条例》制定。

第二节 防范恐怖风险的参与

第七条 【立法参与】国家鼓励和引导公众参与反恐对策、决策和立法的制定、实施和监督，鼓励和引导公众参与安防反恐技术与装备产业的创新和发展。

国家鼓励各地区结合本地实际开展公众参与反恐立法及政策制定工作。

第八条 【教育规划】国家将防范和打击恐怖主义的知识纳入国家教育体系。

国务院和地方各级人民政府应当将防范和打击恐怖主义的教育配需纳入国家和地方安全教育和应急教育的中长期规划，并安排专项资金予以保障。

县级以上人民政府加强对全社会尤其是青少年和民族地区防范和打击恐怖主义的教育，宣传普及反恐需要的科学知识和法律法规，提高全民的反恐能力、素质，增强公众抵制极端主义思想的自觉意识。

第九条 【宣传动员】国家采取措施，积极开展反恐宣传教育，增加公众预防恐怖袭击的常识，鼓励公众举报恐怖犯罪线索，广泛调动公众参与反恐怖斗争的积极性。

第十条 【警戒巡逻】国家充分发挥党员、团员模范带头作用，发挥民兵预备役人员等的重要作用，发展壮大平安志愿者、社区工作者、群防群治队伍等专业化、职业化、社会化力量，积极探索新形势下群防群治反恐工作新机制、新模式。

国家加强城乡基层群众自治组织建设，搭建公众参加反恐与治安防控体系建设的新平台，通过多种方式就反恐工作进行广泛协商，广纳群言，增进共识。

第十一条 【公众宣传】国家鼓励公众通过报纸、书籍、杂志、互联网、微信、微博等媒体，采取漫画等简单易懂的形式加强对防范和打击恐怖主义的国内外宣传。

国家支持公众通过媒体制作、播放与反恐相关的节目和公益广告。

第十二条 【预案编制】反恐预案由反恐怖主义工作领导机构牵头制订，报本级人民政府批准后印发实施。反恐怖主义工作领导机构在反恐预案编制过程中应当广泛听取有关部门、单位和专家意见，与相关的预案做好衔接。涉及其他单位职责的，应当书面征求相关单位意见。

对于涉及公众切身利益且无保密需要的，应当向社会公布，征求社会各界的意见；编制单位也可以举行听证会。

第十三条 【人员组成】反恐怖主义工作领导机构应组成预案编制工作小组，吸收预案涉及主要部门和单位业务相关人员、有关专家、有现场处置经验的人员和当地社会公众参加。

第十四条 【审批、备案和公布】反恐怖主义工作领导机构应当将预案送审及各有关单位复函和意见采纳情况说明、编制工作说明等有关材料报送反恐预案审批单位。因保密等原因需要发布反恐预案简本的，应当将预案简本一起报送审批。预案审批单位对预案的合法性、合理性等进行审查。

反恐预案审批单位应当在反恐预案印发后的 15 个工作日内向上级人民政府备案。反恐预案应向社会公布。对确需保密的反恐预案，按有关规定执行，其涉及公众权利义务的内容应向社会公布。

第十五条 【预案演练】重要基础设施和城市供水、供电、供气、供热等生命线工程经营管理单位，矿山、建筑施工单位和易燃易爆物品、危险化学品、放射性物品等危险物品生产、经营、储运、使用单位，公共交通工具、公共场所和医院、学校等人员密集场所的经营单位或者管理单位等，应当有针对性地经常组织开展反恐演练。反恐演练应组织人员广泛参与，演练应形式多样、节约高效。

第十六条 【评估与修订】反恐演练组织单位应当组织演练评估。评估的主要内容包括：演练的执行情况，预案的合理性与可操作性，指挥协调和应急联动情况，应急人员的处置情况，公众的参与情况，演练所用设备装备的适用性，对完善预案、应急准备、应急机制、应急措施等方面的意见和建议等。

鼓励委托第三方进行演练评估。

各级政府及其部门、企事业单位、社会团体、公民等，可以向有关预案编制单位提出修订建议。

第十七条 【培训和宣传】反恐预案编制单位应当通过编发培训材料、举办培训班、开展工作研讨等方式，对与反恐预案实施密切相关的管理人员和专业救援人员等组织开展应急预案培训。对需要公众广泛参与的非涉密的反恐预案，编制单位应当充分利用互联网、广播、电视、报刊等多种媒体广泛宣传，制作通俗易懂、好记管用的宣传普及材料，向公众免费发放。

第十八条 【社会组织的预案编演】单位和基层组织可根据反恐需要，制订本单位、本基层组织反恐预案编制计划。

国家充分发挥行业协会商会自管自律作用，鼓励、引导、帮助企业在经营活动中根据本单位情况制定反恐预案，并为其演练提供必要的保障。

单位和基层组织反恐预案由机关、企业、事业单位、社会团体和居委会、村委会等法人和基层组织制定，侧重明确反恐应急响应责任人、信息报告、预警响应、应急处置、人员疏散撤离组织和路线、可调用或可请求援助的应急资源情况及如何实施等，体现自救互救、信息报告和先期处置特点。

第十九条 【鼓励举报涉恐线索】国家采取措施，调动公民举报涉恐线索的积极性，及时发现、有效防范恐怖活动。涉恐线索的接收、评定、奖励等工作由当地公安局统一负责，并将有价值的线索归口汇总至国家反恐怖主义情报中心。

第二十条 【涉恐线索内容】任何单位和个人发现涉恐线索，有权利也有义务向公安机关举报。涉恐线索包括涉及组织、策划、实施或煽动实施暴力恐怖活动等情况的线索，以及相关可疑人、事、物、车等线索：

（一）组织、策划、实施或煽动实施暴力恐怖活动的；

（二）为暴力恐怖活动提供资金、作案工具、场所等帮助和交通工具等便利条件的；

（三）非法制造、经营、运输、邮寄、私藏枪支弹药、爆炸物品和管制刀具等作案工具的；

（四）非法制造、经营、传播、私藏暴力恐怖和宗教极端宣传品（包括书刊、传单、电子出版物、音视频以及其他含有宣扬暴力恐怖、宗教极端内容的物品）的；

（五）涉嫌宗教极端犯罪活动的；

（六）涉及暴力恐怖犯罪的逃犯；

（七）有其他暴力恐怖活动迹象的。

第二十一条 【举报途径】公民发现或知悉涉恐线索，可以通过以下途径举报：

（一）拨打“110”报警电话举报；

（二）通过各级公安机关的微博私信功能或微信平台举报；

（三）通过当地公安网站开设的举报信箱举报；

（四）通过信件向公安机关举报；

（五）到公安机关或向执勤民警当面举报。

第二十二条　【等级评定】对公民举报且被采用的举报线索，根据其作用和效果等进行等级评定。

一级线索：为防止暴力恐怖事件发生、侦破暴力恐怖犯罪案件、抓获暴力恐怖犯罪嫌疑人发挥特别重大作用、贡献特别突出的线索；

二级线索：为防止暴力恐怖事件发生、侦破暴力恐怖犯罪案件、抓获暴力恐怖犯罪嫌疑人发挥重大作用的线索；

三级线索：为防止暴力恐怖事件发生、侦破暴力恐怖犯罪案件、抓获暴力恐怖犯罪嫌疑人发挥较大作用的线索。

第二十三条　【奖金发放】举报线索奖励实行物质奖励方式，按照线索评定等级发放奖金，具体奖金额度由公安部制定实施办法。

第二十四条　【国际交流】国家鼓励和支持组织和个人依法参与防范和打击恐怖主义的国际合作和国际交流。

第三节　处置恐怖事件的参与

第二十五条　【逃生与躲避】一旦发生恐怖事件，在国家反恐力量缓不济急的情形下，公众应保持镇静，选择安全出口（方向）有序逃生，或寻找有利地形地物进行隐蔽，择合适时机逃生。

第二十六条　【抵抗恐怖侵害】在逃生或躲避均不可能的情形下，社会公众可就地取材，对恐怖侵害进行抵抗。

第二十七条　【自救互救】在国家反恐力量及时赶到现场后，社会公众应服从现场指挥长或先期指挥员的指挥，开展自救、互救活动，组织救治受害人员。

第二十八条　【维持现场秩序】社会公众在现场指挥长或先期指挥员的指挥下，可以参与到现场秩序的维持之中，帮助疏散、撤离、安置受到威胁的人员，消除大规模恐怖袭击引发的心理恐慌，维护社会稳定。

第二十九条　【优先保护】处置恐怖事件，应当优先保护直接受到恐怖活动危害、威胁人员的安全。

第三十条　【消除恐慌】国家通过电视、电台、报纸等大众媒体及时报道恐怖事件，澄清事实真相，避免引起恐慌。

第三十一条　【禁止虚假信息和夸大报道】任何单位和个人不得编造、传播虚假恐怖事件信息；新闻媒体报道时不得夸大恐怖事件、渲染恐怖氛围以及发布残忍、不人道场景。

第三十二条 【恢复重建】恐怖事件处置结束后，社会公众可以在当地政府的组织下，帮助受影响的单位和个人尽快恢复工作、生产和生活，稳定受影响地区的社会秩序和公众情绪。

国家鼓励社会公众向失去居住和基本生活条件的受害人员及其近亲属及时提供居住和生活的基本保障。

国家鼓励社会公众为恐怖事件受害人员及其近亲属提供心理、医疗、法律等方面的援助。

第三十三条 【公众参与规划】制定和实施恐怖现场恢复重建的城乡规划，应当符合反恐怖主义工作的需要，并邀请受该恐怖事件影响的社会公众及利益相关者参与其中。

第四节 制裁恐怖行为的参与

第三十四条 【参与搜查】社会公众为了收集恐怖活动的证据，查获恐怖分子、犯罪嫌疑人，可以配合反恐职能部门，参与到对恐怖分子以及可能隐藏恐怖分子或者证据的住处和其他有关地方进行的拉网式搜查活动中。

社会公众参与反恐职能部门依法开展的搜查行为受法律保护。

第三十五条 【扭送】对于有下列情形的人，社会公众可以立即扭送公安机关、人民检察院或者人民法院处理：

（一）正在实行恐怖活动犯罪或者在恐怖活动犯罪后即时被发觉的；

（二）通缉在案的；

（三）越狱逃跑的；

（四）正在被追捕的。

第三十六条 【作证】凡是知道恐怖活动相关情况的人，都有作证的权利和义务。

第三十七条 【对证人的保护】证人、鉴定人、被害人因在诉讼中作证，认为本人或者近亲属的人身安全面临危险的，可以向人民法院、人民检察院、公安机关请求予以保护。人民法院、人民检察院、公安机关应依法明确保护机关，采取保护措施。

第三十八条 【费用的补助】证人因履行作证义务而支出的交通、住宿、就餐等费用，应当给予补助。有工作单位的证人作证，所在单位不得克扣或者变相克扣其工资、奖金及其他福利待遇。

第三十九条　【求偿权】恐怖分子实施恐怖活动所造成的物质损失和精神损失，由恐怖分子本人及其配偶、亲戚和朋友进行赔偿，能够证明本人的资金、贵重物品和其他财产不是来自该恐怖分子的除外。

第五节　奖励与保护

第四十条　【奖励原则】对反恐参与者的奖励和保护，实行政府主导与社会参与相结合、精神鼓励与物质奖励相结合、抚恤优待与社会保障相结合，坚持公平、公正、公开和及时的原则。

奖励是否公开，遵从被奖励者的意见。

第四十一条　【奖励和保护的义务】各级政府应当做好反恐参与者的奖励和保护工作，建立相关部门协调配合的工作机制和稳定的经费保障机制。

国家和地方反恐怖主义工作领导机构做好反恐参与者的奖励和保护工作，并依法做好慰问、帮扶和权益保障等工作。

公安、民政、人力资源社会保障、教育、卫生、住房保障等部门，以及工会、共青团、妇联、残联等群团组织，按照各自职责做好反恐参与者的奖励和保护相关工作。

第四十二条　【社会的尊重】任何单位和个人都应当尊重和保护反恐参与者，支持和帮助反恐参与行为。

鼓励单位和个人向反恐参与者进行捐赠或者捐助。

广播、电视、报刊、网络等媒体单位应当积极宣传报道反恐参与者的先进事迹，倡导科学合理的反恐参与行为，营造良好的社会氛围。

第四十三条　【参与行为的认定】符合本法第二条规定，有下列行为之一的，应当确认为应受奖励或保护的反恐参与行为：

（一）积极参与反恐立法、政策制定、反恐预案的编制和演练、反恐宣传教育和社区、重点目标的警戒、巡逻，事迹突出的；

（二）积极举报涉恐线索，举报的线索被评为三级线索以上的；

（三）同正在危害国家安全、公共安全或者扰乱公共秩序、侵害他人人身安全或者国家、集体、个人财产安全的恐怖行为做斗争的；

（四）在发生恐怖事件时，自发协助维持现场秩序，主动配合搜查恐怖分子，积极开展自救和互救，积极参与恢复重建，使国家、集体财产或者个人生命财产减轻或者免受重大损失的；

（五）在刑事诉讼中，主动行使扭送权、作证权和求偿权的；

（六）其他反恐参与行为。

第四十四条 【评审机构的组建】国家和地方反恐怖主义工作领导机构应当组建由有关部门、社会公众和相关专业人员组成的奖励评审委员会，制定评审办法，对反恐参与行为进行评审。

第四十五条 【奖励类别】对反恐参与者应当给予下列奖励：

（一）授予荣誉称号；

（二）颁发奖金。

第四十六条 【荣誉称号种类】荣誉称号分为“反恐英雄”、“反恐英雄群体”、“反恐先进个人”、“反恐先进群体”四个类型。

“反恐英雄”、“反恐英雄群体”由国家反恐怖主义工作领导机构决定授予。

“反恐先进个人”、“反恐先进群体”由地方反恐怖主义工作领导机构决定授予。

第四十七条 【鼓励社会自助】鼓励反恐参与者所在单位、居民委员会、村民委员会和其他社会力量对其给予资助和奖励。

第四十八条 【优先照顾】地方人民政府及有关部门应当对反恐参与者及其家庭、子女在基本生活、教育、就业、医疗、住房等方面给予优先照顾。

国家和地方反恐怖主义工作领导机构建立、完善对反恐参与者的回访制度和长期跟踪服务制度，协调有关部门落实对反恐参与者的各项优惠待遇。

第四十九条 【申请保护】反恐参与者及其近亲属受到威胁而申请保护其人身、财产安全的，司法机关应当及时采取措施依法予以保护；对恐吓、侮辱、殴打、诬告、陷害反恐参与者及其近亲属的违法犯罪行为，应当依法及时处理。

因参与反恐，致使本单位、本人及其近亲面临危险的，公安机关、有关部门应当采取下列一项或者多项保护措施：

（一）不公开单位的真实名称、地址或者个人的真实姓名、住址和工作单位等信息；

（二）禁止特定的人员接近本单位、接触本人及其近亲属；

（三）对人身、住宅和单位办公、经营场所采取专门性保护措施；

（四）变更个人及其近亲属的姓名，重新安排住址和工作单位；

（五）其他必要的保护措施。

第五十条 【医疗救助】任何单位和个人对因参与反恐而负伤的人员，应当及时护送至医疗机构。

医疗机构因参与反恐而负伤的人员应当及时抢救，先救治、后收费，不得拒绝、推诿。

第五十一条　【救助费用】因参与反恐而负伤的人员在救治期间的医疗、交通、护理等相关费用，按照下列规定支付：

（一）负伤人员参加基本医疗保险的，按照有关规定，由保险经办机构支付相关费用；相关费用不在保险支付范围的，由发生地反恐怖主义工作领导机构支付；

（二）负伤人员未参加基本医疗保险的，由发生地的反恐怖主义工作领导机构支付。因负伤造成长期医疗费用个人负担较重的人员，医疗机构应当按照规定适当减免医疗费用，卫生部门应当按照规定给予医疗救助。

第五十二条　【伤残评定】对因参与反恐致残的人员，凡符合享受工伤保险待遇条件的，依据国家工伤保险有关规定落实相应待遇；不符合享受工伤保险待遇条件的，按照国家有关规定评定伤残等级并落实相应待遇。

因致残不能适应原工作岗位的人员，所在单位应当根据实际情况适当调整其工作岗位，非因法定事由、非经法定程序，不得辞退、解除劳动合同或者聘用合同。

第五十三条　【抚恤与补助】对因参与反恐而导致死亡的人员及其家属，按照下列规定予以抚恤或者补助：

（一）符合烈士评定条件的，依法评定为烈士，其家属按照国家有关规定享受相关待遇；不符合烈士评定条件，属于因公牺牲情形的，按照《军人抚恤优待条例》有关规定予以抚恤；

（二）属于视同工伤情形的，按照国家有关规定享受一次性工亡补助金和遗属特别补助金；

（三）不属于第（一）、（二）项所列情形的，按照国家有关规定发放一次性补助金。

第五十四条　【低保救助】符合城乡低保条件的反恐参与者及其家庭，民政部门应当按照有关规定将其纳入低保范围；符合专项救助和临时救助条件的，应当按照国家有关规定优先给予救助。

对因参与反恐致孤人员，属于城市社会福利机构供养范围的优先安排供养，符合农村五保供养条件的纳入农村五保范围。对致孤儿童，纳入孤儿保障体系，按照相关标准发放孤儿基本生活费。

反恐参与者在申请最低生活保障待遇时，其获得的政府抚恤金、补助金，按照有关规定不计入家庭收入。

第五十五条 【工作帮扶】地方人民政府开发的公益性岗位应当优先安排符合就业困难人员条件的反恐参与者。

反恐参与者申请从事个体经营活动的，工商、税务等有关部门应当依法优先办理证照，依法减免有关费用。

因参与反恐而死亡或者致残丧失劳动能力人员的直系亲属有就业需求的，由发生地的区人力资源社会保障部门免费提供政策咨询、职业指导、就业信息等服务，优先向用人单位推荐，符合条件人员参加技能培训的，给予职业培训补贴。

第五十六条 【优先资助】对因参与反恐死亡或者致残以及经济困难的反恐参与者的子女，教育部门应当根据有关规定优先给予资助。

因参与反恐死亡或者致残人员的子女接受学前教育的，公办幼儿园应当在同等条件下就近优先接收；参加高级中等教育招生考试的，教育部门应当给予一定优待。

第五十七条 【住房补贴】对符合保障性住房条件的城市反恐参与者及其家庭，地方人民政府应当优先纳入住房保障体系，优先配租、配售或者发放住房租赁补贴。对符合农村危房改造条件的反恐参与者家庭，应当优先给予安排。

第六节 经费保障

第五十八条 【专项经费】国家和地方人民政府应当在每年的财政预算中安排专项经费，用于对参与反恐人员的奖励和保护以及宣传教育等相关工作的开展。

各级政府及其有关部门、各有关单位要指定专门机构和人员负责相关具体工作，将反恐预案规划、编制、审批、发布、演练、修订、培训、宣传教育等工作所需经费纳入预算统筹安排。

第五十九条 【社会资助】保障公众参与反恐的其他资金来源：

（一）各级人民政府财政拨款；

（二）企业、事业单位、福利机构、商业保险机构以及社会慈善机构等公益社会团体的资助；

（三）个人的捐赠；

（四）其他合法收入。

第六十条　【资金用途】第六十条、第六十一条的反恐资金主要用于下列事项：

（一）反恐技术发展、反恐宣传教育、反恐预案编制演练等反恐工作；

（二）表彰、奖励、慰问反恐参与者；

（三）反恐参与者的生活困难补助；

（四）反恐参与者的医疗费用补贴；

（五）反恐参与者伤残鉴定费用；

（六）奖励和保护的其他费用。

第六十一条　【专款专用】反恐资金应当专款专用，并设立专门账户，采取国家允许的安全方式保值增值。

第六十二条　【资金管理】反恐怖主义工作领导机构应当依法筹集、使用和管理反恐资金，并建立健全资金管理制度，接受民政、财政、审计部门和捐赠人的监督，每年向社会公布收入、支出总体情况。

第七节　法律责任

第六十三条　【适用其他法律的情形】对违反本法的行为，法律、法规已有处理规定的，适用其规定。

第六十四条　【举报虚假恐怖信息】对编造、传播虚假恐怖信息，或借举报诬告陷害他人的，要依法追究法律责任；举报人主观动机良好，因认知错误或其他客观原因导致举报不实的不在此列。

第六十五条　【奖励举报的责任】在奖励举报涉恐线索工作中，反恐职能部门有下列情形之一的，对有关负责人和直接责任人依照规定给予行政处分；构成犯罪的，依法追究法律责任：

（一）对举报线索未认真核实，导致不符合奖励条件的举报人获得奖励的；

（二）在职务活动中获悉暴力恐怖犯罪线索，安排或者指使他人通过举报的方式骗取奖金的；

（三）伪造举报材料，伙同或者帮助他人冒领奖金的；

（四）向被举报人通风报信，帮助逃避查处的；

（五）因工作失职失误造成举报人人身安全和财产等受到威胁或损害的。

第六十六条　【对弄虚作假的处罚】反恐参与者获得表彰和奖励后，被发现有弄虚作假的，经原确认机关核实，报请原批准机关撤销其荣誉称号，追回所获奖金、抚恤金和其他补助（补贴）费用。

第六十七条 【行政处分的情形】有下列情形之一的，由有关部门按照管理权限责令限期改正，并对主管人员或者直接责任人员给予相应处分：

（一）拒绝、拖延支付反恐干预者受伤人员医疗费的；

（二）拒绝、拖延支付、发放反恐参与者负伤治疗期间工资、奖金和补贴的；

（三）对符合伤残等级评定、工伤认定、因公牺牲和追认烈士条件的反恐参与者，不按照国家规定予以确认、追认，不予抚恤优待或者拖延、推诿的；

（四）医疗机构及其医护人员对负伤的反恐参与者不及时救治或者拒绝、推诿的；

（五）在对反恐参与者的确认工作中，有关单位和个人拒不出具证明材料或者出具虚假证明的。

第六十八条 【行政责任与刑事责任的衔接】违反本法规定，有关部门及其工作人员在对反恐参与者奖励和保护工作中，滥用职权、玩忽职守、徇私舞弊，贪污挪用反恐经费，造成严重后果的，由主管机关对直接负责的主管人员和其他直接负责人员给予处分；构成犯罪的，依法追究刑事责任。

附　录

恐怖主义时代的紧急状态宪法

一、引言：林肯总统的“魔咒”

1861年7月4日，美国总统林肯在向国会递交的一份咨文中曾提出过一个极富挑战性的问题：“世界上所有实行共和体制的国家是否都有这样一个根深蒂固并且是致命的弱点？即一个政府的必需生存对其人民的自由而言是否一定过于强大，而对其本身的生存维护却又过于软弱？”[①] 林肯总统的问题隐含着一个可怕的悖论：政府如若坚守民主宪政的基本原则，则将难以有效应对各类危机。因为“那些在危机时刻不能诉诸独裁的共和国一般将在严重情况发生时归于毁灭”[②]。但是，政府如若诉诸独裁措施，这些措施本身就会摧毁宪政秩序的基本构造，因为“危机或紧急状态下的政府不可能是立宪政府”[③]。那么，现代民主宪政国家如何解决这一可怕的悖论，以便在维护宪政国家基本原则的同时，又能够成功地应对危机？林肯总统的问题犹如一个“魔咒”，一直困扰着美国的知识和政治精英。从内战到第一次世界大战、从大萧条到第二次世界大战、从越南战争到冷战，每一次重大危机的发生，总统的“魔咒”就会散发出诱人的魅力，吸引着诸多有识之士进行不知疲倦的“解咒”运动[④]。

2001年9月11日，随着象征美国精神的“双子塔”化为灰烬，沉默已久的“魔

① Martin S. Sheffer, “Does Absolute Power Corrupt Absolutely？”, 24 Okla.City U.L. Rev. 1999.

② See C. Rossiter, Constitutional Dictatorship , Princeton University Press, 1948, Preface.

③ Kenneth Wheare, Modern Constitutions, Oxford University Press, 1966, p.138.

④ 对这种“解咒”运动作出重大的知识贡献的有代表性的研究成果是：C. Rossiter, Constitutional Dictatorship , Princeton University Press, 1948（在此书中罗斯特教授提出了“宪政独裁”的解决之道）; Corwin, “The Steel Seizure Case：A Judicial Brick without Straw”, 53 Col. L. Rev.53, 66（1953）（在此文中，克尔翁教授提出了“紧急权力法治化”的解决之道，为美国1976年《国家紧急状态法》的制定提供了理论基础）; Jules Lobel, “Emergency Power and the Decline of Liberalism”, Yale L.J. 1385（1989）（在此文中，洛贝尔教授从历史角度全面概括“绝对主义”、“相对主义”和“自由主义”模式，并提出了“超越自由主义”模式。此文堪称了解“解咒”运动知识成果的经典）。

咒”再度复活。恐怖事件发生后不久，布什总统就发布一道行政命令，授权特别军事法庭审判被怀疑从事恐怖活动的外国人或者属于基地组织的成员[①]，“单方面地改变了美国的司法体系”[②]。司法部长约翰·艾婿克沃夫（John Ashcroft）宣布了一个大规模的反恐计划[③]。国会则仓促通过了《美国爱国者法》——“类似于一个破布袋的玩意儿”，[④]规定了“增加反恐资金、打击恐怖分子的经济设施、宵禁和疏散、监视、电子信号截取、严格的限制接近公共信息和场所等措施”[⑤]。“利维坦”的兽性既已激活，“潘多拉之盒”也被打开。但是，达摩之剑也应出鞘。面对布什政府咄咄逼人的“战争运动”[⑥]，面对国会的支持及最高法院的默许，面对公民权利和自由的不断丧失，面对恐怖袭击再一次发生的威胁——在悲痛、恐惧、无奈、荣誉、自尊等心理因素复杂地交织着的背景下——美国学术界新一轮“解咒”运动再度爆发。

尽管这一场运动远没有结束，但是美国学术界已经贡献了骄人的知识成果——用“思想的盛宴”一词加以形容一点儿也不过分。[⑦]在这场“盛宴”中，耶鲁大学法律和政治科学系资深教授布鲁斯·艾克曼（Bruce Ackerman）的

---

① See Detention, “Treatment, and Trial of Certain Non-Citizens in the War Against Terrorism”, 66 Fed. Reg. 57, 833（Nov. 13, 2001）.

② Heinz Klug, “The Rule of Law, War or Terror”, 2003 Wis.L.Rev.365.

③ See Antiterrorism Policy：Hearing Before the Senate Comm. on the Judiciary, 107th Cong. 2001 WL 26188084（Dec. 6, 2001）.

④ See Jan C.Ting, “Unobjectionable But Insufficient—Feederal Initiatives in Response to the September 11 Terrorist Attacts”, 34 Corn.L.Rev.1145（2002）.

⑤ See Philip B.Heyman, “Civil Liberties and Human Rights in the Aftermath of September 11”, 29Hum. Rts.18, 18（2002）.

⑥ 这在布什总统的演讲中体现得淋漓尽致。例如，Remarks to Military Personnel and Families at Fort Stewart, Georgia, 39 Weekly Comp.Pres.Doc.1197, 1198-99（Sept.15, 2003）。

⑦ 代表性的学术成果：see Oren Gross, “Chaos and Rules：Should Responses to Violent Crises Always Be Constitutional”, 112 Yale L.J. 1011（2003）（提出了超法律模式）；Samuel Issacharoff & Richard H. Pildes, “Between Civil Libertarianism and Executive Unilateralism：An Institutional Process Approach to Rights During Wartime”, 5 Theoretical Inquiries L. 1（2004）（提出了综合控制与平衡机制）；Mark Tushnet, “Defending Korematsu？：Reflections on Civil Liberties in Wartime”, 2003 Wis. L. Rev. 273（为臭名昭著的日裔美国人案辩护，实质承认军事独裁）；Mark Tushnet, “Issues of Method in Analyzing the Policy Response to Emergencies”, Stanford Law Review, Vol. 56.2004.1582（提出我们用以分析常规政治问题的方法同样适用于非常规问题）；Eric Posner, “Adrian Vermeule, Accommodating Emergencies”, Stanford Law Review, Vol. 56.2003.609（提出美国宪法应当区别“适应原则”和“严格执行原则”，紧急状态期间则适用“适应原则”）等。

“紧急状态宪法”无疑最为“引人注目”。[①]

那么，在这一场知识与思想的交锋中，艾克曼的紧急状态宪法的魅力究竟在何处？面对古老的“魔咒”在恐怖主义时代的显灵，他的“解咒”之道是什么？在此，笔者以艾克曼和两组评论者的文章为主要分析对象，阐述他的紧急状态宪法的正当性基础、基本构造等问题，并分析他的理论的价值及面临的主要挑战，以期在与大家一起分享这位一流法律教授的“思想”的同时，也有助于推动我国紧急状态理论和立法的研究。

二、艾克曼理论的正当性基础

在艾克曼看来，“9·11”事件后，布什政府所发动的对“恐怖主义的战争”已经打破了美国宪政秩序的平衡性，“钟摆”[②]过于偏向安全利益这边。但是，这场“运动”却远远没有结束，相反，恐怖事件将成为美国，甚至是全球范围内重复发生的事件。他极为敏感地指出，恐怖事件的重复发生，国家对公民权利的保障就会形成一种怪圈：每一次恐怖袭击后，国会都会仓促通过许多压迫性的法律[③]且承诺更大的安全——结果是，几年后另一个新的恐怖组织又需要设

① 2004年3月，艾克曼在《耶鲁法律评论》发表了《紧急状态宪法》一文（Bruce Ackerman，“The Emergency Constitution”，113 Yale L.J. 1029，2004）。随即，哈佛大学宪法学教授劳伦斯·特勒伯（Laurence H. Tribe）和迈阿密法律学院帕特立克·古德立居（Patrick O. Gudridge）在《耶鲁法律评论》上联合发表了《反紧急状态宪法》一文（Laurence H. Tribe & Patrick O. Gudridge，“The Anti-Emergency Constitution”，113 Yale L.J. 1801，2004）。乔治·华盛顿大学法律中心的维戴德·柯恩（David Cole）教授则发表了《道德的优先性：紧急状态宪法的盲点》一文（David Cole，“The Priority of Morality：The Emergency Constitution's Blind Spot”，113 Yale L.J. 1753，2004）。特勒伯等教授称赞艾克曼的理论是“勇敢的、新颖的、让人吃惊的，即使是一个头脑极其僵化的人也会重新调整自己的固执偏见”，同时又认为“纯粹是一个思想的试验”。柯恩教授则认为艾克曼的理论“抓住了一个真正的宪法问题”，同时又认为他“缺乏自信，自相矛盾”。面对毁誉参半的评论，艾克曼又在《耶鲁法律评论》发表了《这不是一场战争》的文章（Bruce Ackerman，“This Is Not a War”，113 Yale L.J. 1871，2004），除了对评论者进行回应外，还发展了自己的紧急状态宪法理论。2006年，艾克曼结合论战成果及他在《耶鲁法律评论》上的文章，出版了《新的一次攻击之前：恐怖主义时代的公民权利保障》一书（Bruce Ackerman，Before the Next Attack：Preserving Civil Liberties in an Age of Terrorism，New Haven，Conn.：Yale University Press，2006），进一步完善了紧急状态宪法理论。

② see Oren Gross，“Chaos and Rules：Should Responses to Violent Crises Always Be Constitutional”，112 Yale L.J. 1011（2003）.

③ “9·11”事件后，对美国国会通过的压迫性法律的分析，see Harold Hongju Koh，“The Spirit of the Laws”，43 Harv. Int'l L.J. 23（2002）；Jules Lobel，“The War on Terrorism and Civil Liberties”，63 U. Pitt. L. Rev. 767（2002）；Patricia Mell，“Big Brother at the Door：Balancing National Security with Privacy Under the USA PATRIOT Act”，80 Denv. U. L. Rev. 375（2002）。

法应对。新的恐怖灾难，反过来又会为制造更为压迫性的法律提供条件，持续不断，形成了“棘轮”效应[①]。即便类似于“9·11”规模的恐怖事件不会总是发生，但是以每隔10年到20年左右的时间发生一次的概率率依然相当高，那么到了2050年，这一灾难性的怪圈对于公民权利的损害也是极为严重的。为了遏制这一可怕的怪圈，同时也为了避免让政府陷入瘫痪，必须设计一种新的法律框架——允许行政机关采取一些暂时性的紧急措施，但必须划定一条界线以避免对公民权利永久限制。这一法律框架，他称之为“紧急状态宪法”，那么艾克曼凭什么要提出一种新的宪法呢？这就涉及紧急状态宪法的正当性基础。

（一）战争、犯罪与紧急状态

作为一名法律教授，艾克曼的职业使命促使他从法律的角度来思考恐怖事件。如果美国传统的法律概念足以应对恐怖事件，则无需他费尽心机地创造新的法律概念。但是，在艾克曼看来，美国传统的法律概念非但没能完成这一任务，反而让问题变得更为糟糕。

针对布什政府的应对“恐怖主义”就是“新的战争运动”的政策[②]以及美国民主党领袖约翰·克里（John Kerry）与美国主要媒体支持布什政府的“战争运动”的态度[③]，艾克曼旗帜鲜明地指出应对恐怖主义不是“战争运动”。他认为，战争的经典概念是两个主权国家的交战状态——主权国家通过武装力量的媒介，这种力量是在相对稳定的指挥者的指导下，身着制服或其他能够被识别的外在标志，根据武装冲突的国际规则，实施的敌对活动。布什政府对阿富汗和伊拉

---

① 也称之为“千斤顶”。see Eric Posner，“Adrian Vermeule，Accommodating Emergencies”，Stanford Law Review，Vol. 56.2003.642.

② 布什总统曾在多个场合，公开宣称美国应对恐怖主义是一场战争运动。例如，在2002年的一次演讲中，他说，这是一场新的战争，因为我们正在面对这样一些观念，即这些恐怖分子能够与某个具有大规模摧毁性武器的国家挂上钩，这些国家被称为“邪恶轴心”……See George W. Bush，Remarks at Oak Park High School in Kansas City，Missouri，38 Weekly Comp. Pres. Doc. 988，990（June 17，2002）。又如，2004年在国会一次听证会上，他说，1993年，当“双子塔”第一次被攻击时，一些犯罪分子被指控、审判、定罪并被送进了监狱。但问题没有解决。恐怖分子依然在别的国家进行培训并策划阴谋，还制订了更具野心的计划。经历了“9·11”事件的混乱和悲惨，用纸面上的法律武器已无法应对恐怖分子。恐怖分子及其支持者已经向美国宣战了，战争是他们所要的。President George W. Bush，Address Before a Joint Session of the Congress on the State of the Union，40 Weekly Comp. Pres. Doc. 94，96（Jan. 20，2004）。

③ See John Kerry，Fighting a Comprehensive War on Terrorism，Remarks at the Ronald W. Burkle Center for International Relations，University of California at Los Angeles（Feb. 27，2004），http://www.johnkerry.com/pressroom/speeches/spc_2004_0227.html.（在这篇关于布什的“战争运动”的著名评论中，克里的观点甚至更为激进，他提出“全面战争”的观点，而不限于布什的“军事战争”或“单边主义战争”。）

克的战争是战争，但是反对本·拉登和基地组织的斗争却不是战争。罗斯福总统将为德国军队服务的“被俘的美国人”认定为“敌对分子”，并运用模糊的标准在军事法庭对之进行审判的事件①，是不同于布什总统将可疑的基地组织的成员也认定为“敌对分子”并对他们进行审判的事件②。它们之间的区别是根本的：因为只有一部分人可以组成德国的军队，而大多数人都可能被怀疑为与基地组织有关系。这意味着，就原则上而言，一旦布什政府发动针对“恐怖主义的战争”，绝大部分人都可能会被行政拘留。当一些决定性的投降条约、停战协定已经让全世界都知道时，主权国家之间的战争也已经到了尽头。但是，针对恐怖分子的“战争”却不会因上述情况而停止。即使本·拉登已经被捕并被判刑，也并不见得所有基地组织成员已经不存在。即使基地组织已经瓦解，它也可能与其他组织合作——事实上它已经与 Hezbollah③ 进行合作。那么，人们将如何判定一个恐怖组织已经结束，另一个恐怖组织正在开始？世界上有 60 亿人口，将有足够的人支持恐怖网络，如果美国愿意将之称为“战争”，那么这将是永无止境的“战争”。这意味着不仅我们中的绝大多数都会冒着被行政机关拘留的风险，而且还将是永远不会休止的拘留？艾克曼还一针见血地指出，布什总统“战争运动”的说法是“矫揉造作、蛊惑人心”的④。布什的真正用意是，允许他援引他的作为总司令的宪法条款⑤的特别秘密武器，借着“响亮的口号”来采取单方面的行动，从而要求公众为了国家利益作更大的牺牲。

那么，应对恐怖组织能否通过刑法上的“犯罪”概念来解决呢？针对劳伦斯·特勒伯和帕特立克·古德立居两位教授的“打击恐怖组织可以通过刑法上的——类似于针对黑手党的条款——犯罪概念来加以处理”⑥观点，艾克曼戏称为“幼稚的法律主义的强硬策略”⑦。艾克曼指出，刑法的台词在处理严重的刑事阴谋——包括黑手党——和保障公民根本权利方面已经被事实证明是足够的。但这只能在特定的社会背景中实现，即假设民众对政府发挥主权功能充满广泛

① See Ex parte Quirin，317 U.S. 1（1942）.

② 布什单边主义的最为著名的例子是下令将 Jose Padilla——所谓的“脏弹”供应者——无期限地关进一个海军基地。

③ See Dana Priest & Douglas Farah，“Terror Alliance Has U.S. Worried”，Wash. Post，Jun. 30，2002，at A1；Susan Schmidt & Douglas Farah，“Al Qaeda's New Leaders”，Wash. Post，Oct. 29，2002，at A1.

④ Bruce Ackerman，“This Is Not a War”，113 Yale L.J. 1871（2004）.

⑤ 即《美国宪法》第二条第二项“总统为合众国陆、海军总司令”的规定。

⑥ Laurence H. Tribe & Patrick O. Gudridge，“The Anti-Emergency Constitution”，113 Yale L.J. 1801（2004）.

⑦ Bruce Ackerman，“This Is Not a War”，113 Yale L.J. 1871（2004）.

的信心，政府的组织依然相对有序和平稳地运转着。然而，当一次成功的恐怖袭击事件发生后，国家主权受到严重冲击，政府组织的有序性在短时期之内很难恢复，此时适用刑法的前提基础已经受到削弱甚至不存在了。也就是说，在艾克曼看来，刑法的原则和规范能够发生作用的社会条件是国家统治秩序的相对稳定，当大规模的恐怖事件发生后，这一前提条件已经不复存在。如果依然要求政府适用刑法来应对恐怖事件，这只能表明政府没有意识到恐怖事件的现实性，仍然对正常情况维持着一种幻想。这与德国著名宪法学家卡尔·施密特的观点有共通之处。施密特曾经说过，宪法理论中的危机概念就如同神学理论中的奇迹概念一样，是无法界定的，因此，在宪法或法律规范中并不存在适用于混乱状态的规范，因为每一个规范“都是以正常状态为前提的，而在正常状态结束后变得毫无意义了”[①]。当然，艾克曼并非要完全抛弃法律规范，他只是坚持，适用于正常情况下的刑法规范是无法有效应对大规模的恐怖事件的。

既然，美国传统法律中的“战争”与“犯罪”概念都无法应对大规模的恐怖事件，那么艾克曼认为就需要探索“第三条”道路。[②] 他说的“第三条”道路就是“紧急状态”。可是，尽管美国宪法中没有明确的“紧急状态”的概念[③]，但是世界上其他国家宪法中却已经有了这一概念。对于美国人而言，拷贝一下别国的理论不就行了吗？如若如此，那么艾克曼的知识贡献就类似于“剪刀加糨糊”的手工作业。对于一位一流的法律教授而言，艾克曼显然不会去干这样的傻事。的确，当艾克曼提出以“紧急状态”代替布什的“战争运动”时，他笔锋一转，相当机智地提出，我们“需要将紧急状态重新合理化”[④]。

（二）传统紧急状态与恐怖主义时代的紧急状态

在艾克曼看来，成文宪法处理紧急状态是一个不争的事实，但是，支配传

---

① See Joseph W.Bendersky，Carl Schmitt：Theorist for the Reich，Princeton University Press，1983，p.37.

② See Bruce Ackerman，“Before the next attack”，New Statesman magazine，June 29，2006.

③ 对于其中原因的分析，参见戚建刚《紧急权力的自由模式之演进》，《中国法学》2005 年第 4 期。不过，美国宪法虽然没有明确规定“紧急状态”条款，但这并不说明不存在应对危机事件的法律武器。《美国宪法》第一条第九项“人身保护令特权除遇内乱或外患在公共安全上要求必须停止情况外不得停止之”的规定，第二条第二项“总统为合众国陆、海军总司令”的规定，及第三项“总统……监督法律之忠实实施”的规定，这些条款被认为是美国政府应对危机的宪法依据。See William B. Fisch，“the Emergency of American Constitution”，The American Journal of Comparative Law，Vol.38（1990）.

④ Bruce Ackerman，“The Emergency Constitution”，113 Yale L.J. 1029（2004）.

统紧急状态的理由是“生存”理性，而支配恐怖主义时代的紧急状态的理由则是“重新保证”理性。由于基本的假设都不同，因此，恐怖主义时代的紧急状态不能简单地复制传统紧急状态——类似于托马斯·库恩所说的不同的“范式”，不具有“可通约性”[①]——而需要重新建构。

被艾克曼称之为“生存”理性的基本含义是，只有当外敌入侵或强大的国内阴谋推翻既存的政府时，才能实施紧急状态。紧急状态能够让政府在生死存亡关头采取特殊措施以求生存和自保。艾克曼指出，世界上许多国家已经拥有相当精致的紧急状态条款，但是这些条款在很大程度上是基于“生存”理性来设计的。艾克曼以法国和德国的模式为例作了分析。他说，法国第五共和国宪法所规定的紧急状态是一种模式。该国宪法第十六条授权总统采取“为时局所需要的措施”。这表明当法国在为生存而斗争时，总统的紧急权力没有受到任何限制[②]。艾克曼评论道，法国的方法无疑是极端的，但为了保持国家存在，也不得不这样做。可是，这并不意味着法国的模式对于21世纪的民主国家所面对的恐怖威胁而言是合适的。“我们最不想要的事是授予总统任何他认为适合做的事的权力”[③]。德国1973年基本法所规定的紧急状态则是另一种模式。该国基本法对紧急状态的种类、宣告程序及紧急状态下联邦总统、联邦政府及联邦议院和联邦参议院的权限，以及对公民基本权利的限制等问题都作了明确的规定。但在艾克曼看来，没有一条是专门针对恐怖主义的。[④]

艾克曼随后详细阐述了“重新保证”理性的基本含义：当恐怖袭击将政府有效的主权活动置于怀疑地位时，政府必须果断地和前瞻性地向已经受到恐吓的民众保证，这种破坏只是暂时性的，政府正在采取严厉的措施防止第二次攻击。它有三个基本假设构成：首先，第一次恐怖袭击已经对官僚机构的运作造成了严重的混乱，国家安全部门的工作程序已经被打断。他们面对着一串长长的“嫌疑分子”的清单（这是花了几年时间才搜集到的），但是要让他们找出具体的线索从而以更加客观的证据将特别的嫌疑分子与特别的恐怖阴谋联系起来则需要

---

① ［美］托马·S.库恩：《必要的张力》，纪树立等译，福建人民出版社1981版，第292～294页。

② 法国第五共和国宪法第十六条规定，当共和国的制度、民族的独立、领土的完整或国际义务的实现受到严重和立即的威胁时，以及共和国的宪法功能被中断时，总统有权实施紧急权力。

③ Bruce Ackerman，“The Emergency Constitution”，113 Yale L.J. 1029（2004）.

④ 对德国基本法中紧急状态条款的分析，参见法治赋《宪法专论》（二），台湾月旦出版社1994年版，第108页；罗杰·伯格、马丁·明斯克《西德1968年紧急条款的立法》，《哈佛法律评论》第82期，第1704～1737页。

花一段时间。其次，时间的有限性。组织良好的恐怖分子在成功发动第一次袭击事件后，为获取更多的“胜利”，他们就会在国家进入最高级别的警戒状态之前，让其他袭击事件同时发生。[①] 再次，第二次攻击的损害将是非常大的。它不仅危害许多人的生命，也会严重削弱普通民众的士气。当最近只发生一次袭击时，民众能够恢复希望——即灾害是例外的事件。但如果发生另一次袭击事件，人们公开面对的是一个强烈的和不可预见的暴力世界，导致众多民众的担心和极端的恐惧[②]。基于这样一种“重新保证”的理性，艾克曼颇为自信地提出：“我的目的是设计一个宪法框架，该框架允许一种暂时的紧急状态，从而既能够让政府负责重新恢复的功能，同时对个人权利不至于造成长期的损害”[③]。

（三）普通法院功能的反思性批判

假如普通法院能够解决压迫性法律的“怪圈”，假如普通法院能够遏制布什总统的“战争运动”，那么也无需艾克曼先生的紧急状态宪法了。对于这样一种假设，艾克曼断然否定。艾克曼认为美国宪法中包含着一些关于总统紧急权力的条款，比如当“叛乱或入侵时，公共安全要求中止人身保护令的特权”[④] 的规定。这些条款虽然相当粗糙，但是它给普通法院十分强大的想象空间：在正常情况下，由于宪法条款的模糊性，法官能够以让人吃惊的严厉和尖刻的语气批评行政机关的紧急权力，警告每一个人，紧急权力是违反宪法的，从而限制那些轻易求助于紧急权力的官员。当真正的危机出现时，法官则展示其惊人的灵活性，通过模糊的说理，来掩盖自身的软弱无力。随着危机结束，法院又开创一个极度敌对紧急权力的重新评价时期。经过几十年的修正，宪法的轨迹重新回到其原来的方向，对所有的紧急权力再次投以轻视和非难的目光——产生一种“真正”的限制气氛，除非下一次危机又来到。

对于这样一种以法官为中心的通过普通法自我修正的传统方法来控制恐怖主义时代的总统紧急权力的功效，艾克曼持怀疑态度。他认为，传统方法是基

---

① 例如 Ramzi Yousef 作为 1993 年世界贸易中心爆炸案的主谋，计划在世界贸易中心爆炸的同时爆炸 11 个航班。See Bruce Hoffman，Terrorism Trends and Prospects，in Countering the New Terrorism 7，13（RAND ed.，1999）.

② See Bruce Ackerman，“This Is Not a War”，113 Yale L.J. 1871（2004）.

③ Bruce Ackerman，“The Emergency Constitution”，113 Yale L.J. 1029（2004）.

④《美国宪法》第一条第九项的规定。

于“在一个幸运的社会中，严重的紧急状态是非常罕见的——人的一生中只出现一到两次”的假设。这种假设，在20世纪最后几十年中，或许是正确的。[①]但是，也只能到此为止了。全球化的现实，大规模的交通运输，毁灭手段的精细化意味着恐怖袭击将会经常发生。这意味着不等普通法自我调整完毕，就已经积累了许多对行政机关的压迫性紧急权力持顺从态度的“邪恶”的先例了，先例也许自己就会不断地繁殖，越积越多产生一部邪恶的宪法[②]。

艾克曼以“是松诉美国”[③]案为例，说明传统的以法官为中心的方法在控制总统紧急权力方面的局限性。他认为，胡格·布莱克（Hugo Black）法官——一位伟大的自由主义者——支持行政机关在战时为日裔美国人设立集中营的判决是错误的[④]。但是，即使是一位伟大的自由主义者，面对极端危机时，他也退缩了。艾克曼进一步指出，虽然国会在1988年对第二次世界大战期间的集中营中的日裔美国人的后代予以了赔偿，但是，“是松诉美国”案却从来没有被法院正式推翻过——它依然似一片挂着的乌云。在“9·11”事件以后，事实上，美国学术界已开始关注这一案件，有人甚至还为胡格·布莱克法官的判决辩护[⑤]。艾克曼情不自禁地叫喊：这是恶法！非常恶的法！但是当另一次恐怖袭击发生时，我们能够说什么？如果阿拉伯裔的美国人被驱逐到集中营，最高法院将会说什么？难道我们能够确定战时的“是松诉美国”案的先例不会被适用到“反恐怖主义”的战争中去？假设，当目前的法官正在考虑他们的决定时，发生了另一次灾难性的恐怖袭击。如果胡格·布莱克法官不能履行自己的职责，那么其后来者会做得更好吗？一个坏的判决将会产生更坏的后果。对日本人的战争已经结束了，对恐怖分子的战争还没有结束。结果是紧急状态的正常化——创造

---

① Mark Tushnet对美国历史进行观察后得出的结论是，最近一次严重危机发生在整整一代人之前——在麦卡锡和越南战争期间。See Mark Tushnet,“Defending Korematsu？：Reflections on Civil Liberties in Wartime”，2003 Wis. L. Rev. 273，283-298。

② See Bruce Ackerman,“This Is Not a War”，113 Yale L.J.1871（2004）.

③ Korematsu v. United States，323 U.S. 214（1944）.

④ 法官胡格·布莱克代表法院根据三个不证自明的观念发表了意见：(1) 一些证据表明不忠的确存在，军方相信需要立即行动，并且时间有限；(2) 撤离和重新安置不是以种族歧视为基础的，而是为了军事需要；(3) 既然法院必须受制于军方已经声称的危险，就必须接受其为了面对紧急状态所采取的方法和措施。See Korematsu v. United States，323 U.S.214，218（1944）.“是松诉美国”案说明，在战争时期“需要”的法则代替了宪法。法院，在明显地看到军事机关违背正当法律程序并缺乏总统宣告戒严的情况下，仍然支持其驱逐的命令。“是松诉美国”案，被认为是美国最高法院的耻辱。See Eugene V. Rostow,“The Japanese American Cases — A Disaster”，54 Yale L.J. 489（1945）.

⑤ Mark Tushnet,“Defending Korematsu？：Reflections on Civil Liberties in Wartime”，2003 Wis. L. Rev. 273，283-298.

一个法律上的先例——授予行政机关无止境的压迫性权力[①]。

基于上述分析，艾克曼语重心长地指出：法院应当放下自己的重任了，在恐怖事件发生后的短暂的时期内，它不再有义务运用普通法的缓慢的方法——在类似“黑洞”的普通法教条中寻找答案——来控制总统的“战争运动”了[②]。

三、紧急状态宪法的基本构造

既然艾克曼论证了为了破除林肯总统的“魔咒”，遏制压迫性法律的“怪圈”，美国现有的法律概念（甚至是世界上许多国家的宪法）以及以法官为中心的普通法控制机制都无法有效地加以实现的现实，那么建构一种新的法律框架就有存在的理由了。他的“紧急状态宪法”主要由三个维度的内容构成。

（一）政治维度——政治控制与平衡机制

如果前述，支配艾克曼理论的极为实用的目的是防止第二次恐怖袭击，实现“重新保证”理性。那么如何实现“重新保证”理性呢？他驳斥了布什总统的“战争运动”，也否定了劳伦斯·特勒伯等人的“刑法”方法。他的方法相当简单，当第一次恐怖事件发生后，国会以简单多数同意就宣布进入紧急状态，重点授予行政机关在无须遵守刑法上的高度盖然性理由的标准或者甚至是合理怀疑的标准的情况下，就拘留恐怖嫌疑分子40天到45天的权力——被柯恩教授称为“预防性拘留权力”。同时，为了让行政机关以压倒性的速度行使这项权力，法院的权力也应当予以严格限制，在这40天到45天之内，法院应当遵循两个基本原则[③]。一是反正常状态的原则：紧急状态下司法审查的标准应当有意识地明显低于那些正常状态下的能够被人所接受的标准。二是反阻碍原则：在恐怖事件发

① 在艾克曼之前，对法院在危机中的局限性作出了最为精彩的分析的人，要数克林顿·罗斯特教授。他在识别和讨论总统的自由裁量权时认为，军事人员的征集和训练，和平时期布置军队和战争时期调动军队，军事领导人的任命和撤换，选择公司生产军需品，决定购买更为先进的武器，决定在何时和如何生产大规模毁灭性武器，在何处和何时运用这些武器——对这些问题，没有哪一个法院愿意或能够行使一点司法权。因为总统对这些事务的行为要负责，只有他能够对国会、选举人和历史负责。See Clinton Rossiter, The Supreme Court and the Commander in Chief , Cornell University Press, p.2.

② See Bruce Ackerman, “The Emergency Constitution”, 113 Yale L.J. 1029（2004）.

③ See Bruce Ackerman, “This Is Not a War”, 113 Yale L.J. 1871（2004）.

生后的最初几周内，法院的干预不应当过分地分散安全部门的力量——它们已经被突如其来的攻击所震惊和搞乱。除了预防性拘留权力外，行政机关还辅之以其他权力，如宵禁和疏散、新的控制边境的手段、更为严格的限制接近公共信息和场所的权力等。

在艾克曼看来，在第一次恐怖袭击发生后，为了实现“重新保证”理性，防止第二次恐怖袭击的发生，这些特殊权力是必需的，也是适当的。然而，绝对的权力，必然导致绝对的滥用，艾克曼当然明白这个朴素的道理。他承认“成千上万名无辜者将会被政府所实施的旨在防止第二次恐怖事件的紧急性拘留权的罗网所捕获”。那么，又如何控制这种权力呢？对于以法院为中心的控制机制，艾克曼显然是反对的——在他的理论中，在恐怖事件发生后的最初 40 天到 45 天之内，法院的功能事实上已经被取消了。这时，艾克曼引入了他的政治控制与平衡机制——以预防性拘留权为重点的行政紧急权力将受制于一个“类似于自动扶梯那样”不断上升（或者如瀑布落下般逐步增加）的“超级多数投票机制”。

“类似于自动扶梯那样”不断上升的“超级多数投票机制”属于艾克曼理论中的核心概念。它的意思是指，当恐怖事件刚刚发生时，国会中的代表仅仅以 51%的简单多数就能够宣告紧急状态，并授予行政机关广泛的紧急权力，但是，紧急状态（自然包括紧急权力）只能持续 40 天到 60 天；2 个月以后，行政机关将不得不回到国会请求进一步的授权，国会必须再次宣告紧急状态，这一次应当由国会中的 60%代表同意；再过 2 个月，国会中的多数赞成票就应当达到 70%；随后的 2 个月就是 80%，除非是极端的危机时期，这种“自动扶梯”将使得紧急权力持续相对短暂的时期，紧急状态也不断地在走向死亡。[①]

艾克曼认为，这种“超级多数投票机制”具有三大功能：

第一，防止紧急状态长久性。由于每隔两个月，国会代表就会公开对紧急状态是否继续存在重新进行投票，这使得紧急状态体制是暂时的。在每一次投票前，在政治家、媒体和公众中就会有一次争议，每一个人都有义务再问一次：紧急状态是否还有必要持续下去？这种反思，使得紧急状态只有通过有意识的并且达到国会 60%代表支持的同意才能持续。然而，当“自动扶梯”上升到 80%的层次时，每一个人都明白期望立法机关无期限地支持紧急状态是不现实

① See Bruce Ackerman, “Before the next attack”, New Statesman magazine, June 29, 2006; Bruce Ackerman, “The Emergency Constitution”, 113 Yale L.J. 1029 (2004).

的，除非，恐怖分子反复地攻击并造成灾难性的后果——但这也是真正的紧急状态。

第二，控制行政紧急权力。当行政机关被授予特别权力时，总统知道为了在 60 天以后获得超级多数代表的同意，他必须小心地行使其权力。如果胡作非为或随意行使紧急权力，那么公众和国会代表将会不满，一旦没有获得法定的多数赞成票，紧急权力就被中止。

第三，防止对少数派的歧视。每一次危机事件的发生，社会上的少部分人总会被贴上“魔鬼”的标签。第二次世界大战期间，所谓的“魔鬼”就是大西洋沿岸的“日裔美国人”，而“9·11”恐怖事件后，“魔鬼”就是“宗教激进主义者”和“阿拉伯人”。这些人被人为地从社会中“隔离”开来，受多数人的谴责和歧视，甚至成为行政机关怀疑的对象[①]。但是，“超级多数投票机制”将会对这种歧视性的做法产生或强或弱的控制。在美国“9·11”恐怖事件中，“超级多数投票机制”对防止少数派被歧视的情况或许不能发生强有力的作用——因为这部分人在美国人口中只占极小部分，但在欧洲国家则将会产生更强有力的控制作用——因为他们在欧洲国家里占有很大的比例。

艾克曼进一步指出，这种“超级多数投票机制”自身并不会奇迹般地发生作用，因为它依赖于行政机关持续不断地向国会提供真实的信息，特别让少数派获得信息。因此，为了让国会代表，特别是少数派代表获得信息，艾克曼建议在国会中成立监督委员会，行政机关应当定期向监督委员会提供信息。这些监督委员会的主席应当来自少数派——由多数派提名三个人，并允许多数派成员选择一个对他们而言最不会反感的人作为主席。通过这样一种“超级多数投票机制”，艾克曼认为就能够实现对紧急状态和紧急权力有效的控制，而能从容地应对恐怖事件。

（二）经济维度——赔偿与经济约束机制

在艾克曼的理论中，如果说政治控制与平衡机制主要发生在紧急状态持续期间，那么经济约束与赔偿机制则发生在紧急状态结束之后。艾克曼指出，为了有效地打击少数恐怖分子从而减少第二次攻击的发生概率，行政机关的紧急

① Huong Vu, Note, “Us Against Them : The Path to National Security Is Paved by Racism”, 50 Drake L. Rev. 661, 663 (2002) .（讨论了美国的国家安全政策是如何选择非白人作为国家安全破坏的怀疑对象。）

权力，特别是在没有为刑法所要求的证据标准的情况下就拘留嫌疑人的权力，将会横扫许多无辜的人。在紧急状态结束后，应当为这些无辜者提供公正的经济赔偿。

艾克曼分析了“9·11”事件后，美国国会赔偿方案中的一种奇怪现象。那些因在“双子塔”和“五角大楼”被恐怖分子攻击而死亡的人的家属，国会通过赔偿方案为每个人提供高达七百六十万美元的赔偿金。① 而那些在反恐罗网中被无辜拘留的人，国会却没有给予赔偿。② 艾克曼认为，这是严重不公平的。他义愤填膺地指出，的确，这部分人的生活只是暂时的被破坏了，但是，突然地被逮捕是可怕的经历，特别是当你没有做任何错事时，特别是伴随着几星期或数月的拘留时。受到反恐罗网损害的人也有自己的家庭，也要支出大量的经济费用。然而，这种明显的不公平还没有在公众中产生共鸣。相反，这些损失因为恐怖攻击所造成的恐惧而被人忘记了。第二次世界大战期间集中营中日裔美国人获得赔偿差不多是一个世纪以后的事，方法是国会通过一项特别法律给予当年的受害者微薄的赔偿。③ 艾克曼认为，他的紧急状态宪法将会明确和公正地规定对这些无辜的被拘留者的赔偿。

艾克曼进一步指出，对无辜的被拘留者的赔偿不仅为了实现公正的需要，也为了提高行政机关的效率，减少盲目拘留的可能。这是因为，既然行政机关在紧急状态结束后需要从自己的财政预算中承担对无辜被拘留者的经济赔偿，那么这会促使行政机关花费一定的时间和精力搜集证据，避免盲目拘留无辜者。即使已经拘留了许多人，也会促使行政机关在尽可能短的时间内将其释放。

（三）法律维度——人的尊严的保障机制

在艾克曼的理论中，由于对紧急状态和紧急权力的控制主要通过“超级多

---

① See U.S. Dep't of Justice, September 11th Victim Compensation Fund of 2001, at http：//www.usdoj.gov/victimcompensation/payments 〈uscore〉 injury.html（Oct. 28, 2003）.

② 2003 年，美国司法部一份权威报告指出，自“9·11”事件以来，美国政府已经拘留了 5000 名外国人，其中还有 700 多被拘留的人的信息依然处于保密状态，600 多名受到违反移民法的指控而被拘留的人是秘密审判的，真正因参与恐怖袭击而被指控的只有 3 人。Office of the Inspector Gen.U.S. Dep't of Justice, The September 11 Detainees：A Review of the Treatment of Aliens Held on Immigration Charges in Connection with the Investigation of the September 11 Attacks 17（2003），http：//www.usdoj.gov/oig/ special/0306/full.pdf.

③ 1988 年，美国国会通过了《公民自由法》（Civil Liberties Act），并向在第二次世界大战中因被拘留而受到损害的日裔美国人道歉。Civil Liberties Act of 1988, Pub. L. No. 100-383, 102 Stat. 903［codified at 50 U.S.C. app. 1989-1989d（2000）］. 该法规定对每一个人赔偿 2000 美元。

数投票机制”来解决，同时，在恐怖事件发生后的40天到45天内，为了让行政机关尽快恢复“保证功能”，法院应当遵循反正常状态原则和反阻碍原则，那么在他的整个紧急状态宪法体系中，法院的地位到底是什么？艾克曼将法院的作用分为两个阶段：

第一个阶段——在40天到45天的紧急状态期间，法院的目标不是去判定嫌疑人是否有罪，而是保障嫌疑人的“尊严”。那么如何保障嫌疑人的尊严呢？艾克曼提出，首先是禁止酷刑，不能虐待被拘留者。“这是绝对的，法官应当严格执行——特别是大部分被拘留者是无辜的事实。”[①] 为此，艾克曼强烈批评了阿兰·德斯沃特兹（Alan Dershowitz）的酷刑正当性[②]——允许对恐怖分子实施酷刑，条件是当调查人员经过调查形成相对可靠的证据后，向一个相对独立的法官表明，将受到酷刑的恐怖分子掌握着恐怖组织的其他情报，为了挽救人们的性命和财产，只有通过酷刑才能获得这种信息——的观点。艾克曼指出，一旦禁止酷刑的命令被取消，法官很可能成为一个橡皮图章——运用大量的纸张来掩盖酷刑机器的残酷运作。一旦人们不相信法官能够阻止政府滥用酷刑的行为，那么人们不会相信任何人。紧急状态体制就蜕化为一个警察国家。为了严格禁止酷刑及其他不人道对待，艾克曼认为，嫌疑人应当享有请求律师参与的权利。“的确，律师有规律性的参与，将会降低行政机关讯问的效率，但这一成本是任何一个体面的社会必须承担的”[③]。其次，要禁止行政机关的“重复拘留权”。艾克曼指出，只要紧急状态持续，安全部门就有权力拘留新的嫌疑分子，但他们不能行使重复拘留权，除非有充分的证据证明，被重复拘留的人与正在进行的恐怖阴谋有联系。

第二个阶段，当“超级多数投票机制”中止紧急状态时，法院就应当立即恢复正常状态下的刑法和宪法的要求，对公民权利提供正当程序的保障——即使部分议员和普通民众还没有从恐怖袭击中恢复过来，法院就能够这样做。

---

① Bruce Ackerman，“The Emergency Constitution”，113 Yale L J. 1029（2004）.

② Alan M. Dershowitz，Why Terrorism Works：Understanding the Threat，Responding to the Challenge 142-63（2002）.

③ Bruce Ackerman，“The Emergency Constitution”，113 Yale L J. 1029（2004）.

四、艾克曼理论的价值及面临的挑战

由于林肯总统的“魔咒”在多年前就已经提了出来，至少就美国学术界来讲，探讨危机时机如何平衡法治与自由裁量权、国家安全与公民权利、民主与独裁的悖论，显然不是一个新的话题，但在“9·11”以后这样一个历史的拐点上，重新讨论这一问题，又凸现出它的时代意义。艾克曼的紧急状态宪法无疑适应了时代的需要。诚然，要全面评价艾克曼理论的价值，特别是实践价值可能为时过早，但是布什政府在伊拉克“反恐”战争中所遭遇的尴尬境地、在国会中期选举中的败北及多名支持“反恐”战争的高官相继辞职的事实，则为我们提供了一个契机。当然，艾克曼的理论并非完美无缺，或许最让人拍案叫绝的地方，恰恰也是其弱点所在，但这正好表明了艾克曼所面对的是一个极端复杂或棘手的问题。

（一）艾克曼理论的价值

1. 发展了紧急状态的规范性基础，为恐怖主义时代的紧急状态的理论研究和制度建设提供了新的起点

艾克曼相当敏锐地指出，传统成文宪法所规定的紧急状态是以“生存”理性作为规范性基础的，但在21世纪恐怖事件可能重复发生的新的背景下，这一规范性基础应当让位于“重新保证”理性。这一论断显然是很有远见，也是相当重要的，意味着我们对紧急状态研究的一次重大转型。从历史角度来看，现代国家成文宪法所规定的紧急状态其实是17和18世纪的启蒙运动代表人物——洛克、卢梭、孟德斯鸠、霍布斯，甚至包括马基雅维里和布莱克斯通等——的紧急权理论或思想的反映。如洛克提出了著名的“特权”理论，被汉密尔顿奉为圭臬，直接影响了《美国联邦宪法》中“人身保护令中止”条款的设计。[①] 又如布莱克斯通的“需要使用原本不合法的成为合法”[②] 的思想与戴雪的“当在外敌侵入境内之际，一个将军、一个市长、一个邑宰，或任何忠实国民可以做出任何行事，甚至犯了军事侵害罪，或刑事罪，倘能向陪审团证明所幸事出于至

---

① See Clement Fatovic, “Constitutionalism and Presidential Prerogative : Jerrersian and Hamiltonian Perspectives”, American Journal of Political Science, Vol. 48, No.3 (Jul., 2004), pp.429-444.

② G. Williams, The Defence of Necessity, Curr.Leg.Probs. 216 at 218 (1953) .

诚卫国,即得免罪”[1]的观点不谋而合。但是,在这些启蒙运动者的思想库中,“例外”、“紧急状态”、“独裁”和“特权”等与宪政和法治相背离的概念却是有严格的适用条件的。卢梭在《社会契约论》中讨论独裁制度时指出:“如果危险已到了这种地步,以至于法律的尊严竟成为维护法律的一种障碍,这时候,便可以指定一个最高首领,他可以使一切法律都沉默下来,并且暂时中止主权权威”。显然,他将独裁适用于国家生死存亡的时候——“人民首要的意图乃是国家不至于灭亡”。[2]马基雅维里在《君主论》中指出:“某些事看来是道德的,但其结果却置国王于败亡;另外一些事,看来是罪恶的,其结果却使他获得了较大的安全与幸福”[3]。在这里,马基雅维里将紧急权力定位于“严格遵守法律将使国家遭到毁灭”的情形。当然,从政治哲学高度来阐述“生存”理性的集大成者,则是霍布斯和洛克。他们将国家紧急权力视为国家自卫权,国家自卫权则是从个人自卫权派生而来,而个人自卫权则是人的自然权利,一项不可侵犯的自然法则。如洛克认为,我享有毁灭那以毁灭来威胁我的东西的权利,这是合理和正当的。[4]而霍布斯的第一个自然律,则是每一个人只要获得和平的希望时,就应力求和平,在不能得到和平时,就可以寻求并利用战争的一切有利条件和助力。[5]由此可见,在启蒙思想家看来,紧急状态只适用于国家面临生死存亡的危机时期,是国家进行自卫的最后武器。如果转化成宪法话语,则是“内乱”或“外敌入侵”,“武装冲突”或“暴乱”。这样一种宪法话语,在目前世界上的成文宪法中比比皆是[6],甚至在世界人权公约中也得到了体现[7]。

基于这样一种“生存”理性的紧急状态的理论和实践,在艾克曼看来,是完全不能作为21世纪的民主国家用以应对恐怖主义的规范性基础。因为,恐

① [英] 戴雪:《英宪精义》,雷宾南译,中国法制出版社2001年版,第570页。

② [法] 卢梭:《社会契约论》,何兆武译,商务印书馆1997年版,第164页。

③ [意] 马基雅维里:《君主论》,潘汉典译,商务印书馆1997年版,第66页。

④ [英] 洛克:《政府论》(下篇),叶启芳、瞿菊农译,商务印书馆1997年版,第12页。

⑤ [英] 霍布斯:《利维坦》,黎思复、黎廷弼译,商务印书馆1996年版,第97～98页。

⑥ 如《美国宪法》第一条第九项将中止人身保护令的情形限定于“遇内乱或外患,且公共安全需要时”。又如1996年的《乌克兰宪法》在一百零六条第二十款规定:“在乌克兰面临进攻威胁、国家独立面临危险时……实施军事状态。”1993年《俄罗斯联邦宪法》第八十七条第二款规定:“在对俄罗斯联邦境内或其部分地区发生直接侵略或威胁的情况下……实行战时状态。”

⑦ 如《公民权利和政治权利国际公约》第四条第一款规定:“在公共紧急情况威胁到国家的生存……”,缔约国才能宣告紧急状态。《欧洲人权公约》第一章第十五条规定:“在发生战争或者其他威胁国家生存的公共紧急情况时”,缔约国才能宣告紧急状态。《美洲人权公约》第三章第二十七条第一款规定:“在发生战争、公共危险或者威胁到一个缔约国的独立和安全时……”,缔约国才能宣告紧急状态。

怖组织没有如国家那样完备的军事等方面的设施，不可能派出自己的成员来取代民主国家的警察、法官或检察官，因而它们的目标不是夺取民主国家的政权。并且，恐怖组织的目标也不限于给民主国家造成物理上的损害。它们真正的目标是通过利用民主国家人们的恐慌、悲痛、愤怒的心理，促使民主国家大量运用集权措施，从而削弱宪政民主的基本结构；使民主国家的政府在国内和国际上失去信任；将少数派从人民中分离出去，成为受歧视的对象；削弱民主国家在打击恐怖分子时的道德要求。恐怖分子最主要的危险不是民主国家无法打败恐怖分子，而是民主国家将做得过好，从而变得不再是民主。这一过度反应将导致社会变得残暴，这种残暴不仅仅会使潜伏的恐怖分子转变为显现的制度性恐怖，并会使使用暴力成为解决争议的合法形式①。艾克曼显然清醒地意识到恐怖组织的真正目标。所以，他强烈抨击布什政府的基于“生存”理性的“战争运动”，提出了“重新保证”理性。可以这样认为，艾克曼的“重新保证”理性是建立在他对 21 世纪恐怖组织的实质性危害进行科学诊断的基础之上的。他为 21 世纪包括中国在内的民主国家，以紧急状态应对恐怖分子提供了一种全新的规范性基础。基于这样一种全新的规范性基础，21 世纪民主国家的紧急状态的法律制度将会实现“脱胎换骨式”的转变，学术界对紧急状态的研究也将实现“哥白尼式”的转换。

2. 为克服紧急状态的过度持续和防止“事实上”的紧急状态，提供了一种真正有效的机制

紧急状态是世界民主国家应对危机的最主要的宪法制度。然而，紧急状态却是一把双刃剑。若使用不当，民主国家不仅无法有效应对危机，而且自身可能蜕变成独裁国家。从世界各国紧急状态的理论和实践来看，一直围绕着学术界的一个重大问题是：如何设计一种有效的机制既不会让紧急状态过度持续，也不会出现当真正需要紧急状态时，国家却没有宣告紧急状态——所谓“事实上的”紧急状态——的情况。对于这种困境，世界上许多国家的宪法或紧急状态法通过规定紧急状态的期限来解决。如 1987 年的《菲律宾共和国宪法》第十八条第一款规定：“在遇到侵略或叛乱时，总统得在不超过 60 天的时期内停止人身保护令……”2001 年的《俄罗斯联邦紧急状态法》第九条规定：“在俄

① See Oren Gross,“Chaos and Rules: Should Responses to Violent Crises Always Be Constitutional”, 112 Yale L.J. 1011（2003）.

罗斯联邦全境实行紧急状态的期限不得超过 30 昼夜，在个别地区实行紧急状态不得超过 60 昼夜。”《葡萄牙宪法》第十九条第三款规定，戒严或紧急状态宣布的有效期不得超过 15 天。对于这样一种以“一锤子买卖”的方式来限制紧急状态过度持续的做法，艾克曼表示了不满。他说：‘紧急状态只能持续一次，而不管真实世界条件如何。在法律和现实之间创造差距就等于没有法律。”[①]也就是说，这将会产生一种“事实上的”紧急状态。不过，也有许多国家的宪法或法律中规定了紧急状态的延长机制。如 1983 年的《土耳其紧急状态法》第三条第一款规定，总统宣告紧急状态不得超过 60 天。同条第二款又规定，应内阁之申请，大国民议会可以延长该期限，每次不得超过 4 个月。如 1978 年的《西班牙宪法》第一百一十六条第三款规定：“紧急状态期限最长不得超过 30 天，可按要求延长 30 天。”对于这些国家的规定，艾克曼认为过于粗糙，对于控制紧急状态没有实现真正突破。在他看来，唯一有所突破的是南非宪法。该国宪法第三一七条第二款（b）项规定，国民会议的简单多数就能够让紧急状态生效，但是紧急状态必须在 3 个月后被更新，此时需要获得国民会议至少 60%的多数同意。[②]可是，艾克曼又指出，这种“自动扶梯”采取相当简单的两步：第一是 50%，然后是 60%，再也不向上了。特别是在像南非这样的国家里，单一政党有规律地赢得多数，仅凭单一政党成员的投票在事实上就能够无期限地延长紧急状态。因此，艾克曼提出，只有一个更为精致的多元化的机制才能可靠地向着最终中止紧急状态的方向迈进——也就是“类似于自动扶梯那样”不断上升的“超级多数投票机制”。为了让这一机制有效地实现，艾克曼还从技术上作了具体设计。

艾克曼的这一机制，可以说属于他的整个紧急状态宪法中最为耀眼的地方。对于它的功效——防止紧急状态长久性、控制行政紧急权力及防止对少数派的歧视——甚至连他的最为激烈的反对者柯恩教授也颇为中肯地指出，艾克曼的关于通过政治过程来制约紧急权力、防止紧急状态过度持续的洞见是极富悟性和极为重要的，如果运用的话，能够发生效果[③]。的确如此，艾克曼以前的学者，比如著名的政治学教授克林顿·罗斯特对紧急状态过度持续问题也表现得忧心忡

① Bruce Ackerman，“The Emergency Constitution”，113 Yale L.J. 1029（2004）.

② See G.E. Devenish，The Demise of Salus Republicae Suprema Lex in South Africa：Emergency Rule in Terms of the 1996 Constitution，31 Comp. & Int’l L.J. S. Afr. 142（1998）.

③ See David Cole，“The Priority of Morality：The Emergency Constitution’s Blind Spot”，113 Yale L.J. 1753（2004）

怵。他说，一个尽人皆知的事实是，结束一个国家紧急期间远比宣告它的开始更为困难。那么罗斯特教授的方法是什么？他又说，宪政独裁权力之行使必须经常规定其终止使用之时间限制①。艾克曼的方案显然超越了罗斯特的说教，为克服紧急状态的过度持续真正提供了一种机制。

3. 勾勒了适用于恐怖主义时代的紧急状态宪法的基本框架

艾克曼明确指出，他的紧急状态宪法旨在“为21世纪的民族国家——特别是美国——在面对潜在的、重复发生的恐怖袭击时提供一个新的宪法体制”②。他说，当下一次恐怖事件发生后，这部法律将会给未来的总统提供一个新的武器来治疗人民的创伤，并让国家继续前进。未来的总统不必通过以超过布什总统热度的“战争运动”的说法来向国家重新保证。他只需走到国会面前，平静地要求国会支持他宣告一种有限的紧急状态。③那么，他的目标达到了吗？艾克曼似乎有点得意地指出，布什政府在伊拉克的悲惨冒险就证实了他的一个重要的观点——“战争法说”是缺乏深谋远虑的——是何等正确。的确，布什政府在伊拉克“反恐”战争中所遭遇的尴尬境地、在国会中期选举中的败北及多名支持“反恐”战争的高官相继辞职的事实，能够说明艾克曼紧急状态宪法中许多观点都是极有远见的。但是，我们也应当看到，艾克曼的方案是在2004年提出的，而布什政府的“战争运动”则始于2001年——艾克曼明确表示他的方案是给予将来的总统。或许可以这样认为，艾克曼正是汲取了布什政府的“战争运动”的教训，才创造出了自己的理论。如果是这样，那么对于将来的美国总统，甚至是其他国家的政府官员而言，就需要认真对待艾克曼的紧急状态宪法了。至少以下内容，对21世纪的国家应对恐怖分子都是极富教益的：(1)恐怖分子并不会威胁到国家的生存，真正的威胁来自于政府对将来的恐怖事件的误导性的反应而对公民权利的侵害；(2)恐怖袭击事件发生后，国会以简单多数同意就能够宣告国家进入紧急状态；(3)紧急状态将会中止，除非每隔2个月，经受住“类似于自动扶梯那样”不断上升的“超级多数投票机制”的考验；(4)在紧急状态期间，行政机关应当有权拘留恐怖嫌疑分子长达45天；(5)在紧急状态期间，法院有权防止酷刑和其他类似的不人道的刑讯逼供行为；(6)紧急状态期间，

---

① See C. Rossiter, Constitutional Dictatorship, Princeton University Press, 1948, pp.306-307.
② See Editor's Note, 113 Yale L.J. 1029 (2004).
③ See Bruce Ackerman, “This Is Not a War”, 113 Yale L.J. 1871 (2004).

司法审查的标准应当明显低于正常状态下的标准；(7) 紧急状态结束后，应当为无辜者提供公正的经济赔偿。

4. 对中国紧急状态立法也具有重要启示

无独有偶，当2004年艾克曼的紧急状态宪法正在美国宪法界引起广泛的争论时，我国最高国家权力机关则刚刚通过了第四次宪法修正案。这次宪法修正案的3个条款同时涉及"紧急状态"①。同时十届全国人大常委会又将制定一部紧急状态法纳入五年立法规划。然而，让人遗憾的是，美国学者对紧急状态宪法的讨论如火如荼，国内学者对该问题的研究却付之阙如。更让人不可思议的是，原本制定紧急状态法的立法规划也被制定一部突发事件应对法所取代。紧急状态法的夭折，固然主要是因"时机不成熟"②所致，但与学术界对该问题的理论研究的薄弱和欠缺也有密切关系。可是，尽管紧急状态法的立法规划流产了，然而以法治化的方式来规范紧急状态却是世界各国的大势所趋③，也是我国政府和学者必须面对的重要宪法问题。

艾克曼的理论无疑为我们深入研究紧急状态提供了丰富的知识资源④，也直接为我国的立法带来了许多启示。他对世界上许多国家的宪法和法律中以"一锤子买卖"的方式来限制紧急状态过度持续的做法持批判态度，这一批判其实也适用于我国。虽然我国的宪法修正案规定了紧急状态，但却没有规定紧急状态的持续期间——比世界上其他国家的规定更为原始和简单；虽然我国的学者在向最高国家行政机关提交的《中华人民共和国紧急状态法（专家建议稿）》（以下简称《紧急状态法（专家建议稿）》）中提到了"紧急状态持续时间不得超过60天"，但也没有超越"一锤子买卖"的方式。⑤显然，艾克曼的"类似于自动扶梯那样"不断上升的"超级多数投票机制"的基本原理完全适用我国的立法。⑥

---

① 即宪法修正案第二十六条规定，宪法第六十七条全国人民代表大会常务委员会职权第二十项为，决定全国或者个别省、自治区、直辖市进入紧急状态。第二十七条规定，中华人民共和国主席根据全国人民代表大会的决定和全国人民代表大会常务委员会的决定……发布特赦令，宣布进入紧急状态，宣布战争状态，发布动员令。第二十九条规定，宪法第八十九条国务院职权第十六项为，依照法律规定决定省、自治区、直辖市的范围内部分地区进入紧急状态。

② 参见陈泽伟、王玉娟《制定突发事件应对法的新意》，《瞭望新闻周刊》2006年4月17日。

③ 笔者曾经作出一个初步统计，目前世界上已经有近20个国家制定了统一的紧急状态法，参见戚建刚、杨小敏《六国紧急状态法典比较研究》，《社会科学》2006年第10期。

④ 其实这也是艾克曼对自己理论的一个预期，即"不仅要为美国的宪法危机，也要为全世界的宪法危机提供一种方案"。See David Cole, "An Emergency Constitution？", New York Review, July 13, 2006.

⑤ 参见于安《制定紧急状态法的若干问题》，《法学杂志》2004年第5期。

⑥ 诚然，艾克曼的"超级多数投票机制"中涉及国会内部少数派与多数派之间的分权问题，但笔者认为这主要是个技术问题。

艾克曼对紧急状态期间法院功能的匠心独具的定位——不是让它完全放弃自己的职能，也不是让它履行常态下的职能，而是让它实现保障人的尊严的功能——对我国的立法同样富有教益。虽然我国的宪法中没提到紧急状态下法院的地位，但《紧急状态法（专家建议稿）》中却作了规定。然而，这种规定却极为简单，即在紧急状态期间，提起行政诉讼、民事诉讼和刑事诉讼的时效适用有关法律关于时效中止的规定[①]，对于法院的其他职能则语焉不详——似乎法院在紧急状态期间无事可干了。也许，如果我国的立法者了解了艾克曼的理论，那么对法院在紧急状态下的功能肯定会有重新的认识。当然，艾克曼理论中的其他方面，对我国的立法也富有启发，如对无辜者的公平赔偿、应对恐怖袭击应当通过宣告紧急状态等。

（二）艾克曼理论所面临的挑战

如前所述，2004 年 3 月，当艾克曼在《耶鲁法律评论》发表自己的《紧急状态宪法》一文不久，就受到了批判，被人戏称为“纯粹是一个思想的试验”。在笔者看来，有些批判——如柯恩教授认为，艾克曼坚持授予行政机关一种无需任何怀疑基础的拘留权[②]——就是对他的误解。但是，也有些批判则闪现着真知灼见，需要仔细研究。

1. 紧急权力的结束时间不具有同一性

根据艾克曼的理论，每隔 2 个月，行政机关若想继续行使紧急权力，必须接受“超级多数投票机制”考验。如果在一次投票中，没有获得法定多数的赞成票，则意味着行政机关的紧急权力自行中止。针对这一论断，柯恩教授对他发起了猛烈的攻击，他使用“一个尺寸并非适用于所有对象”来指责艾克曼的天真。柯恩教授认为，艾克曼试图一劳永逸地解决紧急权力持续问题，是以所有紧急权力都具有相同的“寿命”为前提的，但事实上，紧急权力是多种多样，不可能也不应当具有相同“寿命”。柯恩教授还以美国政府在“9 · 11”事件后所采取的反恐措施为例来反驳艾克曼，如对恐怖嫌疑人的监视和信息跟踪所需要的时间是完全不同于对其拘留所持续的时间的，而切断恐怖组织的资金则是一项长期措施。通过这样一种分析，柯恩教授的结论是：或许要对各类特别的紧急

---

① 参见于安《制定紧急状态法的若干问题》，《法学杂志》2004 年第 5 期。

② See David Cole, “The Priority of Morality: The Emergency Constitution’s Blind Spot”, 113 Yale L.J. 1753（2004）.

权力都设计不同系列的具有不同时间长度的超级多数投票机制。假如真是这样的话，那么任何有意义的紧急状态宪法都会比艾克曼所设想的要复杂得多[①]。

针对柯恩教授的质疑，艾克曼首先指出，在为紧急权力建议一个“法律过程”时，他并不是在寻找一颗具有“魔力的子弹”，能够取消所有困难的价值判断问题。他只是提供一个法律框架，以便让人们相信紧急权力将会在有限的期限内行使，而不是永远。他承认，作为一个抽象的问题，柯恩教授的指责是合理的。但他随即反驳，“整批交易”[②]是一个政治问题，目的是为了集中公众的注意力和政治的责任于单一的“升或降”的投票。一旦代表们通过一系列的投票——延长一部分权力，中止一部分权力——则会混淆它们的责任，广大的公众也很难看穿权力的迷雾[③]。艾克曼的回应，不论是否有理，但他承认柯恩教授的指责在抽象上是合理的，则说明了他对紧急权力的复杂性的认识不足。

2. 紧急状态的持续时间不具有可预期性

根据艾克曼的理论，每隔 2 个月，国会就会对紧急状态的存续进行表决，如果无法通过“超级多数投票机制”则将自动中止。针对这一论断，柯恩教授又展开了批评。他说艾克曼的“超级多数投票机制”依靠于一个没有证明并且也无法证明的假设——紧急状态是短期的，至多 8 个月的寿命。但是，事实并不是这样。柯恩教授以以色列自从 1948 年建国以来就一直处于紧急状态，和由于与爱尔兰共和军的斗争，大不列颠的紧急状态持续了近 30 年为例来说明紧急状态的长期性。柯恩教授的结论是，艾克曼的方案对紧急状态作了严格限制，将会在法律与现实之间制造空缺。对于这样一种质疑，艾克曼回应道，他的方案特别适合于那些受到恐怖组织偶然性攻击的社会。对于像以色列这样频繁受到恐怖组织攻击的国家则不适用他的方案。同时，他又指出，“自动扶梯”之间的间隔是 2 个月，还是 3 个月，是个技术问题，可以灵活变通。在这里，艾克曼限定了他的方案的适用条件。应当说，他的这种限定具有一定的合理性。因为，像以色列这样的国家毕竟是少数。但不管怎样，艾克曼的方案依然存在需要改进的地方。

---

① See David Cole,“The Priority of Morality: The Emergency Constitution’s Blind Spot”, 113 Yale L.J. 1753（2004）.

② 意指对紧急状态期间的所有紧急权力的存续进行一次性决断。它与“零售式交易”相对，也就是柯恩教授的观点，不同的紧急权力，由于存续时间不同，需要分别决断。

③ Bruce Ackerman,“This Is Not a War”, 113 Yale L.J. 1871（2004）.

或许对于一名一流法律教授的指责，我们不应当纠缠于他的方案的细节，而应更多地关注他的原则，但不管怎么样，艾克曼理论中所展现的这些弱点，恰好表明他所面对的问题的极端的复杂性，这也为他以及其他学者提出了更高的要求。

“现代恐怖主义”背景下法院司法审查之新认识

一、引言

在美国公法学中，对于紧急状态下法院的司法审查问题一直存在重大争议。[①]“9·11”事件以后，如何在“现代恐怖主义”[②]的时代背景下认识法院在紧急状态下的司法审查行为，更在美国学术界引发了持续不断的争论。主要理论可以概括为三种[③]：

第一种理论称为“权利至上”理论或“自由最大”理论。其核心观点是，在紧急状态时期，由于行政机关的紧急措施更加容易滥用或侵害公民权利或自由，因而法院应当依据紧急状态发生之前的宪法或法律的规定实施比和平时期更加严格的（至少是同样严格的）审查。该理论以联邦最高法院法官戴维斯（Davise）在1866年4月的艾克士·帕特·米里甘（Ex parte Milligan）案[④]中代表法院多数意见所阐述的立场为依据。

---

① See Jules Lobel,“Emergency Power and the Decline of Liberalism”, 98 Yale L.J. 1385 .

② 也称为“新恐怖主义”，在欧美、甚至是我国学术界，“现代恐怖主义”已经成为一个时髦的词汇。对于“现代恐怖主义”的内涵，虽然学术界存在一定争议，但在以下方面已经基本形成共识：从组织上看，将继续从垂直等级制形式向信息时代网络形式转变，资金和成员来源较分散；从理论和战略上看，既从事杀伤和破坏活动，也从事扰乱活动；从技术上看，利用先进的信息技术，以实施进攻和防御，并用以保持其组织结构。参见［美］伊恩·莱塞等《反新恐怖主义》，程克雄译，新华出版社2002年版，第56～57页。

③ See Cass R.Sunstein,“Minimalism at War”, 2004 Sup. Ct. Rev. 47（2005）.

④ See 71 U.S.（4 Wall.）2（1866）. 戴维斯法官的判决词的核心意思是，宪法是统治者和人民的法律，在战争与和平时期平等适用，在任何时候和任何情况下，宪法对所有人都平等保护。

第二种理论称为“折中”理论。其核心观点是，在紧急状态时期，虽然法院没有足够的信息去重新评价行政机关的紧急措施，但法院能够要求对于任何侵害宪法所保障的公民权利或自由的行政紧急措施都需有国会的明确授权。该理论以 1952 年联邦最高法院法官杰克逊（Jackson）在杨斯顿钢铁公司总统权限案（Youngstown Sheet & Tube Co. v. Sawyer）[①] 中的分析框架为依据。

第三种理论称为“国家安全最大”理论。其核心观点是，在紧急状态时期，法院应当顺从于行政机关的紧急措施，是否有国会授权并不是法院顺从行政机关的依据，即使国会也得顺从行政机关。

根据美国公法学者的观点，“折中”理论所依据的杰克逊法官的分析框架是法院在紧急状态下进行司法审查的经典方案。[②] 该分析框架的基本假设是，相对于行政机关，在紧急状态下法院对自由和安全的权衡具有一定的优先性。这种优先性随着行政机关的意志与国会的意志的匹配程度不同而发生变化：如果行政机关的意志与国会的意志相冲突，那么法院的权衡优势就达到最大；如果行政机关的意志与国会的意志相一致，那么法院的权衡优势就最小。换言之，国会的授权——包括紧急状态发生之前或紧急状态发生之后，是决定法院权衡优势的关键。“权利至上”理论的观点虽然与“折中”理论的观点存在一定差异，但它们之间的基本假设却是一致的，不同之处在于国会授权的时间不一致。“折中”理论对国会授权的时间没有严格要求，而“权利至上”理论却严格要求国会事先进行授权，并且这种授权是不能被中止或改变的。

与前两种理论相比，“国家安全最大”理论既没有“权利至上”理论那般遥远的历史[③]，也不具有“折中”理论那样的显赫和庞大家族[④]，更不像“折

① 343 U.S. 583（1952）. 它基本内容为：第一种类型涉及总统的紧急权力与国会的明确或隐含的授权有关。如果总统的紧急权力与国会的授权有关，那么他的权力就达到了顶点。此时，法院将给予总统最广泛的自由空间。第二种类型涉及某种国会和总统共同享有紧急权力的事项，但在该事项上国会保持沉默。此时，总统只能根据自己所单独享有的权力来宣告紧急状态并实施紧急措施。此时，法院给予总统的自由空间将会缩小。第三种类型涉及总统的紧急权力与国会的明确或隐含的意志相冲突。此时，代表了总统的最小紧急权力，其行为将受制于法院严格的司法审查。

② See William B. Fisch,“The Emergency of American Constitution”, The American Journal of Comparative Law, Vol.38（1990）, pp.389-420.

③ 遥远的历史是指“权利至上”理论可以追溯到美国内战时期。

④ 显赫和庞大家族是指“折中”理论拥有许多经典案例，如：Kent v. Dulles（357 US 116, 1958）, Ex Parte Endo（320 US 81, 1943）, Duncan v. Kahanamoku（327 US 304, 1946）, Korematsu v. United States（323 US 214, 1943）, Masses Publishing Co. v. Patten（244 F 535 SDNY, 1917）, Yates v. United States（54 US 298, 1957）, Ex Parte Quirin（317 US 1, 1942）, Hamdi v. Rumsfeld（124 US 2633, 2004）等。

中”理论那样被美国公法学界所认可①。然而，“9·11”恐怖事件发生后，一向被人所冷落的该学说却引发了学术界强烈的兴趣，大批公法学者倾注了大量学术资源来加以研究，地方法院已经将这种观点直接运用于具体案件，比如说哥伦比亚地区法院审理的美国公民自由联盟诉司法部案（ACLU v. Department of Justice）②，大有动摇，甚至取代“折中”理论的趋势。而芝加哥大学法学教授艾利克·波斯纳（Eric A. Posner）则是这一学说的代表人物。2002 年以来，他提出了“顺从”理论，试图对法院在“现代恐怖主义”背景下的司法审查行为重新定位。紧接着，哈佛大学法学院教授埃德里安·沃缪勒（Adrian Vermeule）也加入了他的阵营。③本文旨在评析这一“异端”理论的基本内容、面临的质疑，以及以艾利克·波斯纳为代表的学者所进行的回应等诸方面问题，以便展示因“现代恐怖主义”事件引发的紧急状态时关于法院司法审查行为的一种新认识。

二、“顺从”理论的基本内容

（一）基本含义

艾利克·波斯纳等学者指出，“顺从”理论的含义相当简单，就是在因“现代恐怖主义”事件引发的紧急状态时期，由于与国会（特别是法院）相比，行政机关拥有更多的制度优势来对安全和自由进行正确的权衡，而法院或国会在通常情况下所拥有的制度优势将严重妨碍其对自由和安全进行有效的权衡。虽然行政机关的制度绩效可能会下降，但法院或国会的制度绩效将下降得更快。因此，在紧急状态期间，只要行政机关的行为具有一定的理性基础，法院就应当顺从行政机关的行为，这种顺从会增加社会的整体福利。国会是否授权——不论是紧急状态发生之前，还是紧急状态发生之后——并不是法院顺从行政机关的理由。恰恰相反，在紧急状态时期，国会与法院一样，不得不顺从行政机关。

---

① “国家安全最大”理论支持者主要限于美国国家安全和情报机关工作人员。

② 321 F Supp 2d 24（DDC 2004）. 其他案件如 Edmonds v. Department of Justice（323 F Supp 2d 65，DDC 2004）。

③ 2007 年他们合作出版《平衡中的恐慌：安全、自由和法院》（Eric A.Posner and Adrian Vermeule，Terror in the Balance : Security，Liberty and the Courts，Oxford University Press，2007）一书，较为完整地阐述了“顺从”理论，就是例证。这一阵营中的其他学者还包括 Richard A.Posner，Lee Epstein 等。

他们将行政机关对安全和自由的权衡称为第一顺序的权衡，而将法院或国会的权衡称为第二顺序的权衡。通常情况下，第一顺序的权衡优先于第二顺序的权衡。[①]

（二）正当性基础

艾利克·波斯纳等学者明确指出，他们所提出的“顺从”理论不是基于概念或逻辑，而是根据制度和经验。作为芝加哥法律的经济学派中当代颇有影响力的人物，艾利克·波斯纳运用经济学分析方法，将该理论建立在另外两个相互支持的理论基础之上，即自由与安全的权衡理论以及行政机关与国会和法院（特别是法院）之间的制度绩效之比较理论。

1. 自由与安全的权衡理论

艾利克·波斯纳等学者首先明确，运用权衡理论来分析行政机关在紧急状态下的权力的合法性或正当性是一项古老的方法。“9·11”事件后，运用该方法来评价行政机关反恐政策或措施的学者也不限于他们几人，比如理查德·A.波斯纳法官就非常青睐这一方法[②]。但与其他学者不同，他们运用这一方法不是为了评价行政机关的某项反恐措施是否经得起成本与收益的分析，而是为了比较和分析紧急状态下行政机关、法院和国会之间的制度绩效能力，从中得出“顺从”理论所主张的内容。[③]他们认为作为一种基准图景的自由和安全的权衡理论，由三个基本假设所构成：

第一，安全和自由可以权衡和比较。艾利克·波斯纳等学者认为在反恐背景下，对于公民而言，自由和安全都是有价值的公共物品，但国家所能提供的这两种公共物品的数量存在着此消彼长的关系。在既定的约束条件下（如社会总资源给定或公共财政支出给定），一个国家或社会的总体安全的增加，意味着该国家或社会的总体自由的减少。不仅如此，他们还假设，自由和安全在个体之间也可以进行比较。在既定约束条件下，公民甲的自由减少，意味着公民乙的安全增加。

---

① 参见 Eric A.Posner and Adrian Vermeule 的书。

② See Richard A.Posner, Not a Suicide Pact——the Constitution in a Time of National Emergency, Oxford University Press, 2006, pp.1-18.

③ 参见 Eric A.Posner and Adrian Vermeule 的书。

第二，行政机关是理性的。这一假设的含义是，当根据经验和因果关系原理来评价行政机关增加或减少安全（自由）的行为的可能效果时，这些行为并不存在整体性错误的情况。虽然行政机关会犯错误，但这些错误呈偶然的和分散的分布状态。虽然个别政府官员的行为既可能偏离安全价值，也可能偏离自由价值，但从总体而言，行政机关的行为遵循了正确的概率分布。虽然在紧急状态下，行政机关为了安全而侵害公民自由的措施可能是错误的，也可能是正确的，但这种正确或错误的概率与行政机关在通常情况下为建造一条高速公路而减少教育投资的行为的正确或错误的概率一样。没有充分理由让人相信，与和平时期相比，在紧急状态下，行政机关会系统地低估公民自由价值或高估国家安全价值。相反，对于这些价值，行政机关会保持相同的权重。就像在和平时期，行政机关也会正确地评价威胁的强度。因此，从总体上讲，行政机关运用正确的概率来分析某种危险的不确定性，行政机关的决策通常是正确的，不会犯整体性的错误。

第三，行政机关的动机是良好的。动机良好是指在紧急状态下，行政机关将会以全体公民福利的最大化作为决策的出发点。他们认为，不管谁的福利被包括进去，一个动机良好的行政机关是这样一个行政机关：其行为不会出现整体性懒散或者整体性偏向大部分人的福利或整体性偏向少数人福利的情况。相反，行政机关会将全体公民的福利最大化并且也会兼顾他们的偏爱。

如果同时满足以上三个条件，那么随着恐怖主义威胁的增加，当国家进入紧急状态时，行政机关会如何反应呢？他们认为，行政机关将会提供更多的安全，而提供较少的自由。因为从安全价值中所增加的收益将弥补自由价值所减少的收益。行政机关同样会犯错误，但在安全政策上所犯的错误的概率与日常行政事务上所犯的错误的概率一样大，并且行政机关的决策不存在整体性的错误。艾利克·波斯纳等学者进一步指出，符合上述三个条件的自由与安全的权衡理论与福利经济学中的帕累托最优[①]的曲线图相类似。

2. 制度绩效之比较理论

艾利克·波斯纳等学者当然注意到作为一种基准图景的自由和安全的权衡

① 帕累托最优是指资源配置已经达到这样一种境地，即任何重新改变资源配置的方式，都不可能使一部分人在其他人没有受损的情况下受益。换言之，一部分人要改善处境，必须以另一部分人处境的恶化为代价。参见韩丽华、潘明星主编《政府经济学》，中国人民大学出版社 2007 年版，第 1 页。

并不总是能够存在。因为行政机关并不总是能够理性地行动。有时，行政机关的工作人员会懒散，他们会利用权力从事一些私事或者进行投机；有时，他们的行为会代表多数人的福利，而侵害少数人的福利。但是——他们笔锋一转，这种基准状态的权衡图景是一种反恐背景下有关安全政策的启发式的和解释性的机制，而不是经验性机制。他们的观点并不是主张行政机关的国家安全措施都是一成不变的正确，他们是要分清与主张“权利至上”理论的学者的观点——反恐背景下的国家安全政策具有一种整体性的错误，通过违宪（法）审查，法官能够将事情变得更好——以及否定“折中”理论所依据的杰克逊法官的分析框架中所隐含的基本假设。① 他们认为，在紧急状态时期，行政机关的选择通常是正确的或者法院的违宪（法）审查通常不能系统地改善行政机关的政策。如果法院或国会具有完全的信息并以良好的动机行动，那么其可能排除非理性或动机不良的行政机关所做的恶劣行为，从而使某项有关国家安全的行为达到P点。在某些特殊案件中，法官比行政官员能够更好地评价危险对安全和自由威胁的可能性，或者某一特殊政策的所有成本。但这毕竟是偶然现象。如果行政机关会犯错误并采用不公平的安全措施，那么法官或国会议员也会犯错误，有时会否定公平的安全措施。他们还认为，在紧急状态时期，要求国会同意行政机关的决定经常会将事情变得更差，而不是更好。从规范角度来看，国会的授权理论是模糊的。此时，他们提出了紧急状态下行政机关与法院和国会之间的制度绩效之比较问题。

第一，行政机关与法院之间的制度绩效之比较。他们认为，从历史经验看，法院不像行政机关，没有系统地研究某一紧急威胁的机制。法院的职员规模较小，直到案件进入法院后，法官才有机会考察案件的事实情况。由于等待审理的案件太多，他们往往没有时间去研究案件的背景、环境及可能的后果。如果涉及合同、事故或普通的犯罪，由于法院已经积累了许多审判经验，法官不会受到很严重的限制。但是，如果涉及现代恐怖主义，由于问题比较新并且需要作出及时的反应，法院没有时间或资源来对其进行专门研究，因而其工作方式变得

① David Cole, “Their Liberties, Our Security: Democracy and Double Standards”, 31INTL J.LEGAL INFO.290, 304 (2003); David Cole, “The New McCarthyism: Repeating History in the War on Terrorism”, 38 Harv. C.R.-C. L. L. Rev. 1, 28-30 (2003); Judith Lichtenberg, “The Ethics of Retaliation, Philosophy and Public Opinion Quarterly”, Fall2001, pp.4-8.

十分不恰当，甚至起到妨碍的负面作用。而行政机关的迅速、坚强和秘密的行动能力具有一种溢出效应。他们进一步指出，人们没有假设法官是国家安全问题的专家，并且法官自己也认为其对国家安全问题的知识知道得不多。那些自认为在紧急状态下能够比行政官员更理性地选择政策的法官往往比行政官员做得更糟糕。法官是通才，与政治的隔离保障了他们远离现行的政治，但也剥夺了他们获得信息的机会，特别是那些新型威胁及如何对其进行反应的信息。在紧急状态时期，法官经常处于不知所措之中，这种状况比行政机关的官员更为严重。

第二，行政机关与国会之间的制度绩效之比较。他们认为，“折中主义者”的要求国会授权的观点其实假设国会比行政机关更加理性。这种理性会排除行政机关因恐慌或非理性而出台以少数派权利或自由为代价的邪恶的应急措施或政策。其基本理由有三个：一是总统是由全国选民选举出来，并以“胜者全拿”为基础。而国会中的议员是地方选民选举出来的，因此对政治上和种族上的少数派能够给予更多的考虑。二是从政治心理学层次上看，行政机关内部的决策倾向于团体的两极分化和其他形式的团体思维，或非理性的疯狂，[①]而国会内部的多元化的理性，则制约了这种情况；三是从政治结构角度而言，国会包括内部的投票门槛和瓶颈——委员会体系和冗长的辩论，这能够为少数派提供阻止危害其权利的紧急政策通过的机会，而行政机关的决策经常是集中的和统一的。

艾利克·波斯纳等学者则否定国会比行政机关更加理性。他们认为，在实践中行政机关经常是以“他们”的形式出现的，而不是以“他”的形式出现的。总统并不能完全统一行政机关内部的政策，这意味着在行政机关内部也会产生不统一，从而减弱团体思维并为少数派提供申辩的机会。当全国的多数在内部发生分裂时，总统政治的结构将会制造瓶颈，从而使得政治上或种族上的少数派对行政机关的紧急措施产生不符合比例的影响。于是，人们不清楚国会的授权是否真的能够产生理性的效果。一种可能的情况是，如果全国绝大部分选民同时控制着国会和总统，从而制定了恐慌性的或压迫少数派的安全政策，那么国会的授权是无意义的。另一种可能是，如果行政机关和国会内部存在着控制采用恐慌性或压迫性政策的制度，从而让少数派对国会或总统都产生影响，那

---

① See Cass R.Sunstein,“Deliberative Trouble？ Why Group Go to Extremes”，110 Yale L.J.71（2000）.

么国会的授权是不需要的。

他们进一步指出，国会的授权只能在极少数情形下才有意义，即行政机关完全恐慌，而国会为了抵制一边倒的恶劣政策，保护被压迫的少数派的利益。但即使是在这种情况下，国会授权的观点也是错误的。理由在于，虽然对于多数人的压迫，国会内的否决门槛可以允许少数派免受有害的歧视，但这也允许少数派阻止良好的政策和法律的通过。对于恐慌和非理性，如果国会更加理性一些，那么一种结果就是能够防止行政机关的团体思维并且延缓一边倒的恶劣政策，然而也会产生另一种结果，就是延缓必要的应急措施和良好的政策的通过。因此，国会的参与具有双重效果，其减少了不公平的、歧视少数派的应急措施或政策，但也减少了适当的针对少数派的但有利于国家安全的应急措施或政策。然而，"折中"理论并没有对自己的假设——只有国会授权才能提高净收益——提供系统的证据，因而是不让人信服的。事实上，国会的实践表明，国会议员已经意识到自己的缺陷——缺乏对正在发生的紧急事情的信息、无力控制警察和军队，不能一致快速和有力地行动，因而国会在紧急状态时期的授权行为绝大多数是对行政机关已经实施的行为的批准，授予行政机关自己认为的需要的权力，并给行政机关拨款，以便行政机关能够继续实施其认为正确的政策。而紧急状态之前的法律规范，则大多数是宽泛的条款，通常授予行政机关广泛的自由裁量权。

因此，根据这种制度绩效之比较理论，他们认为没有充分的理由让人相信对于紧急状态下的安全和自由问题，法院或国会能够比行政机关做得更好，也没有理由让人相信法官或议员能够以一种系统的方式提高行政机关紧急政策的可行性。在某一具体案件中，当法官试图证明，行政机关已经错误地评价了一些安全政策的净收益或成本时，其实他们是安全政策的门外汉。虽然有时法官也知道行政机关的行为可能依赖于非理性的假设，或坏的动机，或具有误导性，但这种认识对法官而言是没有用的，因为法官没有能力将坏的政策从好的政策中选择出来。在紧急状态时期，法官和国会议员都没有明智的替代性方案，除了顺从行政机关。

如果说根据权衡理论，与通常情况一样，在紧急状态下一个具有理性和良好动机的行政机关所采取的应对威胁的措施会在 SL 边界上移动，不会出现整体性的偏差，除非有充分和可靠的相反证据，法院和国会应当尊重并顺从行政机关的决定，那么根据制度绩效之比较理论，法官和国会议员其实都没有能力来推翻行政机关所采取的措施，也不能提供新的更为科学的替代性方案，因此，除了顺从，其并无他法。显然，这一论断与“权利至上”理论和“折中”理论相去甚远。

三、“顺从”理论面临的主要质疑

由于艾利克·波斯纳为代表的学者所主张的“顺从”理论似乎有点极端，因而也受到不少学者的批评。如法律哲学家杰勒米·沃尔德（Jeremy Waldron）担心权衡理论——他称之为想象的平衡——将会过分冲淡公民自由[①]。其他学者的批评包括：会导致一个类似于希特勒那样的独裁政府[②]，出现行政暴政，既不利于安全，也不利于自由的保障[③]。对于这些批评，艾利克·波斯纳等学者称之为“流行”的批评。在他们看来——当然包括笔者，对“顺从”理论构成主要批评的理论主要有两种：即“恐慌”理论与“民主失败”理论。

（一）“恐慌”理论

“恐慌”理论的代表人物有耶鲁大学的布鲁斯·阿克曼（Bruce Ackerman）、明尼苏达大学的奥伦·格劳丝（Oren Gross）、芝加哥大学法学院的杰弗里·R. 斯通（Geoffrey R. Stone）等。[④]这些学者认为，恐慌将影响两类主体的行为：一是行政机关的官员可能感到恐慌；二是行政机关的官员可能不会感到恐慌，但公众可能感到恐慌。而对公众的恐慌，行政机关官员被迫做出恐慌的反应，除非他们对公众的要求没有承担足够的责任。他们认为，恐慌通过两种机制来影响行政机关官员或公众的行为。

1. 生理上的机制

他们认为，在某种程度上，恐慌是对一种威胁的纯粹的生理反应，这种反

① Jeremy Waldron，“Security and Liberty：The Image of Balance”，11 J.POL.PHIL.205（2003）.

② See William Scheuerman，“Emergency Powers and The Rule of Law After 9/11”，J.POL.PHIL.14，No.1（2006）.

③ Daryl J. Levinson，“Empire-Building Government in Constitutional Law”，118HARV.L.REV.915（2005）.

④ Jon Elster，Ulysses Unbound：Studies in Rationality，Precommitment，and Constraints 129-141，157-161 Cambridge University Press，2000；Geoffrey R. Stone，Civil Liberties in Wartime 38 New York，NY：W.W. Norton & Co.，2004；Bruce Ackerman，“The Emergency Constitution”，113 Yale L.J.1029（2004）.

应是超出意识控制之外的。[①] 当一个人在森林中遇到一只老虎时，他或她经历了某种生理上的变化——血液的化学成分开始变化、心跳加快、脑部的某些区域受到刺激。这会导致迅速逃离的冲动，并且是难以克服的，而公众和政府官员对恐怖分子的反应与某人在森林中遇见老虎时的反应是一样的。进一步而言，行政机关对紧急状态的反应——这是一个恐慌性反应——与通常情况下人们对恐慌反应过程相类似：（1）这种反应出自本能，并且不是理性的，因而易于犯错误；（2）这种错误将会偏向于过度反应的方向。

2. 认知上的机制 [②]

这些学者认为，人们（当然包括行政机关官员）是在一系列的认知限制和偏见的情况下行动的，这使得人们无法真正掌握某种类型的风险或威胁发生的可能性及其危害后果。虽然在通常情况下，人们的行为也会受到认识限制的影响，但在严重危机时刻，特别是受到恐怖分子打击后，当人们的恐惧、担心、憎恨以及类似的感情涌上来时，就特别容易激发认知限制和偏见。此时，人们不是依赖于理性的讨论和分析，而是依赖于认知推测——运用跳跃式思维——来作决定。而这种认知推测又强烈地依赖于预期理论，即人们倾向于将某一危机事件将会发生的可能性与危害结果，与他们设想同类事件已经发生的结果联系起来。过去的恐怖袭击容易使人们设想同类事件将会发生。人们越是强烈地回想过去的恐怖袭击——这是恐慌的必然反应，就越会想象这类事件将会发生。在“9·11”恐怖事件中，当人们看到恐怖分子驾驶的飞机撞击“双子塔”，而“双子塔”崩溃，消防员和警察与时间比赛等的情形，就对死亡的想象更为强烈，而政府官员反复警告更为严重的袭击将会在某些具有特殊意义的日子中对桥梁和大楼等建筑发生时，则进一步增强了人们对各种各样的潜在的危险及其风险的想象的可能性。[③] 这就让人不会奇怪，大多数美国人都认为恐怖袭击在将来会不可避免地发生。[④] 由于认知上的偏见，不仅导致人们对危机潜在的强度产生偏见，而且还对如何对其进行反应的方法产生偏见。因此，面对严重的恐怖或

① Eric A.Posner，“Fear and Regulatory Model of Counterterrorism”，25Harv.J.L.&PUB.POL’Y681（2002）.

② See Note，“Responding to Terrorism：Crime，Punishment，and War”，115 Harv. L. Rev 1217，1230（2002）.

③ See Patricia Leigh Brown，“Preparing for a Potential Emergency”，N.Y. Times，Oct. 4，2001，at F12；Lauren Lipton，“Preparing for the Worst”，Wall St. J.，Oct. 5，2001，at W14.

④ Joe Battenfeld，“A Nation Rebuilds”，Boston Herald，Sept. 3，2002，at A1；Adam Nagourney & Marjorie Connelly，“Poll Finds New York Fearful，but Upbeat over Future，Too”，N.Y. Times，Jun. 11，2002，at A1.

极端的紧急事件时，一般公众和行政官员都不能够正确评价国家所面临的风险。任何平衡行为——为对付威胁、危险和风险所需要采取的措施与个人由此所付出的成本——经常严重失衡，即使是经过仔细思考的。

基于这两种机制，“恐慌”理论进一步指出，行政机关应急政策或措施的问题不是在于它们是理性的从而能够客观地限制公民自由，而是非理性的，从而在没有提供更多的国家安全利益的同时，却侵害了公民自由。换言之，处于恐慌之中的行政机关的决定经常在 SL 边界下移动，比如说 D 点或 E 点。这是因为，恐慌干扰了政府官员对风险的理性评估。这种歪曲可以有多种表现形式：如片面扩大危险的程度、忽视隐私权和平等权等重要的价值。而真实情况是安全利益并没有像人们所想象的那样重要。更为消极的后果则是中了恐怖分子的阴谋，即“引诱行政机关进入压迫和过度反应的陷阱，这将离间公众和当局，从而将公众推向默示或明示的与恐怖分子合作的境地”[①]。或者过度反应将导致社会变得残暴，这种残暴不仅仅会使潜伏的恐怖分子转变为显现的制度性恐怖，并会使使用暴力成为解决争议的合法形式[②]，而这种过度反应的根源在于恐慌[③]。那么又如何遏制因这种恐慌而引发的过度反应？“恐慌”理论又认为，作为法院司法审查依据的宪法或其他法律规范能够被恰当地作为理性的预先承诺以反对非理性的决定，就像古希腊神话中尤利西斯被绑在桅杆上，以避免被塞壬[④]的歌声所吸引那样，因此，国会在紧急状态发生之前制定一部紧急状态宪法[⑤]或在紧急状态发生之后进行明确的授权是适当和必需的[⑥]。由此可见，“恐慌”理论否定了“顺从”理论的基本观点。

（二）“民主失败”理论

“民主失败”理论的代表人物有芝加哥大学法学院的杰弗里 · R. 斯通

---

① Bruno Frey，“Dealing with Terrorism：Stick or Carrot？”，29-36（2004）.

② See Oren Gross，“Chaos and Rules：Should Responses to Violent Crises Always Be Constitutional”，112 Yale. L.J.1011（2003）.

③ Oren Gross，Cutting Down Trees：Law-Making Under the Shadow of Great Calamities，in the Secruity of Freedom：Essays on Canada’s Anti-Terrorism Bill39，43（Ronald Daniels，Patrick Macklem，&Kent Roach eds.，2001）.

④ 半人半鸟的女海妖，以歌声吸引水手并使船只失事。

⑤ See Bruce Ackerman，“The Emergency Constitution”，113 Yale.L.J.1029（2004）.

⑥ See Cass R.Sunstein，“Minimalism at War ”，2004 Sup.Ct.Rev.47（2005）.

（Geoffrey R. Stone）、乔治城法律中心的大卫·科尔（David Cole）和乔治城大学的马克·图什内特（Mark Tushnet）等。[①] 这些学者同意艾利克·波斯纳等学者的观点，即在紧急状态下行政机关的官员是理性的，并且他们以多数选民的代理人的身份出现，而多数选民也是理性的。但他们又认为，由于选民不仅是理性的，而且也是自利的，这将导致行政机关在提供安全政策时，会以多数人的利益为导向，而以牺牲政治、意识形态或种族上的少数派的利益为代价。这是因为具有自利倾向的多数人将会要求行政机关的政策提供更多的安全——相对于某种公平的基准，而对于增加安全所需要的全部成本，却并不完全由多数人承担。相反，民主上的多数会将成本部分或全部外化给少数派。因此，虽然行政机关会理性地选择安全政策，但其目标是既存的多数人的利益最大化，而不是社会整体利益的最大化。行政机关的行为虽然是理性的，但不是基于良好的动机。大卫·科尔明确地指出，经常发生的情况是，那些权利受到牺牲的个人不是那些制定政策的人，而是少数派、异议者和非美国公民。在紧急状态下，行政机关所作出的决策正在侵害他们的权利，行政机关不是以一种非常审慎的方式来平衡重要的利益。

“民主失败”理论还认为，虽然与通常情况下相比，紧急状态下的选举方式和选民结构并没有发生变化，因而“民主失败”发生的概率不会发生很大的波动，但是由于政治、意识形态或种族上的少数派，要么没有投票权，要么对行政机关的安全决策没有多大的影响力，以致行政机关会通过一些将全部或部分的安全成本外化到这些人身上的措施。比如第二次世界大战期间的大西洋沿岸的“日裔美国人”，“9·11”恐怖事件后的“宗教激进主义者”和“阿拉伯人”等，都被人为地从社会中“隔离”开来，受多数人的谴责和歧视，甚至成为行政机关怀疑的对象。[②] 特别是将“宗教激进主义者”和“阿拉伯人”作为与恐怖分子有联系的种族，从而对其采取各类预防性或歧视性措施，实施所谓的基于族裔出

---

① See Geoffrey R. Stone, Civil Liberties in Wartime 38 New York, NY：W.W. Norton &Co., 2004；David Cole, “Their Liberies Our Security：Democracy and Double Standards”, 31Int’ LJ.Legal.Info.290, 304（2003）；Mark Tushnet, “Issues of Method in Analyzing the Policy Response to Emergencies”, 56 Stan.L.Rev.1591（2004）.

② Huong Vu, Note, “Us Against Them：The Path to National Security Is Paved by Racism”, 50 Drake L. Rev. 661, 663（2002）.

身背景的预警，而这类措施是违反美国宪法所规定的平等保护原则的。[①]

那么如何防止民主的失败，如何避免多数将少数派作为替罪羊，或者以机会主义的方式，利用紧急状态来侵害少数派的利益。他们认为需要通过法院的司法审查来加以弥补。但考虑到紧急状态时期与通常状态下“民主失败”发生概率相差无几，因而无需法院实施比通常情况下更为严格的司法审查——这一点与“恐慌”理论的主张者不同，而是要求法院实施与通常情况下同样严格的司法审查。于是联邦最高法院在 1938 年的著名的卡罗琳制品公司案中所确立的“双重基准”可以用以防止民主的失败。[②] 换言之，卡罗琳制品公司案的框架既可以适用于通常时期，也可以适用于紧急状态时期。它的基本要求是，一般情况下行政机关的措施或政策被假设是有效的，因为这些措施或政策已经要求多数内生自己的行为成本，但针对种族、政治或意识形态上的少数派的政策或措施则应当进行严格的审查并假设是无效的。而法院被假设为要求行政机关通过针对一般目标或对象的措施或政策，而不是针对特定目标或对象的措施或政策。行政机关的行为如果针对异议者、被剥夺公民权利者，或公众中的被离散和被孤立者，那么法院就应当对其进行严格的审查，以找出种族、政治或意识形态上的少数派是否成为仇恨或机会主义的替代品。

以上分析表明，由于行政机关将全部或部分的安全成本外化到那些不是选民或其他政治上不具有代表性的人身上，因此人们不能相信行政机关已经对安全和自由进行了很好的平衡，为了确保多数人不会施加选择性的负担——这一点是多数人本身不愿意承受的，安全措施或政策必须普遍的适用于所有受到影响的公民或个人。此时，法官就应当实施第二次平衡，其目的是推动行政机关的安全政策回归到安全和自由平衡的最佳点，而法官进行平衡的依据则是宪法或国会的授权依据。用法官杰克逊的话来讲，“除了法院将适用于少数派的安全措施也适用于一般人以外，没有其他更为有效的方法来制约行

---

① Philip B. Heymann，“Civil Liberties and Human Rights in the Aftermath of September 11”，25 Harv. J.L. & Pub. Pol’y 441（2002）.

② United States v. Carolene Products Co.，303U.S.144（1938）. 依据该案判决脚注四，“双重基准”的含义是：把宪法规定的基本人权分成两大部分，对表现自由等精神自由所加的限制，在受法院审查时很少被推定为合宪，相反，对财产权等经济自由的限制，则被推定为合宪的机会较大；再者，影响民主体制基础的政治程序的法律，应受更严格的司法审查，而影响经济程序的法律则否；另外，宗教上或人种上少数派的权利，可享有特殊的司法保护。

政机关的武断和不理性”[①]。显然，“民主失败”理论与“恐慌”理论一样，都否定“顺从”理论。

四、艾利克·波斯纳等学者的反驳

对于上述诸多否定“顺从”理论，因而要求法院和国会具有更加作为的观点或理论，以艾利克·波斯纳为代表的学者作了积极的回应。比如那些担心因紧急状态下行政权力增加会导致滥用的学者，艾利克·波斯纳等学者认为，根据权衡理论，这种滥用可以视为安全收益增加的一种可以测量的成本。[②] 如果安全在边际收益上超过了边际成本，那么行政机关权力的扩张将会增加社会整体福利，不应错误地与行政机关权力的扩张联系在一起。批评者总是希望行政机关最低程度地侵害公民权利，可这是堂吉诃德式的想法。[③] 当然，艾利克·波斯纳等学者的回应主要集中在对“恐慌”理论和“民主失败”理论的反驳方面。

（一）对“恐慌”理论的反驳

艾利克·波斯纳等学者认为“恐慌”理论是错误的，这一理论并不能支持上述学者所主张的需要加强法院司法审查，需要国会进行授权的观点。为此，他们提出了三个具有相互联系，同时又是环环相扣的观点：

1. 在行政机关的行动中，恐慌并不总是扮演一种否定的角色

与上述学者的观点——恐慌妨碍行动——相反，他们认为恐慌具有认知和动机上的益处。为此，他们提出了两种类型的恐慌：一是干扰认知的恐慌。当某人感到恐慌时，他对威胁的反应是自发的而不是理性的，在某种程度上是有偏见的，比如对飞机的恐慌促使人们开车，而开车比坐飞机的风险高得多。[①] 二是不会干扰认知的恐慌，或者说如果其的确能够干扰的话，那么也有助于良好

---

① Railway Express Agency v. People of State of New York，336 U.S.106，112（1949）.

② Quan Li，“Does Democracy Promote Transnational Terrorism Incidents？”，49J.CONFLICT RESOL.278（2005）.

③ Philippe Aghion，Alberto Alesina and Francesco Trebbi，“Endogenous Politicial Institution”，2004 Quarterly Journal of Economics 565-611.

④ Kuran&Cass R. Sunstein，“Availability Cascades and Risk Regulation”，51 Stan.L.Rev.683（1999）.

的行动。[①] 这是因为恐慌能够提高人们的意识。感到恐慌的人对威胁就会适应并且对环境的任何细小变化都能够保持警觉。同时，恐慌还提供了积极行动的动机。当一个完全理性的人花费大量的时间进行思考时，一个恐慌的人会迅速行动，并且迫使其集中资源以解决问题。在这个意义上，恐慌不仅促进行动，而且还促使思考。当人们感觉到威胁来了，并发生了恐慌，就会努力工作来解决威胁。人们更可能抛弃旧的假设或自满，而以新的热情来解决问题。

就紧急状态下行政机关官员的行动而言，他们对恐慌提供一种更为建设性的角色。在紧急状态发生之前，行政机关官员是自满的。对于国家所面临的潜在威胁，他们并没有清楚的或热情的思考。当恐怖分子的攻击发生后，恐慌代替了自满，促使他们行动。虽然恐慌可能驱使行政机关的官员片面扩大将来的威胁，但也会唤醒他们对威胁的认识，而在这之前他们是不会思考的。他们还认为，虽然不能抽象地认为在恐慌条件下行政机关所做的决定就比在平静条件下所做的决定更为理性，但也没有理由让人相信因恐慌而引发的行政决定会更糟糕。因此，在紧急状态时期恐慌的存在不一定支持上述学者的观点，即宪法或法律应当被严格执行，国会应当通过授权来遏制行政机关的非理性行为，而法院应当对行政机关的行为实施比通常情况下更为严格的司法审查。

2. 即使恐慌的确扮演了一个否定的角色并且相对于通常状态，在紧急状态下恐慌对行政机关的行为有更大的影响，那么这些影响是否能够通过法院的司法审查或者国会的授权来解决，则是让人怀疑的

在紧急状态时期，法官并没有政治权力来反对行政机关，法官的作用是相当有限的。同时，法官和国会议员并不比行政官员能够更好地理解紧急状态，况且法官和国会议员也是人，他们也会受到恐慌的影响。事实上，只有处于行政机关中的官员，才能作出一项可靠的决定，因为他们对国家安全的措施享有更多的信息和更好的动机，并且具有更好的制度责任。

更为重要的是，通过宪法或法律规范的承诺来遏制行政机关的过度反应是徒劳的。这是因为，一方面人们无法设计事先的承诺机制来防止恐慌影响人们的行为。这正如卡尔·施密特所说的："危机之所以为危机，在于它们无法包含在宪法规范中。"[②] 另一方面根据制度绩效之比较理论，没有理由让人相信国会的

① See Anthony R.Damasio，Descartes' Error：Emotion，Reason and the Human Brain（1994.）
② See Joseph W.Bendersky，Carl Schmitt：Theorist for the Reich，Princeton University Press，1983，p.37.

授权就能够减少恐慌对行政机关的应急措施的影响从而产生净收益。而大量的证据也表明，国会的授权对于法院的审判意义并不很大，由于法官享有广泛的自由裁量权来解释法律，因而在全国的法律体系中，法官总能发现隐藏着某一有关国家安全的法律，从而能够表明国会已经授权行政机关行动的权力。这正如政治科学家威廉所说的："法院能够发布对总统有利的规则，但可能通过求助于对法律的适当的顺从来获得正当化……国会集体行动的问题，以及已经出台的大量且不确定的法律，使得人们不清楚国会的意志是什么——这给予法院广泛的自由裁量权来确定这种意志，从而使得总统做任何事情，法院总能发现与国会的意志相一致……即使当总统的单方面行为与宪法和法律的规定不一致时，法院也能够积极地寻找并创造性地解释法律条款，从而表明总统并没有单方面地行使权力。"① 国会授权对法官的主要作用在于解决其在审查行政机关的紧急政策时面临的困难。法官们知道行政机关的行为可能出自机会主义或恶的动机，但他们也知道这些政策是极端重要的安全政策，由于国会的延缓，而没有进行授权。更为糟糕的是，法官们并不知道这种错误情况的概率是多少，他们无法从行政机关的热情中排出机会主义。于是，法官就有非常强烈的愿望顺从行政机关。当他们会发现国会的授权也已经同意了行政机关的政策——不论多么牵强，就会以国会的授权为依据来顺从行政机关。法院这样做对自身来讲不仅成本不大，而且还能够向公众表明行政机关的行为并不是不受限制的。这就表明，在很大程度上，国会的授权对于法官而言是一种为自己的行为获得合法性的外衣的便宜机制。

3. 即使相对于和平时期，在紧急状态下恐慌的确扮演了一种否定的角色，那么也未必就是倾向于安全利益

恐慌既能够导致自由的恐慌——引发过度的自由，从而轻视国家安全；也能够导致安全的恐慌——引发过度的安全，从而过分限制自由。而"恐慌"理论的主张者只看到安全的恐慌，却没有顾及自由的恐慌。从经验来看，同一时期，一个社会的不同地区多会同时经历自由的恐慌和安全的恐慌，不会出现只经历安全的恐慌或自由的恐慌的情况。并且，一个社会某一部分人经历安全恐慌的可能概率，与另一部分人经历自由恐慌的可能概率是差不多的，不会出现全部

① Terry M.Moe&William G.Howell，"The Presidential Power of Unilateral Action"，15J.L.ECON.&ORG.132，152，174（1999）.

经历安全恐慌或全部经历自由恐慌的情况。

通过上述三方面的分析，可以对艾利克·波斯纳等学者的观点作一个小结，即在紧急状态下，恐慌可能提高行政机关决策的质量，也可能降低行政机关决策的质量。虽然恐慌将会干扰行政机关官员的判断，但既会出现自由的恐慌，也会出现安全的恐慌，并且概率相差无几。即使出现恶劣的行政措施、出现安全的恐慌，行政机关反应过度，但通过司法审查或国会的授权也可能无法阻止。因为法官或国会议员并不比行政机关的官员更理性，他们同样会感到恐慌，并且宪法或法律规范的预先承诺机制也是不可行的，而事后的国会授权并不一定会产生净收益。因此，那些主张“恐慌”理论，从而否定“顺从”理论是片面的。

（二）对“民主失败”理论的反驳

对于“民主失败”理论，艾利克·波斯纳等学者同样认为是错误的，他们从以下几方面加以反驳：

1. 紧急状态下少数派的权益不一定会受到侵害，反而经常会提高①

他们认为，从历史上看，紧急状态一直是社会进步的发动机。在紧急状态时期，行政机关在军事和政治方面同时需要少数派的技术和忠实，而这种军事和经济的需要，会随着时间的推移扩大选举权的范围，减少阶级特权，提高行政机关的责任。比如说，在内战高潮期，林肯总统在敌人的后方宣布解放奴隶，以期待奴隶的同情者能够参加北方的军队并促使敌人的瓦解。在新政和大萧条时期，行政机关为穷人设立了联邦救济计划。第二次世界大战期间，大量妇女进入劳动力市场。在冷战期间学校和工作场合的隔离被解除。第二次世界大战和冷战期间的非洲裔美国人加入陆军。“9·11”事件后，虽然美国人中的阿拉伯人和穆斯林被作为嫌疑目标，但美国政府还投入了大量的司法资源来保护这些人在法律上的平等地位。而在英国，2005 年 7 月 7 日伦敦发生爆炸事件不久，众议院就通过了一项保护穆斯林的法案。为与恐怖分子做斗争，阿拉伯人和穆斯林的技术、语言和贡献将变得更加有用，更加必不可少。②

① Eric A.Posner&Adrian Vermeule, “Emergencies and Political Change: A Replay to Tushent”, 56Stan.L.Rev.1593, 1595（2004）.

② See Douglas Zehl, “C.I.A. Reviews Security Policy for Translators”, N.Y.Times, Jun.8, 2005, atA1.

2. 即使存在“民主失败”的情况，但这与过度的安全之间没有必然的联系[①]

艾利克·波斯纳等学者指出，并不能从“民主失败”理论中推测出行政机关一定会出台过度保障安全的政策或措施。因为，具有自利的多数人也可以要求行政机关过度地提供其他公共物品，包括自由。当民主上的多数没有完全承担某一项安全政策的全部成本时，民主上的歪曲就会产生。此时，行政机关将会在错误的方向上提供公共物品。安全是公共物品中的一种，自由则是另一种。有时，多数会要求行政机关提供过度的自由，比如对恐怖主义威胁的不充分的管制或规范，当多数没有承担恐怖主义的所有的期待成本时，这些成本或许由某些特别地区或特殊人群来承受。因此，多数会外化自由的成本，也会外化安全的成本。不能从民主的失败中得出过度安全的结论，有时也会出现过度自由的情况——当多数可以期待某一措施的成本会不合比例地置于少数派身上时。

3. 卡罗琳制品公司案的分析框架在紧急状态时期是失调的

艾利克·波斯纳等学者指出，紧急状态下法官适用卡罗琳制品公司案在两个方向上面临着错误的风险：一是他们可能错误地认为那些从“民主失败”理论中产生的政策是有效的；二是他们可能错误地否决那些对于国家安全而言所必需的政策。第一种错误的风险和成本在通常时期与在紧急状态时期是相同的，但第二种错误的风险和成本在紧急状态时期则会上升。这是因为在紧急状态时期，法官的信息特别的贫乏，他们将公平的政策从不公平的政策中选择出来的能力非常弱，而错误阻止必需的安全措施的成本又极其高。这些成本当中有一项是延期的成本，即法官暂时阻止新的政策的成本，而这一点在紧急状态时期是特别严重的，因为时间就是一切。更为重要的是，由于恐怖主义是一种新的威胁，行政机关的安全措施通常具有试验性，当联邦最高法院以宪法的名义宣告行政机关的某个行为无效时，它就扑灭了一场社会试验。当它这样做时，它不仅剥夺了自己，而且也剥夺了整个国家从试验的结果中——涉及自由、隐私、安全、多样性等其他价值——所能获得的重要信息。对于行政机关所采取的应对新的恐怖分子的反应措施，法官应当给予其试验的空间，让其发挥应有的功能，

① 参见 Eric A.Posner and Adrian Vermeule 的书。

而不论这些措施是正当的，还是“邪恶”的。[1]由此可见，由于与通常时期相比，在紧急状态下法官的信息特别缺乏并且法官错误的成本特别高，即使法官的动机是良好的，他们也不太可能具有制度上的能力来纠正可以预测到的失败，不能整体提高行政机关对安全和平衡的第一次平衡。当紧急状态达到高峰时，法官的顺从是不可避免的，那些要求法官保持坚定并且适用卡罗琳制品公司案的分析框架的学者的观点是不切实际的。

通过以上分析，可以对艾利克·波斯纳等学者的观点作一个小结，即没有系统的证据表明，与通常情况下相比，在紧急状态下“民主失败”更可能会发生，相反少数派的权益经常会提高。即使“民主失败”真的发生，也与过度安全之间没有必然联系。因为具有自利倾向的多数也可能将自由的成本外化。即使“民主失败”发生了，行政机关出台了针对少数派的安全政策，法院也是无能为力的，因为法院进行干预时，所产生的可以期待的成本会更高。因此，司法审查应当更加顺从或妥协的观点，既不是非理性的，也不是动机不良的，而是不可避免的。

五、超越“现代恐怖主义”

以上分析虽然表明以艾利克·波斯纳为代表的“顺从”理论相当“极端”，但深入分析该理论的正当性基础，并仔细思考他们对“恐慌”理论和“民主失败”理论犀利和极具层次感的反驳，可以发现艾利克·波斯纳等人运用经济学的分析方法较为成功地创立了一种新的理论。显然，这为人们因“现代恐怖主义”事件引发的紧急状态时的法院的司法审查行为提供了新的认知模式。

需要指出的是，本文虽然以美国学者的理论为分析对象，但在“现代恐怖主义”背景下，包括中国在内的世界许多国家都面临着恐怖分子的威胁，因而也会遇到与美国社会类似的问题。进一步讲，如果我们透过艾利克·波斯纳等人的理论所针对的病症——美国社会受到“现代恐怖主义”威胁时国家安全与公民自由的失衡问题——的表象，深入到该理论的实质，就会发现无论是该理论的适用背景，还是其基本内容都对中国的法官、行政官员具有非常重要的启示

① Richard A.Posner，Not a Suicide Pact——the Constitution in a Time of National Emergency，Oxford University Press，2006，pp.34-35.

意义。因为，“顺从”理论是以对美国社会所面临的一种新的社会危险的诊断为事实基础的。“恐怖分子的威胁是一种特殊类型的威胁——从法律上讲，它既不是战争，也不是犯罪，因而要求一种新的体制”[①]。据此，从表面上看，虽然“顺从”理论的时代背景是“现代恐怖主义”，但实质上是针对新的威胁和新的社会危险。它是要指导当一个国家面临新的威胁或危险时，如何正确处理立法机关、行政机关和法院之间关系的理论。因此，如果我们超越“现代恐怖主义”的表象，将目光转移到新的威胁和新的社会危险时，就会发现“顺从”理论的适用范围其实是非常宽阔的。而转型期中国社会所面临的危险恰恰具有新颖性和复杂性等特征[②]——尽管我国也面临着“现代恐怖主义”的威胁，由此这一理论对我国的指导或启示意义将更为重要。

后“9·11”时代，美德反恐国际合作的第一案评析

一、引言

“9·11”事件以来，预防和打击作为“21世纪的政治瘟疫”的国际恐怖主义，一直是困扰世界各主要大国、全球及地区性组织的首要问题。而建立国际反恐合作机制[③]则似乎成为斩断这个“戈尔迪之结”[④]的法宝。然而，当国际社会纷纷致力于召开国际反恐怖合作会议、签订有关国际反恐怖合作的多边条约、双边

① Richard A.Posner, Not a Suicide Pact——the Constitution in a Time of National Emergency, Oxford University Press, 2006, p.11.

② 对于转型期我国社会危险的新特征和新类型的阐述，参见戚建刚《法治国家架构下的行政紧急权力》，北京大学出版社2008年版，第1～15页。

③ “9·11”事件以来，在全球范围内，各类国际反恐合作机制如雨后春笋般冒出。如美洲国家组织反恐怖合作、欧盟反恐怖合作、非洲统一组织反恐怖合作、阿拉伯国家联盟反恐怖合作、上海合作组织反恐怖合作、联合国反恐怖合作等。参见郑远民等《国际反恐怖法》，法律出版社2005年版，第121～131页。

④ “戈尔迪之结”，希腊神话故事中，古代弗里加王戈尔迪系了一个绳结，能解此结者可为亚细亚王。亚历山大大帝用宝剑斩断了戈尔迪之结，后来建立了马其顿王国。此后，“戈尔迪之结”特指某个难以解决的问题。

条约，意向性地实施国际反恐怖的统一行动、实行不同规模与规格的军事演习等，以多种形式或途径进行反恐合作时，却忽略了这种在表面上看似风光无限的合作背后所隐藏的、甚至已经暴露出来的深刻的危机。如果不能有效正视这种危机，则不仅有可能放纵国际恐怖分子，而且还会阻碍、甚至破坏国际反恐合作的前景。作为对这一似乎有点“危言耸听”的论断的例证，本文将要分析：后“9·11”时代，美国和德国进行反恐国际合作的第一起[①]案件——对穆尼尔·穆特萨迪格和对阿布德甘尼·穆祚迪的审判。以下的分析将表明，作为北约盟国的美国和德国，在“9·11”事件后，虽然在多个层面进行了“富有成效”[②]的合作，但由于两国在法律制度、反恐怖的战略选择、各自的核心利益等方面的不同，当涉及实质性的法律层面的指控和审判国际恐怖嫌疑分子时，却出现了分裂，使得先前的“合作成果”大打折扣，不得不在一片不满与指责声中草草收场。美、德两国国际反恐合作之困境促使人们超越对穆特萨迪格和穆祚迪的审判，进一步反思美国反恐策略之合法性。

二、案件之回顾

（一）对穆尼尔·穆特萨迪格的初审

2001 年 11 月 28 日，德国警方在汉堡大学拘留了一名叫穆尼尔·穆特萨迪格（以下简称穆特萨迪格）的摩洛哥人。他被怀疑为本·拉登的基地组织设在德国汉堡的分支成员之一，为“9·11”袭击事件中的劫机犯提供后勤支持。[③]2002 年 8 月，德国联邦检察官在汉堡地区法院对穆特萨迪格提出指控。[④]检察官指控穆特萨迪格为恐怖组织——汉堡分支组织——的成员，是谋害纽约及华盛顿的

① 虽然从形式上讲，对穆尼尔·穆特萨迪格案的审判，才是后“9·11”时代，美国与德国进行反恐国际合作的第一起案件，但是如果从案件的事实、背景、审判结果、两者之间的关系等实质因素的角度来考虑，那么对穆尼尔·穆特萨迪格的审判和对阿布德甘尼·穆祚迪的审判则属于同一类型的案件。因此，笔者将这两个案件合并在一起，统称为后“9·11”时代美德反恐国际合作第一案。

② Kim Lane Scheppele, “Other People’s Patriot Acts : Europe’s Response to September 11”, 50 Loy. L. Rev. 89, (2004), pp.98-117.

③ See Profile : Mounir el Motassadeq, CNN Online, Feb. 19, 2003, http : //edition.cnn.com/2003/WORLD/europe/02/19/ motassadeq.background/, 2017 年 6 月 6 日访问。

④ See First Charges Filed Against Sept. 11 Terrorist in Germany, Deutsche Welle, Sept. 3, 2002, http : //www.dw-world.de/dw/article/0, 1564, 619309, 00.html, 2017 年 6 月 6 日访问。

3116 名公民的从犯。检察官所提供的主要证据是：2000 年穆特萨迪格参观了基地组织在阿富汗的训练营地；穆特萨迪格与一些劫机者同属汉堡大学的学生并且是朋友；他拥有劫机者马尔万·谢西（以下简称谢西）在德国汉堡地区的银行信用卡，当谢西在美国参加飞行训练时，穆特萨迪格为他汇款。以上证据足以表明穆特萨迪格知道"9·11"袭击事件的内容，并作为后勤人员支持劫机犯。[①]

穆特萨迪格的律师则指出，穆特萨迪格虽然为谢西汇过资金，但他并不知道这资金的用途。他还向汉堡地区法院提出申请，要求两名证人出庭作证。其中一名证人叫拉姆齐·本·希布赫——正在美国的监狱中。第二位证人叫穆罕默德·海达·扎马——被美军监禁在叙利亚。他声称这两位证人能够洗清穆特萨迪格的冤屈[②]。德国汉堡地区法院向德国政府部门提出请求，但德国政府部门拒绝提供有关信息。汉堡地区法院并没有提出质疑。相反，法院接受了德国联邦情报局一位官员的证词，即披露这些信息将会损害德国在国际情报交流中的声誉[③]。

汉堡地区法院认为检察官目前所提供的证据就能够证明穆特萨迪格有罪。2003 年 2 月 19 日，法院判处被告人穆特萨迪格有期徒刑 15 年，这在德国法律中属于最重的刑罚。一审结束后，穆特萨迪格的辩护律师向德国联邦高等刑事法院提出了上诉，质疑德国政府拒绝让被告人获得拉姆齐·本·希布赫的证词的做法，认为穆特萨迪格没有享受公平审判的权利。[④]

（二）阿布德甘尼·穆祚迪案

德国汉堡地区法院对阿布德甘尼·穆祚迪（以下简称穆祚迪）案的审理开始于 2003 年 8 月。此案与穆特萨迪格案有许多相似之处。穆祚迪也是摩洛哥人，也在德国汉堡大学学习，也被检察官指控为恐怖组织——汉堡分支组织——的成员，是谋害纽约及华盛顿的 3116 名公民的从犯。检察官所提供的主要证据是：穆祚迪为部分"9·11"事件的劫机者提交现金；为基地分支的其他成员提供住所；

---

① See First Charges Filed Against Sept. 11 Terrorist in Germany，Deutsche Welle，Sept. 3，2002，http://www.dw-world.de/dw/article/0，1564，619309，00.html，2017 年 6 月 6 日访问。

② See Prosecution in Hamburg Terror Trial：Defendant Hates Humanity，Deutsche Welle，Feb. 6，2003，http://www.dw-world.de/dw/article/0，772440，00.html，2017 年 6 月 7 日访问。

③ See Andreas Tzortzis，Al Qaeda and the Courts，Deutsche Welle，Mar. 5，2004，http://www.dw-world.de/dw/article/0,，1131276，00.html，2017 年 7 月 10 访问。

④ See John Hooper，Moroccan Who Aided Hijackers Gets 15 Years，Guardian，Feb. 20，2003，http://www.guardian.co.uk/print/0%2C3858%2C4609506-103681%2C00.html，2017 年 7 月 10 日访问。

曾经参观过本·拉登的位于阿富汗的训练营地；负责“9·11”事件的首要策划者穆罕默德·艾塔在德国的公寓的电话、信件。以上证据证明穆祚迪知道“9·11”袭击事件的内容，并作为后勤人员支持劫机犯。①

穆祚迪的辩护律师则指出，穆祚迪所转移的现金与“9·11”事件之间有没有任何联系。这些现金是寄给他的一位朋友——哈贝施先生的。② 与穆特萨迪格案一样，穆祚迪的律师向法院提出申请，要求获得证人拉姆齐·本·希布赫的证词，并声称拉姆齐·本·希布赫的证词能够证明穆祚迪并不知道“9·11”事件的计划内容。然而，尽管有来自汉堡地区法院的请求，但在案件审理初期，德国政府部门拒绝向法院提供有关拉姆齐·本·希布赫的供词，理由是美国政府虽然已经向德国政府部门提交了对拉姆齐·本·希布赫讯问记录的摘要，但其要求德国政府禁止使该讯问记录进入法院程序。德国政府部门也坚持，公开这些信息将会损害德国执法部门与美国执法部门之间的合作。

但是，随后的审判却出现了一个让人意想不到的转折点。2003年12月中旬，德国汉堡地区法院收到了来自德国联邦刑事调查局的一位匿名官员发来的一份传真。这份传真的内容概括了美国政府对一位神秘证人的讯问记录。该传真指出，一个在美国监狱中的恐怖嫌疑分子在被讯问时已经交代，穆祚迪没有意识到或参与“9·11”事件。只有自杀式飞行员——穆罕默德·艾塔、谢西、哈姆扎·阿勒·加马蒂，以及拉姆齐·本·希布赫知道劫机计划。但传真中没有提到证人姓名与讯问时的具体地点。这份传真也指出，提供信息的嫌疑人的动机值得怀疑。③

对于这份传真内容，法官鲁尔指出，虽然不可能证实这就是拉姆齐·本·希布赫所提供的供词，但法院相信拉姆齐·本·希布赫就是传真上所说的证人。因此，穆祚迪尽管与汉堡分支组织成员有过联系，但他极有可能并不知道具体计划。检察官对新的证据表示怀疑，声称拉姆齐·本·希布赫——目前被监禁在美国的位于古巴的关塔那摩湾海军基地监狱中——无非是想保护他的同伴。然而，汉

① See Chancellory, Blocks Use of U.S. Evidence in Terrorism Trial, Deutsche Welle, Oct. 24, 2003, http://www.dw-world.de/dw/article/0, 1564, 1013065, 00.html, 2017年7月11日访问。

② See Michael Rosenthal, Rechtsanwalt, Speech before the European Criminal Bar Association, Taking Liberties-Anti-terrorism Laws Post 9/11 and Madrid, Apr. 30, 2005, http://www.ecba.org/gb-data/gb-documents/gb-speeches/Lisbon/ rosenthal-lisbon.pdf, 2017年7月11日访问。

③ See Loammi Blaauw-Wolf, The Hamburg Terror Trials——American Political Poker and German Legal Procedure: An Unlikely Combination to Fight International Terrorism - Part I/III, 5 German L.J. 791, 804 (2004), http://www.germanlawjournal.com/article.php?id=473, 2017年7月12日访问。

堡地区法院还是撤销了检方的指控，指出“被告不必承担因证据缺失而产生的责任”[①]。2004 年 2 月，穆萨迪被无罪释放，

（三）穆尼尔·穆特萨迪格案的重新审判

就在穆萨迪被无罪释放后的一个月，德国联邦高等刑事法院推翻了对穆特萨迪格的定罪。[②]其理由是汉堡地区法院在缺乏证人拉姆齐·本·希布赫的证词的情况下，就对穆特萨迪格定罪并判刑，因此被告没有获得公平的审判。汉堡地区法院被要求重审此案。

在 2004 年 8 月汉堡地区法院重新审理该案期间，德国政府反复向美国政府施压，要求美国政府向德国法院提供证据，允许拉姆齐·本·希布赫本人作为证人出席作证，并指出如果美国政府不同意的话，则将损害法律程序的进程。迫于德国政府的压力，也迫于穆萨迪被无罪释放的压力，美国政府不得不向德国法院提交一份讯问记录的摘要。然而，美国政府向德国法院提交这份证据时正值阿尔布莱格监狱丑闻爆发时期，德国媒体及民众质疑美国政府所提交证据的可信度，甚至提出没有必要再将穆特萨迪格定罪。汉堡地区法院指出：这份证据中没有包含拉姆齐·本·希布赫被讯问的具体细节，也没有指出是否使用酷刑或其他强调手段迫使其招供。因而，法院依然无法确定穆特萨迪格是否真的直接参与了“9·11”袭击计划。由于缺乏美国政府的合作，德国检察官在好几个月内一直难以有所作为。最后，德国检察官不得不减少对穆特萨迪格的指控——放弃了谋害罪指控。2005 年 9 月中旬，汉堡地区法院判处穆特萨迪格有期徒刑 7 年。

三、困惑之破解

可以这样认为，就联合打击“9·11”袭击事件中的恐怖分子而言，在北约内部，美国的铁杆同盟除了英国外，就要算德国了。“9·11”事件发生后，德国政府

① See Loammi Blaauw-Wolf，The Hamburg Terror Trials——American Political Poker and German Legal Procedure: An Unlikely Combination to Fight International Terrorism - Part I/III, 5 German L.J. 791, 804 (2004)，http：//www.germanlawjournal.com/article.php？id=473，2017 年 7 月 12 日访问。

② See German Court Acquits Sept. 11 Suspect，NPR，Feb. 5，2004，http：//www.npr.org/templates/story/story.php？storyId=1644022，2017 年 7 月 12 日访问。

急于表明对美国人民的同情并履行对美国政府的承诺，德国联邦刑事调查局与美国联邦调查局迅速合作，出动了600多名执法人员对德国境内的基地组织成员展开了地毯式的搜查，并对伊斯兰恐怖嫌疑分子实施了130多次独立调查。[①]这些调查取得了积极效果，穆特萨迪格和穆祚迪就是在调查中被逮捕的。

对恐怖嫌疑分子穆特萨迪格和穆祚迪的成功拘捕，似乎表明德国和美国的合作将会立即导致法庭上的胜利，最终为“9·11”事件中的受害者伸冤。的确，2002年10月，当德国内政部部长奥托·席利在华盛顿会见美国联邦调查局局长罗伯特·穆勒和中央情报局局长乔治·坦奈特时，就满怀信心地发表演说：“对穆尼尔·穆特萨迪格的指控是德国执法机关精心调查以及德国与美国调查人员之间紧密合作的结果，堪称典范。”[②]而美国司法部部长约翰·阿什克罗夫特则表扬了德国检察官并宣称德国法院将要审理的案件是全球反恐战争的胜利。2003年2月，当德国汉堡地区法院在穆特萨迪格的初审中，判处其最高刑罚时，德国内政部部长奥托·席利又一次高兴地宣告：“这一判决是国际社会打击恐怖主义的胜利……一个清楚的信号表明了国家打击国际恐怖主义的决心。”[③]这一连串事件，似乎表明德国与美国的反恐合作真正上了轨道，正义得到了伸张。可是，接下去的审判结果却出现了逆转，2004年2月，汉堡地区法院判决穆祚迪无罪释放；2004年3月，德国联邦高等刑事法院推翻汉堡地区法院对穆特萨迪格的判决，发回重审；2005年9月，汉堡地区法院判处穆特萨迪格有期徒刑7年。对于德国法院的判决结果，美国政府[④]、美国研究安全问题的专家[⑤]及“9·11”事

---

① See State Department Praises German Anti-Terror Efforts, Deutsche Welle, Feb. 3, 2003, http://www.dw-world.de/dw/article/0,, 856979, 00.html, 2017年7月13日访问。

② Interior Minister Meets with US Counterparts on Cooperation in Terrorism Investigation, German Embassy Information Website, Oct. 25, 2002, http://www.germany-info.org/relaunch/politics/new/ pol_terr_6.html.

③ See Stephanie Halasz, 15 years for 9/11 Conspirator, CNN Online, Feb. 20, 2003, http://www.cnn.com/2003/WORLD/europe/02/19/germany.trial/.

④ 时任美国司法部部长约翰·阿什克罗夫特指责德国法院错误地处理了此案，他说：“我感到非常遗憾。幸运的是，美国法院享有一种健全的司法体系结构。它既能够保障国家安全，又能够分辨无辜者，并处罚有罪者。” Souad Mekhennet & Peter Finn, “Judge Frees 9/11 Suspect in Germany; Ruling Could Undo only Conviction”, Wash. Post, at A1, http://msnbc.msn.com/id/3685970/, 2017年8月1日访问。

⑤ 吉姆·菲利普斯（Jim Phillips）是在一个位于华盛顿的保守的私人政策研究中心——遗产基金会（the Heritage Foundation）——研究美国安全问题的专家。在与《华盛顿邮报》的记者交谈过程中，他指出，一年前，穆特萨迪格因帮助劫机犯而定罪，没有人会感到意外，即使拉姆齐·本·希布赫不出庭作证。毕竟，拉姆齐·本·希布赫与恐怖分子的联系，使得他不可能是一名可靠的证人。See Souad Mekhennet and Peter Finn, “German Court Frees 9/11 Suspect Panel: ‘Serious Possibility’ Man knew Nothing of Plot,” Wash. Post, Dec.12, 2004.

件中的受害者的家属[①]，都表示不满、诧异与困惑。

现在人们不禁要问：德国法院对穆特萨迪格案与穆萨迪案的判决结果为何不是美国政府所预想的——更确切地说，是美国政府与迫于美国政府压力下的德国检察官所共同预想的——结局？对于审判“9·11”事件中的嫌疑分子而言，美国政府与德国政府之间原本乐观、自信的反恐合作，为何会在一片不满与指责声中草率结束？到底是什么因素促使了上述两个案件的审判进程发生逆转？美国司法部部长所声称的德国法院错误地处理了此案的论断是正确的吗？为破解这些疑惑，笔者试图在一个较为宽阔的图景中，即在与美国的比较中，德国所选择的特殊的反恐策略与特有的刑事法律制度，以及在审判上述两案时德国政府及德国的公共舆论的立场等方面来加以分析。

（一）“战争策略”与“法律策略”之对立

从宏观上讲，德国法院审理穆特萨迪格案与穆萨迪案可以视为德国政府选择以“法律策略”来打击国际恐怖主义的一个缩影，而这与美国政府以“战争策略”来打击国际恐怖主义发生直接冲突。可以这样认为，两国政府在反恐策略上的根本差异已经为穆特萨迪格案与穆萨迪案的结局规定了方向。

美国政府选择以“战争策略”来应对国际恐怖主义已经成为全球定论。与这种“战争策略”相匹配，美国政府所采取的体现在对国际恐怖嫌疑分子的逮捕、拘留、指控、审判等一系列行政或司法程序中的措施则主要是：在行政执法机关认为存在合理的情况下就能够逮捕所谓的恐怖嫌疑分子；在与外界完全隔绝的情况下，将恐怖嫌疑分子无期限地监禁在位于古巴的关塔那摩湾；监视恐怖嫌疑分子与其代理人之间的谈话[②]；授权特别的军事法庭对可疑的国际恐怖主义分子进行审判——军事法庭将不再受制于通常的法律统治，普通刑事法庭中的“法律原则和证据规则”不再适用；军事法庭有权进行秘密审判，经军事法庭中三分之二多数法官的同意就可以将恐怖嫌疑人判处死刑；军事法庭可以广泛采信传闻证据或情景证据；军事法庭甚至享有使用酷刑的权力。恐怖嫌疑分子的

---

① 斯蒂文·卡普——以纽约为基础的“9·11”事件遇难者家庭组织”的创立者，对汉堡地区法院的判决感到极度失望。他从美国通过电话告诉德国媒体协会：“我相信他（穆萨迪）是有罪的。”German Court Tossed World's Only Sept. 11 Conviction，http：//www.usatoday.com/news/world/2004-03-04-sept11-court_x.htm，2017 年 7 月 2 日访问。

② See Oren Gross，“Chaos and Rules：Should Responses to Violent Crises Always Be Constitutional”，112 Yale L.J.1011（2003）.

选择律师权利、阅读检察官的证据的权利、公开审判权利、保持沉默权利等都受到不同程度的克减①。

然而，德国政府则基于自己的历史背景、宪法制度和地区利益的考虑②，选择了“法律策略”来应对国际恐怖主义。与这种“法律策略”相匹配，德国法院在审理穆特萨迪格案与穆祚迪案时，严格遵守《德国基本法》、《德国刑事诉讼法典》、《德国刑法典》以及《欧洲人权公约》的相关规定。这主要体现在以下几个方面：

第一，德国以普通刑事法院来审判作为国际恐怖嫌疑分子的穆特萨迪格和穆祚迪。与美国总统布什轻易地发布行政命令设立军事法庭③来审判国际恐怖嫌疑分子不同，德国政府是在汉堡地区法院与联邦高等刑事法院审判穆特萨迪格案与穆祚迪案的。德国政府的行为无疑遵守了《德国基本法》的规定。根据1968年《德国基本法》第一百零一条（禁止非常法院）第一款规定，不得设置非常法院，任何人不得免除受其合法法官的审判管辖。第二款规定，专门领域的法院只能由立法设置。德国政府排除军事法庭，而适用普通刑事法院来审判国际恐怖嫌疑分子，这不仅在审判体制上与美国政府的实践发生了根本分歧，同时也为被告人获得公平审判权利提供了前提。

第二，法不溯及既往原则和无罪推定原则等德国刑事法律制度中的基本原则支配了德国法院对这两起案件的审判。所谓法不溯及既往原则，是指新的法律不适用于其颁布生效前的事件和行为，而只对其颁布生效后的事件和行为具有效力，除非法律有特别的规定方为例外。在穆祚迪案中，被告人被德国联邦检察官指控为国际恐怖组织——基地组织在德国汉堡的分支组织——的成员。然而，若想证明被告人属于国际恐怖组织的成员，则在《德国刑法典》上遇到了障碍。因为根据2001年9月19日德国联邦议院通过刑法补充条款之前的《德国刑法典》第一百二十九条a款的规定，只有在德国或欧盟范围内从事犯罪和恐怖活动的组织和个人才会受到惩罚，而在德国境内生活的外国恐怖组织的成

① See Philip A. Thomas,“Emergency and Ant-terrorist Power：9/11：USA AND UK”, 26 Fordham Int'l L.J. 1193, April,（2003）, pp.23-24.

② 对于德国政府为何没有像美国那样选择“战争策略”来打击国际恐怖主义的原因的分析见：Kim Lane Scheppele,“Other People's Patriot Acts：Europe's Response to September 11”, 50 Loy. L. Rev. 89,（2004）, pp.98-117.

③ See Philip B.Heyman,“Civil Liberties and Human Rights in the Aftermath of September 11”, 29Hum. Rts.18,（2002）, p.18.

员则很难被绳之以法。德国汉堡地区法院在穆祚迪案中指出，没有足够证据表明穆祚迪在德国境内支持或参与了恐怖活动，因而不能适用《德国刑法典》第一百二十九条b款所规定的参加或资助外国恐怖组织，即被视为非法的规定——因为这是在"9·11"事件后，德国联邦议院才补充修改的。既然不允许将法律溯及既往，那么被告不能根据这一条款而被定罪。

所谓无罪推定原则，主要是指犯罪嫌疑人或被告人在经法定程序判决有罪之前，应当假定或认定为无罪的人，包括疑罪从无规则[①]、控方举证规则[②]，以及沉默权规则[③]。在穆祚迪案中，被告人穆祚迪始终保持沉默，主要由一名叫麦可·罗森的律师为其辩护。在这两起案件中，德国联邦检察官代表德国政府对两名被告人提起指控。在对穆特萨迪格进行指控时，联邦检察官面对着强大的压力来证明其有罪。[④]因为在这之前，德国警察部门已经调查了近60个与伊斯兰恐怖分子有关的嫌疑人，但德国检察官都无法成功地提起一次指控。[⑤]虽然德国汉堡地区法院最终判决穆特萨迪格有期徒刑7年，然而，在长达一年时间的重新审判中，德国检察官补充调查了112名证人，付出了巨大的人力和物力。而疑罪从无规则在穆祚迪案中体现得最为充分。穆祚迪案发表逆转的主要原因是，2003年12月中旬，汉堡地区法院收到了来自德国联邦刑事调查局的一位匿名官员发来的一份传真。这份传真指出，一个在美国监狱中的恐怖嫌疑分子在被讯问时已经交代，只有自杀式飞行员——穆罕默德·艾塔、谢西、哈姆扎·阿勒·加马蒂，以及拉姆齐·本·希布赫知道劫机计划。对于这份传真的真实性检察官表示怀疑，然而法官鲁尔指出，尽管穆祚迪与汉堡组织之间的联系存在较大的可能性，尽管他到过阿富汗，但他还是被其他劫机犯故意地排除在实施攻击的阴谋之外，并且他也没有意识到他正在实施支持攻击的行为。由于美国政府拒绝协助，因而法院无法交叉讯问拉姆齐·本·希布赫并判断他的证词的可靠性。法院认为不能让被告承担责任，不得不根据有利于被告的原则进行判决。法院还认为，行政机关在有保护国家安全利益的需要时不能对被告施加一种负担和消

---

① 即控诉方提出的证据不足以认定犯罪嫌疑人或被告人有罪时，应当作无罪处理。

② 即控诉方承担证明犯罪嫌疑人或被告人有罪的责任，犯罪嫌疑人、被告人不承担证明自己无罪的责任。

③ 即犯罪嫌疑人或被告人在刑事诉讼中具有沉默权，或曰不得强迫自证其罪。

④⑤ See Andreas Tzortzis, All Eyes on Hamburg as Sept 11th Trial Opens, Deutsche Welle, Oct. 25, 2002, http://www.dw-world.de/dw/article/0, 2144, 659784, 00.html, 2017年7月2日访问。

极的影响。[①]

第三，与上述两点相联系，恐怖嫌疑人的公平审判权利也到了有效保障。这一点在穆特萨迪格案的上诉审理中体现得淋漓尽致。德国联邦高等刑事法院的核心要求是要确保被告人获得公平审判的权利。其在推翻汉堡地区法院对穆特萨迪格的判决时则指出，当存在这样一些证据，即潜在地有助于被指控人并且能够证明其无辜，但这些证据由于行政权力的技术问题而无法提供给法院时，法院必须小心地权衡这些证据并确保这种程序是公平的。[②]法院之所以这样主张是因为，穆特萨迪格的代理律师在上诉过程中指出，汉堡地区法院在没有考虑关键证人的拉姆齐·本·希布赫的证词情况下——因美国政府拒绝向德国法院提交相关讯问记录——而对被告人判处德国刑法中的最高刑罚的做法是有违公平审判的权利的。[③]德国联邦高等刑事法院显然采纳了穆特萨迪格的代理律师的观点，其援引《德国基本法》第一百零三条第一款[④]及《欧洲人权公约》第六条第一款[⑤]，重申了“公平审判权利理论”。法院认为，获得公平审判的权利是作为德国宪法价值核心——人的尊严的权利——的保证及体现。它的核心要求是每一方都有权向法院提供支持自己的事实和观点。“在法院作出判决之前，参与诉讼过程的每一方都有机会提出有利于自己的事实与证据，并在法庭面前提出请求和进行陈述。”[⑥]

显然，支配德国法院审判穆特萨迪格案和穆祚迪的无罪推定原则、获得公平审判权利等刑事法律制度中的关键内容在美国式的“战争策略”下会显得无法理喻。一个最典型的例子就是，“9·11”事件发生后，美国军队在阿富汗等地捕获了大约600名所谓的“敌对分子”，这些人被无期限监禁在关塔那摩湾的秘密监狱中。他们都是在没有经过任何指控或审判的情况下就被关押的，没有

---

① See Michael Gavin，Blow to German Investigators：Decision to Release Mzoudi Raises Questions About Earlier Sept. 11 Conviction，Frankfurter Allegemeine Zeitung，Dec. 12，2003，http：//www.faz.net/IN/INtemplates/faznet/default.asp？tpl，2017年7月3日访问。

② See Bundesgerichtshof（BGH）[Federal Court of Justice]，Mar. 4，2004，3 Entscheidungen des Bundesgerichstshofes in Stratfsachen［BGHSt］218，http：//www.bundesgerichtshof.de，2017年7月4日访问。

③ See John Hooper，Moroccan Who Aided Hijackers Gets 15 Years，Guardian，Feb. 20，2003，http：//www.guardian.co.uk/print/0%2C3858%2C4609506-103681%2C00.html，2017年7月4日访问。

④ 该条款规定，任何人在法院中都有权按照法律发言。

⑤ 该条款规定，在决定某人的民事权利和义务或确定对某人的任何刑事罪名时应予公正审讯的保证，仅为了确保对公共当局所作的有关确定这种权利或义务或此种罪名的行为或决定有最后的司法控制。

⑥ See Bundesverfassungsgericht（BverfG）[Federal Constitutional Court]，15 Jan. 1980，53 Entscheideungen des Bundesverfassungsgericts（BverfGE）113.

获得律师的帮助，没有与家人或朋友见面，也没有被告知被监禁的事实或法律基础。[①] 或许，穆特萨迪格和穆萨迪与那些被长期监禁在关塔那摩湾秘密监狱中的同属所谓的“国际恐怖嫌疑分子”的人命运的差异，在美国总统布什宣告对恐怖主义的战争时就注定了。

（二）对抗式审判制度与纠问式审判制度之差异

之所以出现让美国人诧异、不满和遗憾的判决结果，除了两国在反恐策略上选择了不同道路这一宏观因素外，就具体制度而言，德国的纠问式审判制度也是一个重要的因素。在美国对抗式审判制度中，对刑事犯罪嫌疑人的审判适用对抗式的审判制度，事实问题由陪审团来决定，法官是一个中立且超然的裁判者，其仅有适用法律的权力。但是，在德国的纠问式的审判制度中，检察官没有过多的奢望试图利用陪审团对“9·11”事件中的受害者的同情来认定被告有罪。更为重要的是，德国的法院不仅仅是一个简单看守者——对来自法庭的证据保持超然或没有偏见，而是承担着确保从审判过程中获得真实性的主要责任[②]。根据《德国刑事诉讼法典》第二百四十四条第二款的规定，为了发现真相，法院应当审查与决定有关的证据的所有事实与手段。第二百六十一条还规定，法院应当从审判过程中从总体上获得的证据，根据自由心证来作出判决。因而，德国法院对确保审判公平所必需的证据负有最终法律责任，不得不关注所有对于发现事实真相具有重要意义的证据。

德国法院所肩负的这种法律责任，在穆特萨迪格案和穆萨迪案中得到了较好的体现。如前所述，这两起案件中的检察官（包括受害人的代理人）、被告代理律师和法院所共同关注的一个关键问题是，如何获得证人拉姆齐·本·希布赫的供词。换言之，在这两起案件中的法院都被这样一个事实所困扰，即其所获得的证据是传闻证据，而证人拉姆齐·本·希布赫的供词则是直接证据。

尽管在对穆特萨迪格的一审中，汉堡地区法院似乎扭曲了法律，在容忍美国政府拒绝提供证人——拉姆齐·本·希布赫本人——或者有关他的讯问记录的情

① See John Mintz, “From Veil of Secrecy, Portraits of U.S. Prisoners Emerge”, Wash. Post, Mar. 15, 2002, at A3.

② See Bernd Schunemann, “The Role of the Victim Within the Criminal Justice System : A Three-Tiered Concept”, 3 Buff. Crim. L. Rev. 33, (2001), pp.41-42.（由于在德国不存在对抗制，在严格意义上，不存在两造对抗。从理论上讲，检察官和法院的主要职责是寻求案件的客观上的真实）

况下，就判处被告最高刑罚，然而德国联邦高等刑事法院很快就推翻了对穆特萨迪格的定罪，其理由是汉堡地区法院是在没有考虑关键证人的情况下作出的判决，它没有获得确保审判公平所必需的证据。[①] 穆祚迪被无罪释放的关键原因是匿名传真事件。为核实这份传真的真实性，汉堡地区法院多次向德国政府及美国政府要求提供有关拉姆齐·本·希布赫的详细的和完全的讯问记录，甚至要求其本人出庭作证，然而，都被美国政府拒绝。在万般无奈之下，法院假设传真所记载的讯问记录就是拉姆齐·本·希布赫本人——法院认为美国政府已经对拉姆齐·本·希布赫进行了讯问。虽然无法最终排除传真内容的可疑性，但法院还是将其作为为被告人开脱罪责的证据，依据疑罪从无原则，将穆祚迪无罪释放。同样，在对穆特萨迪格重新审判中，由于美国政府陷入阿尔布莱格虐囚丑闻之中，虽然迫于压力，美国向德国法院提供了对拉姆齐·本·希布赫的讯问记录摘要，但德国法院对于其真实性和可靠性却大打折扣，法院依然无法确定穆特萨迪格是否直接参与"9·11"袭击事件。这就直接导致了穆特萨迪格被改判7年徒刑的结局。

因而，美国政府如果真的希望德国法院按照自己所期待的方向判决穆特萨迪格和穆祚迪，那么就应当深入理解德国的纠问式审判制度的核心所在——法院对确保审判公平所必需的证据负有最终法律责任。然而，美国政府却错误地评价了德国法官的职责和利益，天真地以为德国法官类似于德国行政机关的官员，会屈服于外在的政治压力。恰恰相反，德国法院的职责就是，他们要保卫法律自治，不受政治主体的无理干预。同时，通过自己的判决，试图增加自己影响政治进程的能力。如果法官屈服于行政机关的压力——面对美国不可原谅的行为，这将完全损害德国司法体系中的核心原则——确保审判程序的公平。[②]

（三）德国政府部门的影响

如前所述，德国政府在这两起案件的审判中已经影响——或促进或阻碍——了法院的判决。根据德国政府已经公开的信息，在这两起案件中主要有5个政府部门参与其中，它们代表各自的意志，都试图影响法院的判决。这些政府部门是德国内政部（the Ministry of the Interior）、德国联邦刑事调查局

---

① See George Wright and Agencies, Man Jailed Over 9/11 is Freed, Guardian, Apr. 7, 2004, http://www.guardian.co.uk/alqaida/story/0, 1187771, 00.html，2017年7月4日访问。

② See William B. Rubenstein, "The Concept of Equality in Civil Procedure", 23 Cardozo L. Rev. 1865, (2002), p.27.

(the BKA)、德国联邦检察署(the Federal Prosecutor's Office)、德国司法部(the Ministry of Justice),以及德国联邦总理办公室(the Office of the Chancellor)。现在让我们分别进行分析:

第一,内政部。在对这两起案件的审判过程中,甚至在整个与美国反恐合作过程中,德国内政部一直处在与美国进行有效合作的最前沿位置上[①]。如前所述,2002 年 8 月,当德国检察官对穆特萨迪格提起诉讼时,内政部部长奥托·席利表示欢迎,声称是德国情报部门与美国情况部门联合反恐之典范。当汉堡地区法院在一审中判处穆特萨迪格最重的刑罚时,奥托·席利则宣告,这是打击恐怖主义的胜利。当看到法院将无罪释放穆祚迪时,奥托·席利试图干预以阻止作无罪判决,声称法院过于相信联邦刑事调查局所提供的信息[②]。当穆祚迪被宣告无罪后,奥托·席利对结果表达了遗憾,并对检察官成功上诉的前景表示乐观[③]。

第二,联邦刑事调查局。如前所述,由于德国联邦刑事调查局的一位匿名官员所发来的一份传真,向汉堡地区法院透露美国政府对一位神秘证人的讯问记录,成为为穆祚迪开脱罪责的关键证据。穆祚迪的一位律师盖尔·平奈尔推测:"在德国政府部门中一定存在某些人,他不能将某些事与自己的良心相容,从而发出一份文件来证明依然被监禁的阿布德甘尼·穆祚迪是无罪的。[④]"

第三,联邦检察署。在"9·11"攻击事件发生后的一年内,德国联邦检察署已经启动了 70 多项针对恐怖主义活动的刑事调查。在对穆祚迪和穆特萨迪格起诉过程中,检察署派出了经验最丰富、责任心最强的检察官,精心布置起诉策略,并将高度片断化的证据材料结合在一起[⑤]。在穆祚迪被宣告无罪后不久,检察署将怒火指向了美国政府。首席检察官凯依聂姆严厉指责美国政府拒绝向德国法院公开证据的行为,他说:"他们一定有他们的理由,但他们没有和我们

① See Oliver Lepsius, "The Relationship Between Security and Civil Liberties in the Federal Republic of Germany after September 11th", Amer. Inst. Contemp. German Stud., at 4, http://www.aicgs.org/Publications/PDF/lepsiusenglish.pdf, 2017 年 7 月 6 日访问。

② See Interior Minister Tried to Hinder Release of Sept. 11 Terror Suspect, Deutsche Welle, Dec. 27, 2003, http://www.dw-world.de/dw/article/0, 1564, 1069913, 00.html.

③ 然而,当考虑到德国联邦高等刑事法院后来在穆特萨迪格案中的判决时,这种乐观看来是盲目的。See U.S. Blamed for Sept.11 Acquittal as German Prosecutors Appeal, Agence France Presse, Feb. 6, 2004, http://www.commondreams.org/headlines04/0206-04.htm, 2017 年 7 月 6 日访问。

④ See Associated Press, "German Sept. 11 Trial Takes Dramatic Turn", Fox News, Oct. 28, 2003, http://www.foxnews.com/story/0, 2933, 101497, 00.html, 2017 年 7 月 8 日访问。

⑤ See Daniel Rubin, "Germany Opens Inquiry into Terrorism", Milwaukee J. Sentinel, Aug. 24, 2002, at 2.

沟通……我发现美国政府的这种行为不可理喻。”[①]

第四，司法部。在对穆特萨迪格案一审中，司法部阻止汉堡地区法院使用书面证词——因为这是德国政府从美国情报部门中所获得的，需要履行对美国的保密承诺，否则会削弱美国情报部门的调查能力。[②]然而，随着美国对伊拉克战争的爆发以及阿尔布莱格监狱的酷刑丑闻的曝光，司法部的态度出现了大的转变。穆祚迪案中，司法部反复向美国政府施加压力，要求拉姆齐·本·希布赫出庭作证。在穆祚迪被宣告无罪后，司法部发言人为德国法院的判决进行辩护，强调法院在整个审判过程中的角色的重要性。他说:“这些文件是进行审判时的材料……法院如何评价证据及其来源，以及评价证人是一个独立的法院自己的事情。”[③]司法部还将美国政府在穆祚迪案中的行为视为不尊重人权的又一个例子。司法部部长还指出美国政府滥用权力，并要求美国政府将犯人提交到国际刑事法庭审判[④]。

第五，联邦总理办公室。在德国政府是否应当尊重对美国政府的承诺从而不公开证据并因而将冒着无罪释放嫌疑人的问题上，德国总理办公室的观点占有相当重要的权重。当联邦刑事调查局的匿名传真传到汉堡地区法院时，总理办公室干预了法院的进程，要求法院延期审理，以便给予德国政府时间来决定是否应当向法院提交对另一个名叫 Khalid Sheik Mohammed——“9·11”事件的主要决策者——的审讯的全部记录。当德国法院多次向政府提出请求，要求美国政府提交相关证据时，总理办公室则坚定地与美国政府站在一起，主张德国政府要尊重美国政府的要求。[⑤]

以上简要的分析表明，在这两起案件中，德国政府内部观点不统一。但主导意见是支持检察官的指控。总理办公室和内政部主导的联邦政府积极执行美国政府的指令。具有丰富办案经验的联邦检察官将各种传闻证据组织在一起，发起一场针对穆祚迪和穆特萨迪格的强大指控。要不是一份来自联邦刑事调查局的匿名的传真，人们很容易推测在两个案件中的被告都将获得重罪。然而，

---

① Desmond Butler，“Faulting U.S.，Germany Frees a 9/11 Suspect”，N.Y. Times，Feb. 6，2004，at A1.

② See Ulrich Rippert，Verdict Due in German Terror Trial，World Socialist Web Site，Feb. 5，2004，http://wsws.org/articles/testdir/feb2004/mazo-f05.shtml，2017 年 7 月 8 日访问。

③④ Germany Defends Al-Qaeda Trial，BBC News：Int'l Version，Dec. 12，2003，http://news.bbc.co.uk/2/hi/europe/3314445.stm，2017 年 7 月 7 日访问。

⑤ See Luke Harding，German Trial of 9/11 Suspect Collapses，The Guardian，Dec. 12，2003，http://www.guardian.co.uk/september11/story/0，11209，1105159，00.html，2017 年 7 月 9 日访问。

从审判结局来看，法院的判决结果却并不符合德国政府内部主导意见。相反，德国政府部门并不统一的主张，反而让法院坚守自己的立场，特别是联邦刑事调查局的匿名传真，给法院一个要求独立审判的借口，最终促使穆萨迪被无罪释放和穆特萨迪格获轻罪。

（四）德国的公共舆论的影响

同样，如果要从经验层次，全面和客观地评价德国的公共舆论（主要指德国民众的意见与德国主要媒体的评论）对这两起案件的影响，则存在相当的困难。然而，我们应当明白，由于对穆特萨迪格案和穆萨迪案的审判是在美国发动伊拉克战争、阿尔布莱格虐囚丑闻爆发，美国政府不愿意与德国法院合作等特殊的背景下进行的，而德国公共舆论对这些背景事件给予了大规模的报道与评论，有的媒体甚至直接参与了证据调查活动[①]，因而德国法院具有强烈的动机关注公共舆论，毕竟在国家权力体系中，它是软弱的，需要公众的支持[②]。

首先，让我们来考察德国的民意测验数据。在美国入侵伊拉克之前，根据一项民意测验，70% 的德国人支持美国领导的反恐怖主义战争[③]。有趣的是，对穆特萨迪格的一审判决是在 2003 年 2 月作出的，也就是美国入侵伊拉克的一个月之前。而到了 2004 年 2 月，汉堡地区法院宣告穆萨迪无罪时，德国民意对美国的支持率已经跌入低谷。从美国入侵伊拉克战争开始，德国民意对美国政府一直是否定的。2002 年夏天的支持率为 61%；2003 年 3 月为 25%；2003 年 5 月为 45%；2004 年 3 月为 38%[④]。伊拉克战争满一年后，受调查的人员当中，有 49% 的德国人认为美国对恐怖主义的战争过度了。而且，其中的 80% 的德国人认为美国政府在对伊拉克使用武力之前需要经联合国同意。或许与这两起案件的判决最有关系的一个数据是：82% 的德国刑事案件中的被告人对美国政

① 主要是德国每周出版的《明镜》杂志。2003 年 10 月，该杂志在显眼的位置，报道了基地组织策划“9 · 11”事件的阴谋，而这些内容正是美国政府拒绝向德国法院透露的。为此，德国法院觉得自尊心受到严重伤害。See Cf，“Operation Heiliger Dienstag”，Der Spiegel，27 October 2003，at 120-135

② See Jeffrey Mondak & Shannon Ishiyama Smithey，“The Dynamics of Public Support for the Supreme Court”，59 J. of Pol.1114（1997）.

③ See Pew Res. Ctr. for the People & the Press，What the World Thinks in 2002 58（2002），http：//www.people-press.org/reports/pdf/165.pdf，2017 年 7 月 8 日访问。

④ See Pew Res. Ctr. for the People & the Press，A Year After Iraq War：Mistrust of America in Europe Ever Higher，Muslim Anger Persists，Mar. 16，2004，at 1 tbl：Transatlantic Tensions Unabated，available at http：//people-press.org/reports/print.php3？PageID=795，2017 年 7 月 8 日访问。

府所提供的证据的真实性表示怀疑。可以从这些数据中看出，德国法院的判决在某种程度上反映了德国民意——由于德国民意不支持美国的反恐战争，德国法官通过宣告被告人无罪，从而表达其对美国政府行为的不满。

其次，让我们来考察德国一些主要媒体的报道和评价。在整个 2003 年度，有关酷刑和迫害人权的主题反复地主导着德国媒体，这正值汉堡地区法院对穆祚迪案进行审判的关键时期。德国报纸指责布什总统以及美国的外交政策[①]。德国最大的报纸之一《南德意志报》指出，阿尔布莱格监狱的酷刑丑闻事件已经“绝对表明了美国在布什总统的领导下正在丢失自己的价值”[②]。多特蒙德的《威斯特法伦评论》则认为，阿尔布莱格监狱中的照片是美国发动伊拉克战争的可疑性的证据，是对人权最大的践踏[③]。更有意思的是，德国媒体对迫害人权的讨论已经超出了美国监狱的丑闻范围。2003 年 7 月，德国媒体报道了德国警察在科隆、汉堡和施特拉尔松德等地的几起侵害人权的著名案件。在对穆祚迪审判结束之前几个月，德国媒体界还就酷刑是否是正当的讯问策略而进行了激烈的讨论，严厉批评了美国政府通过酷刑获得嫌疑人口供的做法，认为德国法院从美国政府获得的证据不再可靠，因为这些犯人在美国监狱中受到了酷刑[④]。媒体的这些报道对德国法院的影响，可以引用 2004 年 7 月 10 日，《德国之声》记者的一段话：“即使华盛顿的确让拉姆齐 · 本 · 希布赫的证词变得可行，汉堡的法庭接受这种证据也会存在问题。德国媒体在最近几个月内大规模报道美国军人在伊拉克和关塔那摩监狱滥用酷刑的事实，使得德国法院很难接受美国政府所提供的证据。因为德国公众也持反对态度”[⑤]。

德国媒体除了深入报道酷刑和迫害人权的主题外，还对美国政府拒绝与德国法院合作的做法进行了批评——甚至与德国法院站在一道。当穆祚迪被宣告无罪时，德国媒体毫不留情地指责美国政府应对结果负责。《南德意志报》指出：“美国政府的行为似乎表明犯罪与判决应当与美国政府的意志相一致，似乎德国法院

①②③ See German Press Review：Washington' s Failure，Deutsche Welle，May 6，2004，http：//www.dw-world.de/dw/article/0，1564，1191775，00.html，2017 年 7 月 15 日访问。

④ Police Threat Fuels Debate on Torture，Deutsche Welle，Feb. 24，2003，http：//www.dw-world.de/dw/article/0，785751，00.html，2017 年 7 月 15 日访问。

⑤ See Terror Suspect Retrial Starts in Hamburg，Deutsche Welle，Aug. 10，2004，http：//www.dw-world.de/dw/article/0，1293147，00.html，2017 年 7 月 10 日访问。

仅仅是一个橡皮图章。”[1]《世界日报》指出美国的态度已经“严重地阻碍了审判，在某种程度上，德国法院的判决也是一种抗议——独立的法官反对政治的过分干预”[2]。《德国之声》认为这一判决是一种报复——对“粗暴对待法院的行为的报复”[3]。

由于穆萨迪被宣告无罪，当美国司法部部长约翰·阿什克罗夫特批评德国汉地区法院错误地审理了此案，并指出美国的法院体系在保卫国家安全利益方面优于德国法院体系后[4]，穆特萨迪格一案中的上诉审主审法官克劳斯·托尔克斯多夫强烈质疑美国当局保留证据的动机。他说：“为了影响判决而选择性出示证人，是存在风险的。”[5]此时，德国媒体与法院站在一起，强烈批评美国政府拒绝与德国法院合作，并预测这种不合作将导致另一个无罪判决[6]。《商业报》指责美国当局保守秘密，而不是合作，《莱比锡人民报》声称美国政府不信任德国的法律体系。[7]德国媒体批评美国政府缺乏合作，并指出美国政府对判决结果应负责任的报道，其实是德国民意的反映，同时又影响了德国民意，当德国法院对穆特萨迪格从轻发落时，显然在某种程度上受到了德国媒体的影响。

通过“战争策略”与“法律策略”之对立、对抗式审判制度与纠问式审判制度之差异、德国政府部门的影响及德国的公共舆论的影响四个方面的分析，本文所设计的疑惑似乎已经有了答案：

第一，对穆特萨迪格案与穆萨迪案的审判可以视为德国政府选择以“法律策略”来打击国际恐怖主义的一个缩影，而这与美国政府以“战争策略”打击国际恐怖主义发生直接冲突。两国政府在反恐策略上的根本差异已经为穆特萨迪格案与穆萨迪案的结局规定了方向。

第二，为了尊重对美国政府的承诺以确保美国情报部门的调查能力，德国内政部和总理办公室拒绝向法院提出关键性信息证据，结果却损害了联邦检察官的指控能力，增加了法院独立审判的决定。

---

①② Germany Defends Al-Qaeda Trial, BBC News：Int'l Version, Dec. 12, 2003, http：//news.bbc.co.uk/2/hi/europe/3314445.stm，2017年7月15日访问。

③ Claudia Venohr, Opinion：Blockading Terror Trials, Deutsche Welle, Apr. 8, 2004, http：//www.dw-world.de/dw/article/0, 1164971, 00.html，2017年7月15日访问。

④ Germany Defends Al-Qaeda Trial, BBC News：Int'l Version, Dec. 12, 2003, http：//news.bbc.co.uk/2/hi/europe/3314445.stm，2017年7月16日访问。

⑤ William Karl Wilburn, German Courts Acquit Terrorist Suspects, Judges Blame U.S., AICGS, Mar. 19, 2004, http：//www.aicgs.org/c/wilburnc.shtml，2017年7月19日访问。

⑥⑦ See German Press Review：Washington's Failure, Deutsche Welle, May 6, 2004, http：//www.dw-world.de/dw/article/0, 1564, 1191775, 00.html，2017年7月19日访问。

第三，在德国纠问制体系中，由于法官的角色是确保所有关键的无罪或有罪的证据都在法庭上被呈现出来以保证审判的公平，因而美国拒绝与德国法院合作是对德国司法的一种直接冒犯。这种冒犯的结果是，德国法院为自尊而战，坚决抵制来自行政机关的压力。

第四，这两起案件的审判是在德国民众不但反对美国对伊拉克的战争，而且还反对美国军方实施酷刑、侵犯人权的背景下进行的，促使德国公共舆论同情被告人，积极影响并支持法院的判决。

四、结束语：超越对穆特萨迪格案与穆祚迪案的审判

虽然对穆特萨迪格案和穆祚迪案的审判，在美国政府与德国政府相互指责与埋怨声中结束，但是这两起案件的判决显然还没有回答一些关键性问题：既然为两被告开脱罪责的证据来源于一份匿名传真——根据推测，德国汉堡地区法院认为是德国军方对基地组织成员拉姆齐 · 本 · 希布赫的讯问记录，既然德国检察官强烈质疑这份匿名传真的可靠性，那么德国法院为何还要采信呢？这份传真所呈现的证据内容的证明力到底如何？既然在“9 · 11”事件发生之后，德国政府与美国政府的合作是富有成效的，德国人民也同情美国人民，那么为何一个意想不到的插曲却成为整个案件中评价证据的客观性的决定性因素？人们也不禁会问，如果没有德国联邦刑事调查局的匿名传真，德国法院还会无罪释放穆祚迪吗？同样，如果没有这份传真，穆特萨迪格的上诉会成功吗？从表面来看，对这些问题的回答，都集中到这份证据本身内容是否客观与真实上。

然而，在布什政府强力推行单边主义、非法入侵伊拉克；阿尔布莱格监狱的虐囚丑闻爆发；美国军方通过实施酷刑来获得恐怖嫌疑人的口供；美国政府不仅拒绝与德国法院合作，而且以极端傲慢与粗暴的方式对待德国司法体系等一系列事件笼罩之下，对德国法院及公众而言，拉姆齐 · 本 · 希布赫的讯问记录内容本身是否客观与真实已经不再重要。真正重要的问题是，通过这些证据在一个更广泛的背景中为调查美国反恐怖主义战争的合法性开启了大门。德国法院及民众已经超越了对穆特萨迪格案和穆祚迪案的审判，而将矛头直接指向布什政府及其所实施的反恐怖主义战争策略，布什政府成了“被告”。这是德国法院及民众对布什政府及其所实施的反恐策略的一次大审判，而判决结果是布什政府败诉。

参考文献

一、中文类

（一）专著

[1]《马克思恩格斯选集》第一卷，人民出版社 1956 年版。

[2] 蔡定剑：《公众参与：欧洲的制度和经验》，法律出版社 2009 年版。

[3] 陈新民：《德国公法学基础理论》，山东人民出版社 2001 年版。

[4] 陈新民：《中国行政法原理》，中国政法大学出版社 2002 年版。

[5] 陈振宇：《城市规划中的公众参与程序研究》，法律出版社 2009 年版。

[6] 丁煌：《政策执行梗阻及其防治对策：一项基于行为和制度的分析》，人民出版社 2002 年版。

[7] 杜邈：《反恐刑法立法研究》，法律出版社 2009 年版。

[8] 方世荣、邓佑文、谭冰霖：《"参与式行政"的政府与公众关系》，北京大学出版社 2013 年版。

[9] 方世荣：《论行政相对人》，中国政法大学出版社 2000 年版。

[10] 方世荣等：《见义勇为及其行政法规制》，中国法制出版社 2009 年版。

[11] 方世荣、石佑启:《行政法与行政诉讼法》，北京大学出版社 2011 年版。

[12] 傅红伟：《行政奖励研究》，北京大学出版社 2003 年版。

[13] 关保英：《行政法的价值定位》，中国政法大学出版社 1997 年版。

[14] 何秉松：《恐怖主义 · 邪教 · 黑社会》，群众出版社 2001 年版。

[15] 何怀宏：《西方公民不服从的传统》，吉林人民出版社 2001 年版。

[16] 胡联合：《当代世界恐怖主义与对策》，东方出版社 2001 年版。

[17] 胡建淼、金伟峰:《行政法与行政诉讼法》，高等教育出版社 2005 年版。

[18] 黄锦堂：《行政组织法论》，台湾翰芦图书出版有限公司 2005 年版。

[19] 江必新：《行政法制的基本类型》，北京大学出版社 2005 年版。

[20] 江平：《民法学》，中国政法大学出版社 2000 年版。

[21] 姜明安：《行政法与行政诉讼法》，北京大学出版社、高等教育出版社2007年版。

[22] 李震山：《警察行政法论——自由与秩序之折冲》，台湾元照出版公司2007年版。

[23] 梁慧星：《为权利而斗争》，中国法制出版社2000年版。

[24] 刘慧：《国家安全蓝皮书：中国国家安全研究报告（2014）》，社会科学文献出版社2014年版。

[25] 刘莘:《法治政府与行政决策、行政立法》，北京大学出版社2006年版。

[26] 柳砚涛：《行政给付研究》，山东人民出版社2006年版。

[27] 罗豪才：《行政法论》，光明日报出版社1988年版。

[28] 马长生等：《国际恐怖主义及其防治研究——以国际反恐公约为主要视点》，中国政法大学出版社2011年版。

[29] 马忠红：《情报主导侦查》，中国人民公安大学出版社2006年版。

[30] 戚建刚：《中国行政应急法学》，清华大学出版社2013年版。

[31] 史尚宽：《民法总论》，中国政法大学出版社2000年版。

[32] 苏力：《法治及其本土资源》，中国政法大学出版社2004年版。

[33] 粟燕杰：《行政决策法治化探究》，中国法制出版社2011年版。

[34] 孙连成等：《马克思主义百科要览（下卷）》，人民出版社1993年版。

[35] 王利明：《民法》，中国人民大学出版社2005年版。

[36] 王名扬：《美国行政法》，中国法制出版社2005年版。

[37] 王名扬：《法国行政法》，北京大学出版社2007年版。

[38] 王名扬：《英国行政法》，北京大学出版社2007年版。

[39] 王锡锌：《公众参与和行政过程——一个理念和制度分析的框架》，中国民主法制出版社2007年版。

[40] 王锡锌：《公众参与和中国新公共运动的兴起》，中国法制出版社2008年版。

[41] 王锡锌：《行政过程中的公众参与的制度实践》，中国法制出版社2008年版。

[42] 王燕飞：《恐怖主义犯罪立法比较研究》，中国人民公安大学出版社2007年版。

[43] 王泽鉴：《民法丛书》，台湾三民书局2000年版。

[44] 吴锦良:《政府改革与第三部门发展》，中国社会科学出版社 2001 年版。

[45] 夏勇：《中国民权哲学》，生活·读书·新知三联书店 2004 年版。

[46] 夏勇：《法理讲义——关于法律的道理与学问（上）》，北京大学出版社 2010 年版。

[47] 徐显明：《公民权利义务通论》，群众出版社 1991 年版。

[48] 许彬：《公共经济学导论——以公共产品为中心的一种研究》，黑龙江人民出版社 2003 年版。

[49] 薛晓源、周站超主编：《全球化与风险社会》，社会科学文献出版社 2005 年版。

[50] 杨解君：《行政法学》，中国方正出版社 2002 年版。

[51] 余涌：《道德权利研究》，中央编译出版社 2001 年版。

[52] 袁曙宏、方世荣、黎军：《行政法律关系研究》，中国法制出版社 1999 年版。

[53] 云南参与性发展协会：《参与性：拓展与深化》，中国社会科学出版社 2006 年版。

[54] 詹镇荣：《民营化与管理革新》，台湾元照出版公司 2005 年版。

[55] 张美英：《德国与欧盟反恐对策及相关法律研究》，中国检察出版社 2007 年版。

[56] 张文显：《法理学》，北京大学出版社、高等教育出版社 2003 年版。

[57] 章剑生：《现代行政法基本理论（第二版）》，法律出版社 2014 年版。

[58] 赵秉志主编：《惩治恐怖主义犯罪理论与立法》，中国人民公安大学出版社 2005 年版。

[59] 赵秉志：《中国反恐立法专论》，中国人民公安大学出版社 2006 年版。

[60] 郑冲、贾红梅：《外国法典译丛德国民法典》，法律出版社 1999 年版。

[61] 中共中央文献研究室：《三中全会以来——重要文献选编（下）》，人民出版社 1982 年版。

（二）译著

[1] [澳] 皮特·凯恩：《道德与法律中的责任》，罗李华译，商务印书馆 2008 年版。

[2] [比] J.M. 布格克曼：《结构主义：莫斯科—布拉格—巴黎》，李幼燕译，

中国人民大学出版社 2003 年版。

[3] [德] 埃贝哈德·施密特 - 阿斯曼等著，[德] 乌尔海希·巴迪斯编选：《德国行政法读本》，于安等译，高等教育出版社 2006 年版。

[4] [德] 哈特穆特·毛雷尔：《行政法学总论》，高家伟译，法律出版社 2000 年版。

[5] [德] 克劳塞维茨：《战争论（第一卷）》，商务印书馆 1982 年版。

[6] [德] 马克斯·韦伯：《社会科学方法论》，韩水法等译，中央编译出版社 2002 年版。

[7] [德] 乌尔里希·贝克：《从工业社会到风险社会（上篇）——关于人类生存、社会结构和生态启蒙等问题的思考》，王武龙编译，《马克思主义与现实》2003 年第 3 期。

[8] [德] 乌尔里希·贝克：《风险社会》，何博闻译，译林出版社 2003 年版。

[9] [法] 莱昂·狄骥：《公法的变迁·法律与国家》，郑戈等译，春风文艺出版社 1996 年版。

[10] [法] 米歇尔·福柯：《规训与惩罚》，刘北成、杨远婴译，生活·读书·新知三联书店 1999 年版。

[11] [法] 托克维尔：《论美国的民主》，董果良译，商务印书馆 1991 年版。

[12] [古希腊] 亚里士多德：《政治学》，吴寿彭译，商务印书馆 1965 年版。

[13] [加] 菲利普·汉森：《汉娜·阿伦特：历史、政治与公民身份》，刘佳林译，江苏人民出版社 2007 年版。

[14] [加] 威尔·金里卡：《当代政治哲学》，刘莘译，三联书店 2004 年版。

[15] [美] 埃里克·波斯纳：《法律与社会规范》，沈明译，中国政法大学出版社 2004 年版。

[美] 埃莉诺·奥斯特罗姆：《公共事务的治理之道》，余逊达、陈旭东译，上海三联书店 2001 年版。

[16] [美] 弗里德曼：《法律制度》，李琼英等译，中国政法大学出版社 1994 年版。

[17] [美] 吉尔兹：《地方性知识》，王海龙、张家宣译，中央编译出版社 2004 年版。

[18] [美] 李侃如：《治理中国：从革命到改革》，胡国成、赵梅译，中国社会科学出版社 2010 年版。

[19]［美］理查德 · A. 波斯纳：《超越法律》，苏力译，中国政法大学出版社 2001 年版。

[20]［美］理查德 · A. 波斯纳：《道德和法律理论的疑问》，苏力译，中国政法大学出版社 2001 年版。

[21]［美］马克 · 彼特拉克：《当代西方对民主的探索：希望、危险与前景》，《国外政治学》1989 年第 1 期。

[22]［美］潘恩：《潘恩选集》，马清槐等译，商务印书馆 1981 年版。

[23]［美］史蒂芬 · 布雷耶：《规制及其改革》，李洪雷等译，北京大学出版社 2008 年版。

[24]［美］斯图尔特 · 施拉姆：《毛泽东思想》，田松年、杨德等译，中央文献出版社 1990 年版。

[25]［美］文森特 · 奥斯特罗姆、罗伯特 · 比什、埃莉诺 · 奥斯特罗姆：《美国地方政府》，井敏等译，北京大学出版社 2004 年版。

[26]［美］伊曼纽尔 · 沃勒斯坦、布热津斯基等：《大变局：30 位国际顶级学者分析“9·11”时代的世界格局》，侯菁菁等编译，江西人民出版社 2002 年版。

[27]［美］约翰 · 克莱顿 · 托马斯：《公共决策中的公众参与》，孙柏瑛等译，中国人民大学出版社 2010 年版。

[28]［美］朱迪 · 弗里曼：《合作治理与新行政法》，毕洪海、陈标冲译，商务印书馆 2010 年版。

[29]［苏联］普列汉诺夫：《马克思主义的基本问题》，张仲实译，人民出版社 1957 年版。

[30]［日］美浓部达吉：《公法与私法》，黄冯明译，中国政法大学出版社 2003 年版。

[31]［日］米丸恒治:《私人行政——法的统制的比较研究》，洪英、王丹红、凌维慈译，中国人民大学出版社 2010 年版。

[32]［英］哈特：《法律的概念》，张文显等译，中国大百科全书出版社 1996 年版。

[33]［英］T.H. 马歇尔、安东尼 · 吉登斯等：《公民身份与社会阶级》，郭忠华、刘训练编译，凤凰出版传媒集团、江苏人民出版社 2008 年版。

[34]［英］布赖恩 · 特纳：《公民身份与社会理论》，郭忠华、蒋红军译，吉林出版集团有限责任公司 2007 年版。

[35] [英] 德里克 · 希特：《何谓公民身份》，郭忠华译，吉林出版集团有限责任公司 2007 年版。

[36] [英] 霍布斯：《利维坦》，黎思复、黎廷弼译，商务印书馆 1985 年版。

[37] [英] 洛克:《政府论（下）》，叶启芳、瞿菊农译，商务印书馆 1982 年版。

[38] [英] 塞缪尔·亨廷顿:《变革社会中的政治秩序》，李盛平、杨玉生等译，华夏出版社 1988 年版。

（三）论文

[1] 陈爱娥:《行政行为形式行政任务调控——德国行政法总论改革的轨迹》，《月旦法学杂志》2005 年第 5 期。

[2] 陈铭聪：《公民参与行政任务研究》，苏州大学博士学位论文，2013 年。

[3] 陈志军：《恐怖主义定义解读》，《犯罪研究》2004 年第 1 期。

[4] 陈周旺：《社会公共安全的公众参与》，《探索与争鸣》2014 年第 8 期。

[5] 戴艳梅:《俄罗斯反恐机制研究》,《俄罗斯中亚东欧研究》2012 年第 5 期。

[6] 邓佑文：《行政参与的权利化：内涵、困境及其突破》，《政治与法律》2014 年第 11 期。

[7] 杜钢建：《架起亚洲人权法思想的桥梁——铃木敬夫人权法思想评介》，《中国法学》1995 年第 5 期。

[8] 方世荣：《论行政立法参与权的权能》，《中国法学》2014 年第 3 期。

[9] 方世荣:《论我国行政诉讼受案范围的局限性及其改进》,《行政法学研究》2012 年第 2 期。

[10] 付子堂：《法律的行为激励功能论析》，《法律科学》1999 年第 6 期。

[11] 傅政华：《关于公安机关做好新形势下群众工作的认识和思考》，《公安研究》2012 年第 4 期。

[12] 高秦伟：《私人主体的行政法义务》，《中国法学》2011 年第 1 期。

[13] 高卫明、黄东海：《论风险规制的行政法原理及其实现手段》，《南昌大学学报（人文社会科学版）》2013 年第 3 期。

[14] 郭道晖：《论权利推定》，《中国社会科学》1991 年第 4 期。

[15] 何海波：《公民对行政违法行为的藐视》，《中国法学》2011 年第 6 期。

[16] 贺东航、孔繁斌：《公共政策执行的中国经验》，《中国社会科学》2011 年第 5 期。

[17] 胡国梁：《积极守法：一个被忽视的法治维度》，《中南大学学报（社会科学版）》2015 年第 1 期。

[18] 胡弘弘、邓晓静：《公民的司法参与权研究》，《现代法学》2007 年第 6 期。

[19] 胡建奇：《美国反恐斗争中公私部门间的合作及其对我国的启示》，《中国人民公安大学学报（社会科学版）》2010 年第 1 期。

[20] 胡敏洁：《合作行政与现代行政法发展的新方向——读〈合作治理与新行政法〉》，《行政法学研究》2012 年第 2 期。

[21] 胡云腾：《证人出庭作证难及其解决思路》，《环球法律评论》2006 年第 5 期。

[22] 黄瑶：《国际反恐与先发制人军事行动》，《法学研究》2006 年第 1 期。

[23] 简基松：《论认定恐怖主义组织之机构模式》，《法律科学（西北政法大学学报）》2011 年第 2 期。

[24] 江必新：《紧急状态与行政法治》，《法学研究》2004 年第 2 期。

[25] 姜明安：《论公法与政治文明》，《法商研究》2003 年第 3 期。

[26] 李本先等：《“10 · 28”恐怖事件对我国反恐工作的启示》，《中国人民公安大学学报（社会科学版）》2014 年第 2 期。

[27] 李洪雷：《德国行政法学行政主体概念的探讨》，《行政法学研究》2000 年第 1 期。

[28] 李捷、李强：《反恐与公众参与》，《兰州大学学报（社会科学版）》2008 年第 2 期。

[29] 李明：《恐怖主义时代的紧急状态与酷刑》，《西部法学评论》2015 年第 1 期。

[30] 梁根林：《刑法威慑机制初论》，《中外法学》1998 年第 3 期。

[31] 林鸿潮：《论公民的社会保障权与突发事件中的国家救助》，《行政法学研究》2008 年第 1 期。

[32] 林鸿潮：《论应急预案的性质和效力——以国家和省级预案为考察对象》，《法学家》2009 年第 2 期。

[33] 林昱梅：《警察任务民营化理论初探》，《月旦法学杂志》2003 年第 11 期。

[34] 林志敏：《论法律权利结构》，《吉林大学社会科学学报》1990 年第 4 期。

[35] 刘恒：《论风险规制中的知情权》，《暨南学报（哲学社会科学版）》2013 年第 5 期。

[36] 刘仁文:《中国反恐刑事立法的描述与评析》,《法学家》2013 年第 4 期。

[37] 刘幸义 :《法治国家、反抗权与人民不服从》,《月旦法学杂志》2015 年第 2 期。

[38] 孟涛 :《中国非常法律的形成、现状与未来》,《中国社会科学》2011 年第 2 期。

[39] 莫洪宪:《国际社会反恐怖活动组织犯罪及我国刑事立法》,《法学评论》1999 年第 4 期。

[40] 莫洪宪 :《联合国反恐规约在我国的贯彻实施》,《河南公安高等专科学校学报》2008 年第 3 期。

[41] 莫静 :《论受教育权的国家给付义务》,《现代法学》2014 年第 3 期。

[42] 皮勇 :《网络恐怖活动犯罪及其整体法律对策》,《环球法律评论》2013 年第 1 期。

[43] 戚建刚 :《极端事件的风险恐慌及对行政法制之意蕴》,《中国法学》2010 年第 2 期。

[44] 桑本谦 :《公共惩罚与私人惩罚的互动——一个解读法律制度的新视角》,《法律与社会发展》2005 年第 5 期。

[45] 桑本谦:《利他主义救助的法律干预》,《中国社会科学》2012 年第 10 期。

[46] 沈娟娟:《从欧盟反恐政策检视共同外交及安全政策之发展与挑战》,《欧洲国际评论》2014 年第 10 期。

[47] 沈岿 :《行政自我规制与行政法治 : 一个初步考察》,《行政法学研究》2011 年第 3 期。

[48] 盛明科、郭群英:《公共突发事件联动应急的部门利益梗阻及治理研究》,《中国行政管理》2014 年第 3 期。

[49] 师维 :《论反恐怖立法的正当性与合法性——宪法视野下的反恐怖立法》,《中国人民公安大学学报(社会科学版)》2012 年第 8 期。

[50] 石佑启、曾鹏 :《公共事业民营化的行政法规制》,《武汉大学学报(哲学社会科学版)》2012 年第 5 期。

[51] 宋林飞 :《中国社会风险预警系统的设计与运行》,《东南大学学报(社会科学版)》1999 年第 1 期。

[52] 苏力 :《判决书的背后》,《法学研究》2001 年第 3 期。

[53] 谭宗泽 :《反思与超越 : 中国语境下行政抵抗权研究》,《行政法学研究》

2010 年第 2 期。

[54] 唐慧玲：《对理性公民政治参与的思考——基于消极公民和积极公民理论》，《内蒙古大学学报（哲学社会科学版）》2012 年第 1 期。

[55] 田宏杰：《“风险社会”的刑法立场》，《法商研究》2011 年第 4 期。

[56] 童星、张海波:《基于中国问题的灾害管理分析框架》，《中国社会科学》2010 年第 1 期。

[57] 万斌、章秀英:《历史镜像中的公民意识》，《浙江学刊》2010 年第 2 期。

[58] 王春光：《民众参与立法是法的正当性之基础》，《法学杂志》2002 年第 2 期。

[59] 王宏伟、闫祖棠：《试析反恐怖斗争中的公众参与》，《中国应急管理》2015 年第 5 期。

[60] 王虎、李锌淦:《整体主义视野下我国食品安全私人执法模式研究》，《华中科技大学学报（社会科学版）》2013 年第 5 期。

[61] 王建华：《群众路线：民主的中国路径》，《人文杂志》2008 年第 6 期。

[62] 王利宾:《反恐怖犯罪刑事法完善研究——兼论反恐怖系统化立法》，《政治与法律》2014 年第 10 期。

[63] 王莉：《作为行政手段的举报奖励制度研究》，《浙江学刊》2010 年第 6 期。

[64] 王沙骋：《我国面临的恐怖主义及情报反恐研究》，《中国软科学》2014 年第 2 期。

[65] 王绍光：《不应淡忘的公共决策参与模式：群众路线》，《民主与科学》2010 年第 1 期。

[66] 王锡锌、章永乐：《专家、大众与知识运用——行政规则制定过程的一个分析框架》，《中国社会科学》2003 年第 3 期。

[67] 王锡锌：《行政行为无效理论与相对人抵抗权问题探讨》，《法学》2001 年第 10 期。

[68] 王锡锌：《公众参与：参与式民主的理论想象与制度实践》，《政治与法律》2008 年第 6 期。

[69] 王小章：《论以积极公民权为核心的社会建设》，《浙江学刊》2013 年第 4 期。

[70] 王秀梅:《论恐怖主义犯罪的惩治及我国立法的发展完善》，《中国法学》

2002 年第 3 期。

[71] 王雅琴：《公民参与权及其保障思路》，《理论探索》2011 年第 6 期。

[72] 吴琼恩：《公共行政学发展趋势的探究：三种治理模式的互补关系及其政治理论的基础》，《公共行政学报》2002 年第 7 期。

[73] 习近平：《全面贯彻落实党的十八大精神要突出抓好六个方面工作》，《求是》2013 年第 1 期。

[74] 夏勇：《中国宪法改革的几个基本理论问题》，《中国社会科学》2003 年第 2 期。

[75] 肖泽晟：《从公众参与到利益衡量和理由说明——重大公共资源配置行政决策程序法治化的方向》，《法学杂志》2013 年第 9 期。

[76] 徐文星、刘晓琴：《21 世纪行政法背景下的公众参与》，《法律科学（西北政法学院学报）》2007 年第 1 期。

[77] 徐昕：《法律的私人执行》，《法学研究》2004 年第 1 期。

[78] 徐昕：《论私力救济》，清华大学博士学位论文，2003 年。

[79] 徐昕：《为什么私力救济》，《中国法学》2003 年第 6 期。

[80] 徐增辉：《民主行政探析》，《行政论坛》2002 年第 1 期。

[81] 许传玺、成协中：《以公共听证为核心的行政程序建构》，《国家检察官学院学报》2013 年第 3 期。

[82] 许传玺、成协中：《重大决策社会稳定风险评估的制度反思与理论构建》，《北京社会科学》2013 年第 3 期。

[83] 许桂敏：《俄罗斯反恐立法特点评介——附：2006 年俄罗斯联邦反恐怖主义法》，《环球法律评论》2013 年第 1 期。

[84] 杨海坤、李兵：《建立健全科学民主行政决策的法律机制》，《法律与政治》2006 年第 3 期。

[85] 杨海坤、马迅：《总体国家安全观下的应急法治新视野——以社会安全事件为视角》，《行政法学研究》2014 年第 4 期。

[86] 杨静、魏迪：《抵抗权在我国之探析——以公务员法第 54 条为焦点》，《四川师范大学学报（社会科学版）》2006 年第 3 期。

[87] 杨涛：《反恐：亟待立法完善——反恐立法问题学术研讨会综述》，《人民检察》2006 年第 2 期。

[88] 杨正鸣：《民国时期恐怖活动与反恐法律制度研究》，华东政法学院博

士学位论文，2005 年。

[89] 殷炳华：《论公安机关的反恐策略与反恐警务改革》，《四川警察学院学报》2010 年第 4 期。

[90] 詹成豫、顾林生：《转危为安：应急预案的作用逻辑》，《中国行政管理》2007 年第 5 期。

[91] 詹镇荣：《变迁中之行政组织法——从“组织形式选择自由”到“组织最适诫命”》，《中研院法学期刊》2010 年第 6 期。

[92] 张波：《助法行为及其价值研究》，《政法论坛》2013 年第 2 期。

[93] 张成：《社会参与反恐的政策路径选择》，《政法学刊》2014 年第 2 期。

[94] 张康之：《对“参与式治理”理论的质疑》，《吉林大学社会科学学报》2007 年第 1 期。

[95] 张康之：《论参与治理、社会自治与合作治理》，《行政论坛》2008 年第 6 期。

[96] 张海波、童星：《中国应急管理结构变化及其理论概化》，《中国社会科学》2015 年第 3 期。

[97] 张晓光：《行政相对人在行政程序中的参与权》，《行政法学研究》2000 年第 3 期。

[98] 张晓磊:《突发事件应对、政治动员与行政应急法治》，《中国行政管理》2008 年第 7 期。

[99] 张晓文:《我国环境保护法律制度中的公众参与》，《华东政法大学学报》2007 年第 3 期。

[100] 张宗亮：《反恐立法之价值取向——以人权保障为视角》，《东岳论丛》2006 年第 4 期。

[101] 章剑生：《论行政相对人在行政程序中的参与权》，《公法研究》2004 年第 1 期。

[102] 章舜钦：《和谐社会公民政治参与权的法治保障》，《学术探索》2008 年第 2 期。

[103] 章志远：《食品安全有奖举报制度之法理基础》，《北京行政学院学报》2013 年第 2 期。

[104] 章志远：《私人参与警察任务执行的法理基础》，《法学研究》2011 年第 6 期。

[105] 章志远：《私人参与执行警察任务的行政法规制》，《法商研究》2013年第1期。

[106] 赵秉志、杜邈:《反恐立法模式的理性选择》，《法学》2008年第3期。

[107] 赵光勇、陈邓海：《国内“参与式治理”研究综述》，《中国劳动关系学院学报》2009年第4期。

[108] 赵世奎：《德国基本权利理论研究》，《德国研究》2004年第3期。

[109] 郑显文:《中国古代关于见义勇为的立法》,《中外法学》1999年第6期。

[110] 钟开斌：《“一案三制”：中国应急管理体系建设的基本框架》，《南京社会科学》2009年第11期。

[111] 周光辉：《当代中国决策体制的形成与变革》，《中国社会科学》2011年第3期。

[112] 周佑勇:《行政法的正当程序原则》，《中国社会科学》2004年第4期。

[113] 周赟：《应当的法哲学分析》，山东大学博士学位论文，2006年。

[114] 朱孔武:《论“抵抗权”的三个维度》,《环球法律评论》2007年第1期。

[115] 朱芒：《行政立法程序调整对象重考——关于外部效果规范与程序性装置关系的考察》，《中国法学》2008年第6期。

[116] 朱芒：《论城市规划听证会中的市民参与基础》，《法商研究》2004年第3期。

二、外文类

[1] Adam J. Berinsky，Silent Voices：Public Opinion and Political Participation in America，Princeton：Princeton University Press，2004.

[2] Adam Smith，The Wealth of Nations，Charleston：CreateSpace Independent Publishing Platform，2014.

[3] Agranof Robert et al.，Collaborative Public Management：New Strategies for Local Governments，Washington D.C.：Georgetown University Press，2003.

[4] Alex P. Schmid and Albert J. Jongman eds，Political Terrorism，Amsterdam：North-Holland Publishing Company，1988.

[5] Amitai Etzioni, Complex Organizations, New York : Free Press, 1961.

[6] Beth Simone Noveck, Wiki Government : How Technology Can Make Government Better, Democracy Stronger, and Citizens More Powerful, Washington D.C. : Brookings Institution Press, 2009.

[7] Bruce Ackman, Before the Next Attack : Preserving Civil Liberities in an Age of Terrorism, New Haven : Yale Univeristy Press, 2006.

[8] Bruce Ackman, "The Emergency Constitution", Yale Law Journal, Vol. 113 (March 2004).

[9] Bruce Ackman, "This is Not a War", Yale Law Journal, Vol. 113 (June 2004).

[10] Bryan A. Garner, Black' s Law Dictionary, Eagan : West Publishing Co., 1979.

[11] C.L.Rossiter, Constitutional Dictatorship : Crisis Government in the Modern Democracies, New York : Greenwood Press, 1979.

[12] Cary Coglianese, Heather Kilmartin, Evan Mendelson, "Transparency and Public Participation in the Federal Rulemaking Process : Recommendations for the New Administration", George Washington Law Review, Vol. 77 (June 2009).

[13] David Bonner, Emergency Powers in Peacetime, Andover : Sweet & Maxwell, 1985.

[14] David Zaring, "Personal Liability as Administrative Law", Wash. & Lee L. Rev, Vol.66 (2009).

[15] Don R. Harris, Basic Elements of Intelligence : A Manual for Police Department Intelligence Units, U.S. De : Law Enforcement Assistance Administration, 1976.

[16] Donald Black, Crime as Social Control, In Donald Black, Toward a General Theory of Social Control, New York : Academic Press, 1984.

[17] Douglas Ivor Brandon et al., "Self-Help : Extrajudicial Rights,

Privileges and Remedies in Contemporary American Society", Vand. L. Rev., Vol. 37（1984）.

[18] F.J.M.Feldbrugge, "Good and Bad Samaritans : A Comparative Survey of Criminal Law Provisions Concerning Failure to Resuce", The American Journal of Comparative Law, Vol. 14（1965-1966）.

[19] F.W.Taylor, The Principles of Scientific Management (Webster' s English Thesaurus Edition), Las Vegas : ICON Group International, Inc., 2008.

[20] Gary S. Becker, George J. Stigler, "Law Enforcement Malfeasance, and Compensation of Enforcers", Journal of Legal Studies, Vol. 3（1974）.

[21] George D. Brown, "'Counter-Counter-Terrorism via Lawsuit' —the Bivens Impasse", Southern California Law Review, Vol. 82（July 2009）.

[22] H. L. A. Hart, Bentham on Legal Rights, In A. W. B. Simpson (ed.), Oxford Essays in Jurisprudence（2nd series), Oxford : Clarendon Press, 1973.

[23] Harold J. Krent, "Fragmenting the Unitary Executive : Congressional Delegation of Administrative Authority Outside the Federal Governmen", Northwestern University Law Review, Vol. 85（1990-1991）.

[24] Henry J. Steiner, "Political Participation as a Human Right", Harvard Human Rights Yearbook, Vol.1（1988）.

[25] Irving Younger, Law in Times of Crisis : Emergency Powers in Theory and Practice, Cambridge : Cambridge University Press, 2006.

[26] J.M.Balkin, "Populism and Progressivism as Constitutional Congress", Yale Law Journal, Vol.104（May 1995）.

[27] Jaime Oraa, Human Rights in State of Emergency in International Law, Oxford : Clarendon Press, 1992.

[28] Keneeth R. Feinberg, Final Report of the Speical Master for the September 11th Victim Compensation Fund of 2001, Department of

Justice, 2004.

[29] Kent Roach, "Did September 11 Change Everything? Struggling to Preserve Canadian Values in the Face of Terrorism", McGill Law Journal, Vol. 47 (2002).

[30] King, Cheryl Simrell et al., "The Question of Participation: Toward Authentic Public Participation in Public Administration", Public Administration Review, Vol.58, No. 4 (Jul.-Aug.1998).

[31] Lafree, Gary and Laura Dugan, "Introducing the Global Terrorism Database", Political Violence and Terrorism, No.19 (2007).

[32] Laurence H. Tribe & Patrick O. Gudridge, "The Anti-Emergency Constitution", Yale Law Journal, Vol.113 (June 2004).

[33] Lloyd Dixon and Rachel Kaganoff Stern, Compensation for Losses from the 9/11 Attacks, Santa Monica: RAND Corporation Press, 2004.

[34] Max Weber, Economy and Society: An Outline of Interpretative Sociology, New York: Bedminster Press, 1968.

[35] Max Weber, The Protestant Ethic and the Spirit of Capitalism, Charleston: CreateSpace Independent Publishing Platform, 2012.

[36] Monica Den Boer, "9/11 and the Europeanisation of Anti-terrorism Policy: a Critical Assessment", Policy Papers of the Notre Europe, No.6 (2003).

[37] Oren Gross, "Chaos and Rules: Should Responses to Violent Crises Always Be Constitutional", Yale Law Journal, Vol.112 (March 2003).

[38] Pastor J., The Privatization of Police in America, Jefferson: Mcfarland& Company Inc. Publishers, 2003.

[39] Paul Garrity, "Citizen Participation in Government", Suffolk University Law Review, Vol.3 (Spring 1969).

[40] Richard B. Stewart, "The Reformation of American Administrative Law", Harvard Law Review, Vol.8 (June 1975).

[41] Richard J. Pierce Jr., "Judicial Review of Agency in a Period of Diminishing Agency Resources", Administrative Law Review, Vol.49

(Winter 1997).

[42] Richard A.Posner, Not a Suicide Pact : The Constitution in a Time of National Emergency, Oxford : Oxford University Press, 2006.

[43] Robert L. Trivers, "The Evolution of Reciprocal Altruism", The Quarterly Review of Biology, Vol. 46, No.1 (1971).

[44] Sherry R. Arnstein, "A Ladder of Citizen Participation", JAIP, Vol.35 (July 1969).

[45] Shumei Chen etc., "Rethinging the China' s Milk Power Scandal from a Legal Perspective", Journal of Risk Research, Vol.12, No.6, (2009).

[46] Simon Bell and Stephen Morse, Resilient Participation : Saving the Human Project, London & New York : Routledge, 2012.

[47] Spencer Overton, "Participation Interest", Georgetown Law Journal, Vol.100 (April 2012).

[48] Su Yang, He Xin, "Street as Courtroom : State Accommodation of Labor Protest in South China", Law &Society Review, Vol.44 (2010).

[49] Susan Tiefenbrun, "A Semiotic Approach to a Legal Definition of Terrorism", ILSA Journal of International & Comparative Law, Vol.9 (Spring 2003).

[50] Suzanne Gleason, "Female Political Participation and Health in India", Fordham International Law Journal, Vol. 38 (January 2015).

[51] Terri Susan Fine, "Constitutionality, Legitimacy and Political Participation : A Look at First-Time Voters in 2000", University of Florida Journal of Law & Public Policy, Vol. 13 (2001).

[52] Walter Laqueur, The Age of Terrorism, Boston : Little, Brown and Company, 1987.

[53] Wessely S. and Wardle C.J., "Mass Sociogenic Illness by Proxy : Parentally Reported Epidemic in an Elementary School", British Journal of Psychiatry, Vol.157 (1990).

后　记

我对反恐怖主义法治展开研究始于2001年美国发生“9·11”恐怖袭击事件。近20年以来，我们目睹了形形色色的恐怖主义，官方也已经宣告恐怖主义是人类公敌。但何谓恐怖主义？如何从法治层面来预防恐怖主义？如何防止民主国家在打击恐怖主义过程中过度使用暴力？如何避免预防和控制恐怖主义的措施常态化，以至于给公民基本权利造成新的威胁？如何从法治角度来认定恐怖主义？如何从一个国家的政治、经济、社会和文化背景出发来防范恐怖主义？诸如此类问题，经常萦绕在我脑海，也促使我不断展开对反恐怖主义法治的研究，研究成果陆续发表在《中外法学》、《欧洲研究》、《云南大学学报（社科版）》等学术刊物上，还有幸获得中国法学会部级课题资助。

《行政法视野下我国反恐怖主义立法研究》是对我10多年来在反恐怖主义法治领域研究的一个总结。我的博士生郭永良（目前在河北廊坊警官学院任教）参与了这项研究。他撰写了第一章、第二章和第六章的初稿，其余内容由我撰写，我还负责全文的修改和定稿工作。在此对郭永良博士为本书做出的贡献表示感谢。

我国法学界通常从刑事法治层面来研究反恐怖主义问题，在日常的学术探讨中，学者们论及恐怖主义就会考虑运用刑罚手段，而社会公众也是谈“恐”变色，通常将“恐怖主义”与“血腥暴力、军事冲突”联系在一起。此类现象已经深深地限制了我们对恐怖主义和反恐怖主义法治的思考。然而，大量的经验事实表明，预防恐怖主义比打击恐怖主义更重要，而如何预防，由谁来预防，如何在法治轨道之内来预防，此类棘手问题却不宜通过刑事法治来处理，而需要行政法。毕竟预防恐怖主义主要依赖于国家行政权力，而不是刑罚手段。而如何确保行政权力既能够有效预防恐怖主义，又不过度危害社会公众基本权利，则是行政法的使命所在。即使为了打击恐怖主义，国家行政权力依然有巨大空间。切断恐怖分子的资金链条、对恐怖嫌疑分子进行监控和追踪，对恐怖嫌疑分子采取强制手段等一直以来都被人们认为是打击恐怖主义的有效手段，其实都属于行政法研究范围。这项研究就是要突破学界现有关于反恐怖主义法治的思维定式，从一个全新的法治视野来研究反恐怖主义，从而为立法者、改革者提供新的智力支撑。

这项研究成果能够顺利出版，首先要感谢母校——中南财经政法大学——的大力资助，感谢书记栾永玉和校长杨灿明对我本人的鼓励。其次要感谢我的多位领导、同事和老师对我从事科学研究的长久支持。他们是姜明安教授、吴汉东教授、姚莉教授、刘仁山教授、齐文远教授、方世荣教授、曹新明教授、刘茂林教授、徐汉明教授、徐涤宇教授、彭学龙教授、胡开忠教授、黄玉烨教授、王广辉教授、陈柏峰教授等。再次要感谢爱人杨小敏博士和儿子戚申艺。爱人杨小敏负担了大量的家务工作，使得我有充裕的时间从事科学研究工作。儿子戚申艺专心学习，梦想成为科学家。最后要感谢湖北人民出版社的各位编辑老师的辛勤付出。

戚建刚
于武汉晓南湖畔